长铗／刘秋杉 著

元宇宙
通往无限游戏之路

中信出版集团｜北京

图书在版编目（CIP）数据

元宇宙 / 长铗，刘秋杉著 . -- 北京：中信出版社，
2022.1
ISBN 978-7-5217-3810-0

Ⅰ . ①元… Ⅱ . ①长… ②刘… Ⅲ . ①信息经济
Ⅳ . ① F49

中国版本图书馆 CIP 数据核字（2021）第 238609 号

元宇宙
著者： 长铗 刘秋杉
出版发行：中信出版集团股份有限公司
（北京市朝阳区惠新东街甲 4 号富盛大厦 2 座 邮编 100029）
承印者： 北京楠萍印刷有限公司

开本：787mm×1092mm 1/16 印张：24.75 字数：320 千字
版次：2022 年 1 月第 1 版 印次：2022 年 1 月第 1 次印刷
书号：ISBN 978-7-5217-3810-0
定价：78.00 元

目　录

∞ 第 1 章
元宇宙的起源

∞ 第 2 章
中心化，古典元宇宙

∞ 第 3 章
去中心化，加密元宇宙

∞ 第 4 章
融合，元宇宙大爆炸

∞ 第 5 章
元宇宙的终极形态：无限游戏

元宇宙：通往无限的游戏

李稻葵

经济学家、清华大学苏世民书院创始院长

元宇宙现在可以说是全宇宙最热的概念了！长铗和刘秋杉写了一本元宇宙方面的好书！

长铗和刘秋杉的这本书应该说是在这纷繁芜杂的关于元宇宙的探讨中最具有人文哲学气质的经典之作。我一口气读了下来，用脑洞大开来形容一点也不为过，触发了绵绵不断的思考。

这本书从三个方面展开。第一，长铗和刘秋杉系统地解释了元宇宙的起源和目前的发展。第二，他们解释了围绕元宇宙所产生的各种各样的社会现象以及相关的争论，涉及一系列正在热议的、关乎元宇宙未来如何发展的重大课题，给人以迅速补课、跟上时代的感觉。第三，这本书从元宇宙延伸出去，探讨了一系列本质的科学和哲学问题。例如，宇宙是不是一个更高级的文明创造的游戏？人类是不是被更高级的文明所操纵？人类是不是沉浸在一个虚幻的游戏之中？宇宙将向何去？人类能否进化到更高的文明，从而挣脱出这个宇宙？这些都是极为根本且具有启发意义的思考，同时具有极高的可读性。我坚定地相信，绝大多数读者不仅能读得懂而且会很受启发。

这本书的一个核心思想非常清晰，即元宇宙的生命力在于它可能成为一个无限游戏，可以不断自我发展，类似于现实的宇宙是在不断扩张的。什么是无限游戏？它跟有限游戏的不同之处在于，它是无止境的，它能够不断吸引参与者进来。而有限游戏是以分清输赢来结束的。

那么怎么能够保证元宇宙的无限游戏延续下去呢？这就是这本书的创新点所在，这本书的第 6 章凝聚了作者创新的心血，在这一章中作者以定律的形式提出三条公理性的条约。第一就是要保证元数据不可修改，除非通过某个分散式决策机制让大家同意，就好比微信的聊天记录不能随意改变。第二，空间平移不变，好比微信的红包余额在其他平台也可以用。第三，时间上的平移不变，类似于一年前我攒的红包今天还能用。这三条定律能够保证元宇宙参与者有兴趣不断参与，保证元宇宙是无限游戏，从而不断发展。

基于以上三条定律（或者公理），作者在第 6 章提出，由于在游戏的过程中会产生资产，类似于在现实生活中投资积累产生的资产，那么怎么保证这些资产能够运转起来，而不至于被垄断在个别人手中闲置呢？现有的国外的讨论是基于两个概念，一是拍卖，就是资产随时处于被拍卖的状态，拍卖时价高者得，二是持有者必须要缴税，即所谓的哈伯格税（反垄断税）。作者在这个基础之上，提出了他们的新思想，他们说与其收税，倒不如要求每一位资产持有者交纳一份无偿的保证金，这一保证金所对应的利息实际上就相当于税，保证金是跟资产价格成正比的。保证金如何交，由谁来交，这里面可以大做文章，并能够产生许多衍生品。比如说，保证金可以找他人来替你交，交纳保证金的一方以此获得部分资产转移的收益。这些都是非常好的基于经济学理论的创意，在元宇宙的讨论中，长铗和刘秋杉代表了中国科技从业者的智慧。一般说来，任何一个基于经济学理论的机制设计，要付诸现实，都需要经过很多的调试，就好像当年在手机频道拍卖的过程中出现了很多问题，经过反复调整，才最后形成了一套成熟的机制。两位作者在这里的探讨，毫无疑问是非常有意义的，衷心希望他们下一步广泛宣传，付诸实践，不断改进，努力解决实践中的问题，最后形成从智慧到方案的飞跃。

作为一个经济学研究者，我日常思索的都是最世俗、最现实的问题，按照儒家的说法，是活在当下。读了这本书，从现实出发，我有几个方面的感想，提出来与大家探讨。第一，元宇宙这个中文翻译恐怕有很大的误导性。meta 这个基于古希腊语的词组元素，其实原意是超越。比如说 metaphysical 指的是超越物质的存在，流行的中文翻译是"形而上"，与它对应的是 physical，对应的中文是"形而下"。用形而上翻译 metaphysical 非常精准，中外哲学思考是一致性的。那么，以此类推，metaverse 似乎用超宇宙作为中文翻译可能更为贴切，它和 universe 正好可以对应上。而元宇宙这个翻译的字面意思是宇宙的本元，似乎给人的感觉是元宇宙是本原，宇宙是元宇宙的衍生存在，含义恰恰反了。现实中，人类是先认识的宇宙，再从中衍生出 metaverse。我的大学同班同学群中，有一个叫孟庆中的高人，绰号"孟夫子"，在相关方面的造诣颇深，他说的很有道理。他说 universe 是宇宙，uni 是环绕一圈，而 verse 指的是境，因此 metaverse 应该翻译为玄历境，关键词是历，就是历经感悟的意思。玄历境这个翻译也很好，非常专业，尽管比较学究。当然，在此只是学究气地探讨一下。一个专有名词一旦从外文翻译成中文，自然就有了它的生命，就像一些不可逆转的客观规律。余下的工作是如何培育发展这个专有名词的内涵。

第二，元宇宙与现实社会活动的关系是什么？很多分析家认为元宇宙的活动会脱离现实生活成为独立的存在。我的推测是相反的。我以为人的所有的感知还是来自对现实物质世界的感知，元宇宙中人的各种感知是建立在对物质世界感知及想象基础之上的，或者是加工出来的，本源还是现实世界的社会活动。从经济活动的角度看，我最近一直在提第四产业的说法，即人类经济活动将从第三产业中抽象出一个第四产业，第四产业就是信息加工和服务业，未来第四产业的主体很可能就是为元宇宙服务的各种现实的经济活动。换句话来讲，元宇宙的社会活动，其灵感来源于现实社会活动，元宇宙的经济活动，一定会回到现实生活中兑现，因此元宇宙将会推动人类经济活动的第四产业迅猛发展。

第三个问题，元宇宙中的活动是否可以完全去中心化？是否可以完全自治？关于这个话题目前众说纷纭，大部分讨论者认为元宇宙一定是去中心化的。我倾向于认为答案是否定的。有两个理由。其一，元宇宙活动的根还是在现实生活，是形而下的，是看得见摸得着的现实生活，因此对元宇宙的一些活动的争议以及问题的解决，还是要回到现实生活中来。其二，元宇宙活动一定会产生许许多多的矛盾，这些比之于现实社会的矛盾可能还要多、还要大，因为元宇宙活动的核心是信息的加工和交换，而信息的加工和交换比现实生活中实物的加工和交换应该更为复杂，交易成本极高，矛盾冲突更为激烈，解决起来极其复杂，需要极高的算力。因此我倾向于认为解决这些矛盾，元宇宙未来不可能是完全去中心化的，相反可能更加依赖于一个类似于现实生活中政府的机构来规范各种利益冲突，至少这样做成本最低。当然，元宇宙的治理应该比现实世界更为高效合理。

总而言之，元宇宙是一个深刻改变人类思维和社会活动的新的社会存在，在未来若干年一定会引发深刻的社会变革，从现在开始必须要认真研究元宇宙及其相关现象。长铗和刘秋杉写了一本流畅易读、极具人文气质的好书，有望成为元宇宙方面的一部经典之作。在此特别祝贺他们！

2021 年 12 月 6 日

推荐序二
必然到来的"元宇宙"

肖 风

万向区块链公司董事长

20 世纪 90 年代初，时任 MIT（麻省理工学院）媒体实验室主任的尼葛洛庞蒂出版《数字化生存》一书，吹响了人类社会数字化迁徙的行动号角。

这场浩浩荡荡的数字化迁徙，人们一开始并无清晰的目的地。元宇宙的出现，也许正是尼葛洛庞蒂"数字化生存"的应许之地。

从三个方面观察，元宇宙都是人类社会进一步发展的必由之路和必达之地。

第一，从 20 世纪 90 年代起，我们经历了桌面互联网时代的"上网"，在电脑屏幕上使用命令行和对话框，通过浏览器键入网址来和虚拟世界建立联系；也经历了移动互联网时代的"在线"，在智能手机上使用 App（应用程序），随时随地，随身随需，一键通达虚拟世界；元宇宙时代，我们将通过虚拟现实的 VR 头盔、增强现实的 AR 眼镜等下一代网络设备，体验"在场"的无远弗届和无处不在的威力。"在线"体验比"上网"体验高一个层级，于是我们看到了超级互联网平台的诞生，而"在场"体验又比"在线"体验高一个层级。我们有理由相信，在"在场"的超高体验加持下，生态型超级经济体将会出现在我们的面前。"上网"时代，商业组织的市值在数千亿美元；"在线"时代，商业组织的市值在两万亿美元；"在场"时代，我们大胆预测，商业组织的市值应该在十万亿美元之上。

古人"海内存知己，天涯若比邻"的诗意畅想，也将在元宇宙里变为现实。

第二，数千年来人类赖以生存的现实世界，都有着三维立体的精彩。互联网带来的虚拟世界，囿于技术条件，一直以来都只能以二维平面的方式呈现在我们的眼前。为了数字化迁徙、数字化生存的星辰大海，我们仍然怀着极大的热情，积极拥抱互联网、赞叹互联网、感恩互联网。但互联网世界二维平面的技术缺陷，怎么说也是稍有遗憾的。元宇宙时代，将把人类带到一个比三维立体现实世界更精彩、更立体的虚拟世界！在这个三维虚拟世界里，时光可以穿梭，空间已然无垠。在这个三维虚拟的元宇宙中，人类可以不受物理属性的约束，从容实现数千年来所有的幻想！

什么是客观世界？西湖大学校长施一公教授指出，我们所能够看到和感觉到的事物，只是客观世界的4%，还有96%的客观世界我们既看不到也感觉不到。什么是真实世界？"庄周梦蝶"的故事告诉我们，真实世界是虚实相对、虚实相成、虚实相生的。"菩提本无树，明镜亦非台。本来无一物，何处惹尘埃"的佛教偈语告诉我们，看见虚妄，才见实相。虚拟与现实，不过是真实世界的一体两面。元宇宙也许是帮助人类看清另外96%的客观世界的最佳途径。

第三，最近两年时间，新冠肺炎疫情肆虐全球。人类社会不为所困，一直在为未来的生存和发展而不懈努力。其中一个方向是努力拓展人类社会的物理空间，走向外太空，探索火星移民；另一个方向则是努力拓展人类社会的虚拟空间，走向元宇宙，探索数字化生存。在工业经济乃至信息经济已经走到规模成本递增、规模收益递减的情况下，要增加有效投资、扩大消费需求，就势必要找到新的投资空间、新的消费场景。在元宇宙时代，与现实世界一一对应的数字孪生的虚拟人物和无中生有的数字原生的数字人物，使得虚拟世界总人口可能是目前地球总人口的十倍、百倍。千亿人口总数下的社交关系和商业往来，再加上虚拟世界打破时间与空间的限制，从而重组出来的商业场景和消费需求，就是元宇宙的总体经济价值，它也许是目前现实经济体的十几个数量级的叠加。

综合上述三点观察，我们已经没有任何理由怀疑元宇宙能否到来、是否到来、需不需要到来了。它就是它，人类社会的一个必然选择。

长铗和刘秋杉两位朋友的新书即将付梓。有机会先行拜读，受益良多！我也曾经在一次演讲中，以"元宇宙：一种无限游戏"为题，表达过同样的看法。长铗和我都是中国区块链行业的同道中人，我们观察元宇宙，当然都是从区块链的角度出发，所以往往有更多的共鸣。当我遇见元宇宙的刹那，我看见的是区块链的终极应用场景。那种"蓦然回首，那人却在灯火阑珊处"的触动，非同道中人，不可与之言说！

祝新书一纸风行！

2021 年 11 月 30 日

无限游戏：元宇宙进化的一种可能

人类对虚拟世界的想象已经有些年头了，从整体上大概可以分为两类。一类是在文学、艺术、建筑等诸多领域创造一个个架空世界，给生产力过剩的头脑找一条出路。在古埃及人、玛雅人的雕像中，我们可以看到类似外星人、宇航员、不明飞行物等艺术形象。另一类则是直接怀疑我们所处的世界本就是虚拟的，不管是柏拉图的洞穴、笛卡儿的恶魔还是庄周的梦蝶，它们都在试图撼动人们头脑中根深蒂固的时空观念。如果说前者是以实映虚，创造源于生活而高于生活的艺术，后者则是向虚而生，解构现实世界的超越性和唯一性，而将人类命运置于更高维的视角去审视。但从宏观上，两者殊途同归，有加速融合之势。

元宇宙则是这两股思潮在现实科技文明裹挟下的一次集体狂欢。

有人认为，元宇宙不过是 VR 概念的"旧瓶换新酒"式的炒作。

有人认为，元宇宙是被资本和巨头绑架的另一场"游戏"。

有人认为，元宇宙是骗局，是智商税。

更多人对元宇宙的评价是"呵呵"。

媒体朋友对元宇宙的描述更具艺术性，他们用"人类的数字化迁徙"人类叙事的下一个百年"等诗一般的语言来形容这波浪潮。也许是过去听多了"风起了""XX元年""未来已来"等口号，这一回大家都默契地回避"风口""猪"等撩拨眼球的字眼，保持着必要的理性。

起初有出版社邀请写一本关于元宇宙的书时，我也是拒绝的。过去八年，我曾参与过两本书的创作，一本关于比特币，另一本关于区块链。比特币与区块链的思想与技术都是开宗明义的，它们的定义、发展路线就像白皮书一样清晰明确。但是元宇宙不是这样，元宇宙没有白皮书，没有蓝图，甚至对它的定义也是盲人摸象，众说纷纭。对传统互联网来说，元宇宙是下一代互联网，是Web（万维网）3.0；对游戏从业者来说，元宇宙就是一个更具沉浸感、更酷炫的大型多人在线游戏；对社交巨头来说，元宇宙是在线的现实，能让人与人、虚拟与现实的联系更紧密，是建设平台经济的利器；对区块链行业来说，元宇宙是基于智能合约的共享、共治、共创的去中心化乌托邦；对全球主义者来说，元宇宙是理想的商业场景和试验空间。有做投资的朋友跟我说：元宇宙是个机会，但就是不知道投什么。因为他无法说服自己，元宇宙就是一个具有内部经济体系、多人参与创作、开放世界观的游戏而已。

是的，他的疑惑代表着当前业界普遍的困惑，也是元宇宙破局的难题。以传统互联网的视角，元宇宙背后运行的XR（扩展现实）、5G（第五代移动通信技术）、区块链、芯片、人工智能、数字孪生等技术都不是什么新东西，就连元宇宙第一股Roblox（罗布乐思）也不是什么新物种，而是游戏界存在了十几年的商业形态。如果改个新名词就能讲另一个故事，那这个故事也未免太廉价了。

元宇宙需要的是跳出传统互联网思维框架，去寻求更具想象力、更超脱的定义。就像区块链行业所验证的，过去人们普遍认为现实资产的上链将是区块链落地的关键场景，后来却发现这条路走不通。因为现实资产受不同国家的法律、政策等诸多现实因素约束，而区块链天然是跨国界、抗审查、去中心的。事实证明，目前区块链上最成功的应用是那些现实中根本不存在的商业模式与产品形态，比如闪电贷、AMM（自动化做市商）等。元宇宙很可能也是这样，如果我们按照现实中已经存在的商业模式、产品形态去构建元宇宙，我们能得到的最多也只是一个模仿的现实，一个披着科技外衣的"奶头乐"罢了。但是，真正的创新并不是对现实的简单模仿，正如人类历史上模仿鸟类制造的扑翼飞机都失败了，后来人们才发现，在天上飞其实并不需要活动翼，固定翼反而更可行、更安全。

那么理想的元宇宙应该是怎样的？如果它是一个开放世界观的话，应该为它制定怎样的世界规则呢？

肖风老师在一次演讲中提到：元宇宙本质上是一个无限游戏，它的经济模式是"利益相关者制度"。价值共创者也就是利益共享者，没有股东、高管、员工之分。所有参与者共建、共创、共治、共享。它的商业模型是内容创作者驱动。互联网是消费者驱动，用户数是互联网估值的核心指标。区块链是开发者驱动，开发者社区是区块链成功的标志。元宇宙则是内容创作者驱动，丰富多彩、引人入胜的内容是元宇宙无限游戏的关键。

无限游戏的概念由哲学家詹姆斯·卡斯于 1987 年提出。它的思想内涵非常丰富，被广泛应用于国际政治、企业管理、游戏设计等诸多领域。无限游戏与有限游戏有着鲜明的对比，有限游戏以取胜为目的，而无限游戏以延续游戏为目的。有限游戏在边界内玩，无限游戏玩的就是边界（开放世界观）。有限游戏具有一个确定的开始和结束，拥有特定的赢家，无限游戏既没有确定的开始和结束（区块链不可停机性），也没有赢家。显然，传统互联网产品大多是有限游戏，以追求利润、战胜竞争对手为目的，而元宇宙如果是构建在区块链智能合约体系之上的，就相当于注入了无限性，这种无限性体现在，资产与元数据（游戏规则）的先天性、不可修改性、不可停机性等。

元宇宙构造的虚拟世界与现实世界将有非常大的差别，比如链上资产的转移成本与字节数成正比，现实世界的资产转移成本则是与金额成正比。链上是用户拥有对身份与数据的绝对专属权；现实中则是平台控制着一切，平台可以注销、删除、冻结用户的账户与数据。链上是代码即法律，智能合约能在无人监督的状态下完成资产的自动交割；现实世界则需要在被授权或许可的指定场所完成资产的交易，且有时需要权力机构的强制执行。显然，元宇宙的产权、交易，乃至生物繁殖等协议也将迥异于现实世界，我们需要的是原生的元宇宙协议，而不是孪生的元宇宙协议。

受此启发，本书基于无限游戏理念，对元宇宙协议设计、哲学基础做了推演，总结了无限游戏与有限游戏在组织形态、治理结构、商业模式、生产资料、游戏规则的设计与演化、逻辑与语言等诸多方面的差异，提出了元宇宙三大定律，以及建立在区块链智能合约之上的元宇宙产权、交易、繁殖三大协议。

面对当前元宇宙概念的火爆，一位媒体人冷静地写道："当世界变得越来越荒诞，而人们也接受了这样的荒诞，我们会误以为未来已来。"是的，也许元宇宙的发展并非如我们预测的那样，但它本就是一张由众人共享共创的蓝图，是一场人类集体参与的元叙事。1 000 个读者眼中有 1 000 个哈姆雷特，100 个创业者眼中就有 100 个不同的元宇宙，它是一种不确定的存在，一个无剧本、无彩排的无限游戏。

就像剧作家汤姆·斯托帕德在《阿卡迪亚》里说的:"未来是无序的。自从我们直立行走以来,这样的门已经裂开了五六次。这是最好的时代,几乎所有你自认为了解的东西都是错的。"

长　铗

2021 年 12 月 1 日

第 1 章

元宇宙的起源

意识形态是一种病毒。

——尼尔·斯蒂芬森，《雪崩》

1.1 元宇宙的定义

"阿弘（Hiro）进入元宇宙，纵览大街，当他看着楼宇和电子标志牌延伸到黑暗之中，消失在星球弯曲的地平线之外，他实际上正盯着一幕幕计算机图形表象，即一个个用户界面——各大公司设计的无数各不相同的软件……每个人都可以将化身做成自己喜欢的任何样子，这就要看你的计算机有多高的配置来支持了。哪怕你刚刚起床，可你的化身仍然能够穿着得体、装扮考究。在元宇宙里，你能以任何面目出现：一头大猩猩，一只喷火龙……"这是 1992 年尼尔·斯蒂芬森在科幻小说 *Snow Crash*（《雪崩》）里的精彩描述。

在这本书中，尼尔·斯蒂芬森创造了一个充满神奇"魔法"的互联网——Metaverse，也就是今天很多人熟知的"元宇宙"。在他的原始设想中，这是一种和人类文明紧密联系的全真全息数字空间，平行于现实世界，原本被地理隔绝的人可以通过各自的数字化身进行交流。在几十年后的今天，尼尔·斯蒂芬森的"意识形态"传遍世界，Metaverse 迎来新的发展机遇。人们在信息技术的帮助下，逐渐让"意识形态"变得可见可触，就像哥伦布探索新大陆一般，Metaverse 新世界近在咫尺，一股涉及技术、哲学、社会、人文、经济、商业等全方位的思潮正在席卷世界。

Metaverse 一词由 meta 和 verse 组合而来：meta 翻译为元，本意为超越或自我进化，verse 取自 universe（宇宙），组合起来即指代"超越宇宙"或者"自我进化的宇宙"。从最初的定义看，Metaverse 寄托了人类对新宇宙的向往和认知。除此之外，元宇宙还有众多同类意义的标签，如"虚拟世界"、"镜像世界"、"赛博朋克"（Cyberpunk）、"绿洲"、"无限游戏"、"下一代互联网"等，因为每个人心中的向往和对其的定义皆不相同，也正是这些不同的"幻想"构成了对大千 Metaverse 的无尽想象。

在遥远的过去，人们不满足于现实，喜欢幻想，然而幻想终究只能成为一段传说。信息技术时代的人们通过一代又一代的技术革新将幻想照进现实，随着对虚拟世界的不断开辟，人类也仿佛进入了第四维空间，那里也是一个"三维时空"。或许虚拟世界之所以存在便是源于人类对高维时空的不懈追求，将平行宇宙理论变成现实。高维即不断发展的虚拟化，而元宇宙，则是开启升维的一个支点。

持续了半个多世纪的信息技术时代帮助人类创造了辉煌的数字文明，尤其是互联网的发展，带来了一个巨大的虚拟网络，人们也逐渐将社会生产转移到虚拟网络中。随着人们对虚拟网络越来越深入的探索和建设，元宇宙雏形开始显现，因此从一定意义上来看，元宇宙也是互联网和信息技术发展到一定阶段出现的新形态。

1. 元宇宙和虚拟世界的边界更加模糊

曾经只能在现实世界中举办的演唱会，如今可以通过在元宇宙中打造出一个更加奇幻的 3D（三维）现场来实现，这种方式摆脱了现实场馆和地理因素的束缚，吸引了全球数千万人以化身的形式，齐聚一堂，沉浸聆听。

无数创作者，如现实世界中的艺术家、建筑师、作家、明星等，开始在元宇宙中贡献自己的创意和劳动，参与内容建设，并赚取虚拟资产收益。人们还可以将虚拟资产兑换成现实货币，以维持生计。

"Z世代"热衷于元宇宙社交，这里的社交相较于互联网更为立体和开放，能够让人进入一种沉浸式状态。"Z世代"也正在逐渐减少对传统互联网社交产品的使用，随着这一代人成为社会的主要消费人群和元宇宙的主要建设力量，互联网社交也将迁移至元宇宙，届时元宇宙与现实世界的边界将变得更为模糊。

对虚拟世界的不断开辟，也催生了"虚拟物种"——虚拟化身和虚拟资产。人们开始在元宇宙里寻求"第二人生"，希望以一种全新的面貌和身份出现在那里，建立社交圈，拥有职业，体验虚拟人生；元宇宙还会形成非常多的虚拟资产，一切有价值的数字形态都可以变成虚拟资产，例如，艺术家可以将自己的作品变成NFT（非同质化代币）资产，谁拥有了NFT资产，谁便拥有了艺术品的所有权。

人们甚至在元宇宙中打造了闭环的经济系统，并建立了与现实经济体系的互通机制，保障元宇宙一切生产活动的有序进行，从而激发建设者的积极性。

从这几个具有代表性的案例中可以发现，元宇宙的形态发展越来越具备现实社会的基础属性，其几乎就是一个建立在三维数字空间中的"社会孪生体"，有着一切必要的环境、物种、社会关系、生产关系、生产要素等。让我们带着这种宏观思维，进一步了解元宇宙的具体表现形态。

维基百科对元宇宙的描述为："假想中的下一代互联网，支持去中心化和持久在线的 3D 虚拟环境。"重点突出了元宇宙的 3D 特征，所以元宇宙首先是一个 3D 虚拟世界，但这还远远不够。当前关于元宇宙的描述传播最广的是 Roblox 公司提出的元宇宙八大特征：身份、朋友、沉浸感、低延迟、多元化、随地、经济系统、文明（如图 1.1 所示）。

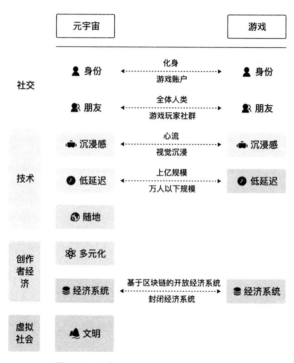

图 1.1　元宇宙与游戏世界的特征对比

　　由于 Roblox 本质上是一个游戏平台，或者说是一个以全民创作游戏内容为主题的游戏世界，因此这些特征也是基于游戏世界探寻元宇宙的路径得来的。以游戏 2D（二维）或 3D 世界为载体，通过游戏引擎技术对游戏人物和场景进行打造，可以让人拥有一个或异次元或高保真的虚拟人物形象，也就是虚拟身份。人们以虚拟身份参与游戏，并以虚拟身份在游戏世界中开展社交活动，形成全球性的社交网络。这些要素便构成了游戏元宇宙的基本表现形态，对于人们（尤其是游戏玩家）来说十分容易理解，只不过是给游戏世界换了一个名称。但元宇宙要求在此基础上添加一些社会理念，比如多元化、经济系统、文明。多元化，即现有的游戏世界不够开放，范围也不够广，应该依托全球用户共同建设元宇宙多种多样的内容和体验。经济系统可以让游戏不仅是娱乐平台，更是具备完整经济属性的社会生产平台，具备基本的生产资料和生产要素，可以实现按劳分配。总之，元宇宙致力于让用户在虚拟的游戏世界中完成更多具有现实意义的生产活动和社交活动，让虚拟世界服务于现实社会的生产力。而沉浸感则是元宇宙带给用户的最震撼的直接体验，是以上所有基础要素共同催化形成的产物。

当前，游戏世界对元宇宙最主要的创新是经济系统。风靡全球的沙盒创世类游戏《我的世界》就是一个十分开放且庞大的虚拟世界，虽然它的画质属于简约风格，但丝毫不影响人们在里面构造建筑和物质，人们还可以在其中进行交流，一起玩游戏，让玩家产生沉浸感。然而这里的人们依然只能被称作"玩家"，因为他们参与虚拟世界仅仅出于娱乐目的，不论是创作还是社交，都缺乏经济支撑。在这个虚拟世界里，人们的知识和劳动无法变现，人们也不能在其中进行实际的社会生产，因此在这个虚拟世界里是没有经济活动和生产关系的，是一个不太完整的虚拟社会。

相比之下，Roblox则建立了闭环的虚拟经济系统，很多用户来到这个虚拟世界，并不是为了娱乐，而是以此为生。他们通过提供虚拟劳动和创作小游戏来获取虚拟资产报酬，而虚拟资产又可以与现实货币双向流通，在变现后用于改善自己的现实生活。因此Roblox离元宇宙更近一步。类似的还有《第二人生》，一位中国女性通过在游戏中出售虚拟旗袍获得了百万美元的资产，游戏货币可以通过平台经济系统兑换成美元。虽然游戏中的虚拟世界更加符合人们对元宇宙的直观印象，并且游戏也具有一定的开放世界观，允许人们进行各种自由创作，但并不是每一个游戏世界都具有元宇宙的雏形。从这几个例子中可以看出，人们更希望赋予元宇宙一种经济属性或者经济系统。只有在游戏世界与现实世界之间建立起互通的经济系统后，才能形成协作和创作的生产关系，使无数用户不仅能成为玩家，还能成为虚拟世界的建设者，所有的劳动和知识都能获得相应的报酬，让财富从虚拟世界流入现实世界，从而改变用户的现实人生。

2. 元宇宙诞生的时代背景

元宇宙诞生的第一个时代背景是互联网发展进入了瓶颈期，不仅很难再出现潜力巨大的创新主题，而且被巨头企业所垄断。人们也对未来充满了迷茫和担忧，互联网发展是否接近终局，下一代互联网在哪里？在这个时代变换的关口，元宇宙无疑是一剂强心针，激发了人们对未来网络空间的无限遐想。互联网企业开始以元宇宙为中心重新改造和整合已有的资源与服务，不断寻求增量发展。这种狂热也由此引发了投机行为，投机行为有时也是正和游戏，是极具价值的事物发展壮大的必由之路。与此同时，以比特币为代表的去中心化区块链网络取得了初步成功，证明了构建去中心化虚拟世界的可行性，同时带来了虚拟资产这一宏大的时代主题，这些都与人们对元宇宙终极形态的设想十分贴合，进一步撕开了元宇宙风潮的口子。正如 State of the Metaverse 2021（《元宇宙状态 2021》）一文中指出，元宇宙应由"互联网""透明媒体标准""透明编程标准""外设硬件""去中心化的分类账和智能合约平台"组成。

元宇宙诞生的第二个时代背景是新冠肺炎疫情肆虐全球。疫情的出现加速了虚拟化进程，使人们开始重新审视生存在虚拟世界中的意义，并将更多的现实需求转移到虚拟空间中。例如，在元宇宙中召开工作会议、参加毕业典礼、举办婚礼等。虚拟世界未必就是虚无的，它也可以对现实产生影响。这是新冠肺炎疫情催化下人们的真实体验。

在 PC（个人计算机）互联网时代，人们并不过分追求日在线时长，即没有过分沉浸于线上的虚拟世界，人们的生活需求尚未转移到 PC 网络。到了移动互联网时代，以智能手机为依托的虚拟生活的比重大大增加，人们的日在线时长达到八小时。人的一天可以划分为三大部分：睡觉、工作、虚拟在线。今天，以抖音为代表的短视频和直播平台更是将在线时长进一步延长。这是一种基于媒体、视频创作和陌生人社交的虚拟世界，虽然没有元宇宙定义中的 3D 环境，但在这里人人都拥有虚拟身份，都可以开展多元化的活动，人们可以通过直播圈建立社交关系、参与购物，也可以通过短视频创作参与虚拟经济建设。每晚刷抖音的人如同进入了一个虚拟世界，享受那个世界带来的信息和乐趣。因此峰瑞资本在《元宇宙发展猜想：起于社交，终于数字永生》中提出了一个新奇的观点："Metaverse 背后的逻辑是用户在线时长的不断提升。"

抖音和 TikTok（抖音国际版）的崛起确实来源于一种虚拟维度的提升或者发现。实际上，这些短视频形态早在数年前就已经存在了，很多大型互联网企业都有此板块，但在当时仅仅被当作一种传统的视频信息门户。直到移动互联网发展到中后期，人们对虚拟沉浸的追求开始增多，希望可以更加立体、便捷地通过网络世界看天下之万事万物，而且不仅是看，还希望借助虚拟网络来实现与创作者互动、与陌生人互动、与某一个圈层互动。最终，这些潜藏的虚拟世界需求都在短视频和直播平台建立的生态中一一实现。例如，当结束了一天忙碌的工作后，人们便可以进入由直播平台塑造的虚拟世界，在那里人们可能有不一样的身份和更复杂的社交网络。平时不善交际的你可能正沉浸其中与人侃侃而谈，甚至为了某个话题而争论不休，家人不得不及时把你拉回现实，告诉你不必当真，此时你才恍然大悟，平复心情。这其实也是一种元宇宙式的沉浸式体验，或者称之为心流。人们希望未来的元宇宙能够通过这种虚拟沉浸，激发人们更多的情感表达和内心向往。

3. 元宇宙的进阶认知

20 世纪 90 年代初，钱学森曾将基于虚拟现实技术构建的新型信息空间（Cyberspace）命名为"灵境"，也就是我们今天畅谈的元宇宙，并认为"灵境技术是继计算机技术革命之后的又一项技术革命，它将引发一系列震撼全世界的变革，一定是人类历史中的大事"。在技术指引上，钱老认为灵境技术可以"大大扩展人脑的知觉，因而使人进入前所未有的新天地"。元宇宙是一个构建在代码之上的矩阵，能够创造资产、映射身份、复刻现实，拥有俯瞰真实世界的设计视角，对现实社会生产活动进行了抽象刻画，承载着人类先进的社会发展理念。面向对象的编程语言赋予了程序员通过代码映射现实事物和相关逻辑的能力，并在计算机上进行模拟运行。虽然输出的是一段段非常抽象的字符串，但透过它们看到的便是那个真实的世界。元宇宙的构建也是这般抽象化，只不过人们使用的工具从编程语言变成了包含 3D 技术、区块链技术、人工智能技术、扩展现实技术、数字孪生技术等综合技术的"元宇宙工具箱"，使得输出的"世界"更为立体逼真。

科幻沙盒类社交游戏《领主世界》制作人加兰认为："社群是现实世界和数字世界的基本社会单元，这是底层逻辑，不会因为构建了一个数字世界元宇宙而改变。"同时，他提出了元宇宙的六大特性：世界观、社群、虚拟现实、心流、文明、自我进化。

经过 30 多年的发展，人们通过互联网创造出了大量的数字化生产工具和生产力，在现实世界中开辟了同样精彩的数字新领土。领土有了，社群随之而来，元宇宙便是开启数字世界社群时代的标志性事件，推动着数字世界基本协作方式和生产关系的形成。而早在互联网初期，针对著名的虚拟世界游戏 Active Worlds 的一篇研究论文 Active Worlds：Geography and Social Interaction in Virtual Reality（《Active Worlds：虚拟现实中的地理和社会互动》）指出，虚拟世界中蕴含三种有关社群的基本特征。

公民身份：那些进入 Active Worlds 的人要么是游客，要么是付费公民（需要每年花费 19.95 美元以保持公民身份）。游客可以像公民一样进入所有的公共空间，但他们只能在特定的区域建造房屋，并且这些建筑可以被摧毁。

财产权：在 Active Worlds 中有两种类型的空间或财产，一种是公共空间，即允许任何人在未被占用的空间进行建设；另一种是私有空间，即该空间只能由特定的所有者进行建设，因为他们已经为"所有权"支付了费用。

角色和群体分化：在虚拟世界当中会存在一些充当特定功能的角

色，即 NPC，来辅助新用户执行某些特定行为；另外，不同的世界会吸引不同的用户群体，例如，具有宗教和其他信仰的世界等，会进一步分化成各种群体。

因此，在早期的 3D 虚拟世界 *Active Worlds* 中也演化出了诸如社交、创作、所有权、自治等在今天广为存在的元宇宙形态。但可惜的是，受制于那个年代的技术和思想，对经济系统的建设尚未萌芽。

对"心流"的定义相较于"沉浸感"更具想象力。在心理学定义中，心流是指一种人们在专注进行某项活动时所表现的心理状态，如艺术家在创作时所表现出的心理状态。通常在此状态下，人们不愿被打扰，也称"抗拒中断"，是一种将个人精力完全投注在某种活动中的感觉，在心流产生的同时会伴有高度的兴奋感及充实感。在元宇宙的语境下，心流则意味着人们忘我地沉浸在数字世界的体验中。与从游戏回归现实产生的虚空感不同，当人们从元宇宙回归现实后，将延续在虚拟世界中得到的充实感和成就感。

对"文明"的定义与 Roblox 提出的元宇宙八大特征中的"文明"类似，都寄托了人们对元宇宙承载人类新文明的愿景，包括虚拟社会治理与协作、经济系统、群体关系（即群体为了共同的目标所形成的群体意识、群体行为和群体凝聚力的总称）。

虽然 Roblox 提出的八大特征都符合元宇宙的基本形态，但其中一些是互联网虚拟世界已经具备的，元宇宙并不是对互联网的简单补充，它也存在独特的具有革命性意义的特征——去中心化和自我进化。这两个特征与"永续性""永不停机""持续演进"等定义一脉相承，它们拥有一种共性：元宇宙的自生长性。元宇宙的自生长是一个无命题作文，元宇宙只负责提供成熟的数字技术和底层运作机制与规则，剩下的完全由用户自主搭建，因此没有任何人或中心能够预测和左右元宇宙的形态演变。元宇宙既是虚拟现实技术、区块链技术、5G 等新兴技术创新的产物，更是从有限游戏到无限游戏^①的范式转变。在无限游戏里，只有开始而没有终局；只有贡献者而没有输家、赢家，所有参与者都在设法让游戏无限持续下去。

早在 2011 年，来自洛约拉马利蒙特大学的理查德·吉尔伯特在 The P.R.O.S.E. Project：A Program of In-world Behavioral Research on the Metaverse（《P.R.O.S.E. 项目：一个关于元宇宙的在线行为研究项目》）一文中指出了虚拟世界的五个基本特征：

其一，具有 3D 的图像交互界面以及集成语音技术。

其二，支持大规模用户进行远程交互。

其三，永久且可持续。

其四，沉浸感，用户对数字环境有一种"置身其中"或"居住"的感觉，而不是置身于数字环境之外。

其五，强调用户生成的活动、目标，并为虚拟环境和体验的个性化提供内容创建工具。

受有限技术的影响，当时人们希望元宇宙可以实现大规模的世界级社交网络、3D 立体感官交互、用户借助工具进行内容生产等特征。而今天，除了"永久且可持续"，Roblox 基本上都做到了。我们一直在困惑该选择哪种技术，建立怎样的底层机制与规则，永久且可持续的意义和价值到底是什么。时至今日，随着去中心化技术和思想的发

---

① 无限游戏的概念源于詹姆斯·卡斯《有限与无限的游戏》一书，有限游戏的目的在于赢，而无限游戏却想让游戏永远玩下去。这一理念后被推广到互联网、企业管理、社会、政治等诸多领域。

展壮大，或许这种"永续性"将越来越指向区块链技术的产物：以区块链作为最底层计算架构实现"元宇宙计算机"的永恒不间断运转，全天候服务，此为技术永续；以区块链作为最底层信任架构构建去中心化自治协作模式，可以让人无限接力，并自发形成各种组织支援元宇宙建设的方方面面，此为协作永续。

现实世界之所以是永续的，有两个原因：一是生命是永续的，一代代无穷尽，从农耕时代开始，没有任何力量可以阻止人类文明的延续；二是科技是永续的，它赋予了人类对抗毁灭的"魔法"力量，即便在未来出现了阻碍人类文明延续的威胁，科技的无止境发展也会创造新的对抗力量。元宇宙也是如此，只有使其具备"持续演进"的能力，以群体智慧发展出符合时代特征的形态，才不会被未来的某种力量所毁灭。就像在 2011 年时主张大规模用户进行远程交互，而到了今天，如果元宇宙继续停留在这种形态，便会被时代所抛弃。谁来指引元宇宙的正确更迭？显然不是靠任何中心和主观意识，一切都是自然自发的，就像天才总会在某项科学突破或技术革命即将到来的关键时刻突然出现，指引正确的方向，加速人类发展的进程，这些天才是人类"持续演进"的产物，而不是上帝的"早有预谋"。

2021 年 9 月，清华大学发布《2020—2021 年元宇宙发展研究报告》，报告在对元宇宙的定义中也明确指出了区块链技术：元宇宙是通过整合多种新技术而产生的，是新型虚实相融的互联网应用和社会形态，它基于扩展现实技术提供沉浸式体验，基于数字孪生技术生成现实世界的镜像，基于区块链技术搭建经济体系，将虚拟世界与现实世界在经济系统、社交系统、身份系统上密切融合，并且允许每个用户进行内容生产和世界编辑。

4. 元宇宙的六大基本特征

（1）映射现实

映射现实也叫 R2V（Reality to Virtual），即现实世界向虚拟世界的迁徙，当前阶段涉及虚拟化身、社交、协作与创作、数字孪生、虚拟资产等与现实紧密相关的映射单元。极度逼真的 3D 场景体验只占元宇宙沉浸感的一小部分，而大部分则来自对现实世界的映射，包括现实世界的物理、机理和真理。人们无缝游走在两个世界，可以建立身份、谋求生计、参与社交、发展生产、组织协作，在元宇宙中体验无尽的自由，心流所向，方为沉浸。现实照进虚拟，虚拟改变现实，不仅人类个体可以在元宇宙中改变自己的现实命运，而且元宇宙也可以承担社会责任，关注整个人类命运的发展，服务于社会生产力的提升和科技变革，改变腐朽的文化和制度，帮助人类建设更加美好的家园。

（2）感官沉浸

从最直观的视觉沉浸开始，比如顶级游戏、科幻大片、VR 带入、高保真 3D 虚拟世界等，逐渐进入社交沉浸，人们通过在虚拟世界中建立新的社交关系而愿意长时间驻留，如同人们可以将一天中的一半时间沉浸在互联网社交和短视频平台里，在那里体验一种更为虚拟的存在，甚至可以拥有"上帝视角"；终极的沉浸或许是人生沉浸，那时人们已经不在意是否需要跳出虚拟世界回归现实生活以应对生计问题，他们可以在元宇宙中获取谋生手段并以此为职业，而且这种收益将大大超过现实世界的收益，人们可以同时得到精神和物质上的双重满足。沉浸感也会催生心流，人们在元宇宙中有着清晰的目标，参与其中可以获得极大的专注感、兴奋感和充实感，是元宇宙最独特的感官体验。因此从感官的递进关系上看，存在四大沉浸：物理沉浸、心灵沉浸、思想沉浸、生命沉浸。

（3）自我进化

自我进化包含三重含义：永续、自我指涉、进化。通过建立去中心化的计算架构和协作模式，有机地调动起无数像神经元一样分散在现实世界的算力和人，形成元宇宙的"活力"和"智力"，支撑着元宇宙永不停歇地运转，并由此形成了永续无尽的创造力之源，让元宇宙以最新的发展状态永续地发展，最终形成自我进化的"智慧体"特征。

作为一种信息网络，元宇宙不存在"宕机""中断""遭遇审查""拒绝服务"等互联网状态，它只有一个状态——永续态，由区块链搭建的底层架构进行保障。这种受技术支撑的永续态带来了元宇宙"时间"的概念，如同为在其上运行的所有服务和协议建立了一种绝对坐标系，应用程序的运行"生命"有了参考，例如虚拟化身 A 在元宇宙中的生命比虚拟化身 B 更长，这一"元宇宙事实"将永久存证于虚拟世界之中。当元宇宙拥有了无尽的"时间"，一切虚拟事物便都有了秩序，开始自发地谋求发展、升级和演进，最终反映到元宇宙的整体层面，仿佛元宇宙自身也获得了一种演进秩序，变得越来越强大。正如人类社会也是先认知了时间，才有了发展的概念，时间的脚步永不停歇也使人类的文明永无止境，自我进化永远伴随着每一代人。而且人类可以通过不断发展科技获得永续文明的能力，抵御一切毁灭性打击，现实世界也是如此，通过进化保护自身免于虚假真空衰减。

对于元宇宙，自我进化的动力首先来自由去中心化协作和治理凝聚起来的世世代代的群体智慧，它们形成的无数自组织成为元宇宙大脑的神经元，通过智能对抗发展的阻力。在元宇宙发展的中后期，或许神经元组成中还应该有超级人工智能，与人类共同创造"元宇宙之脑"，诞生前所未有的新文明。时间赋予了发展的意义，而群体智能赋予了发展的动力，元宇宙正是在永续时间和群体智能的作用下获得了自我进化的生命特征，从而让自身时刻处于优胜劣汰的自然法则中的最优位置。

（4）权力去中心化

与自我进化一脉相承，权力去中心化是指通过区块链技术建立起元宇宙"公民"对数据、资产、身份、获取服务等数字权益的自主掌控，不需要再交由中心化权力来控制；这也是元宇宙虚拟社会传递出的一种无中央集权的民主自由思想，人人都是元宇宙的主人和建设者，享有一切权利，比如针对某项提案，所有人都可以通过投票进行参与。对去中心化权力的向往和追求早已有之，伴随着信息技术的一代又一代更迭，有两大宣言最具代表性：1993年密码朋克社区发表《密码朋克宣言》，主张用开放密码学和加密技术保护网络上一切公民的隐私，对通信数据进行加密以对抗政府的无理干涉；1996年约翰·佩里·巴洛发布了《网络空间独立宣言》，大胆喊出"互联网是一个独立世界，不受任何政治力量的管辖"的口号，并指出："工业社会的国家，你们这些令人厌倦的钢铁血肉巨人，我来自网络世界，它是思想的新家园……在我们的聚合之地，你们没有主权……你们有关财产、言论、身份、行动和情景的法律概念不适用于我们。你们以物质为基础，但这里没有物质。"这种理念不可谓不超前。如今，建设者正式开始在元宇宙中践行这一崇高的理想。

以公民在信息时代活动时所产生的数据为例。在互联网架构和商业模式下，用户的一切数据权益被"剥夺"了。商业公司利用中心化平台垄断数据，大肆进行商业变现，而所得利润也不与用户分享。甚至越发变本加厉，在尝到数据价值的甜头之后，更是加大了中心化平台对用户的压榨，例如实施"二选一"、禁止跨平台分享等严重损害消费者和用户利益的垄断行为。元宇宙可以借助区块链技术改变这种情况，以去中心化的模式对用户数据进行确权、定价并使其流通，使用户将这些权利始终掌握在自己手中。未经用户同意，任何平台都无权动用，即便获得授权，所产生的利润也需与用户分成。

人们谈及元宇宙，最向往的其实不是技术进步带来的感官体验，比如通过 VR 沉浸在 3D 虚幻世界产生的惊奇感中，而是在那个新世界中体验一种理想社会的生活模式，这个理想社会曾经只能存在于人类的空想主义理论中，如今却照进了虚拟世界的现实，并可以实现感同身受，让用户参与建设和治理，享受理想社会赋予公民的伟大权益。去中心化技术重新引发了人类对理想社会的追求，技术、权力与人性的较量将在元宇宙的世界中精彩上演，这也是人们对元宇宙最大的期待。

（5）开放经济系统

经济系统是保障虚拟世界进行有序劳动生产和价值创造的关键，虚拟世界的商品也是由无差别的一般"虚拟物种"劳动凝结而成的。这种虚拟劳动既来自人类自身的创造，也包含算力的支撑。《元宇宙将如何影响我们的投资、就业和生活方式？》一文将数字经济范式下的"劳动"定义为两类："第一类是满足社会使用价值刚性需求的一般性劳动，这种劳动可以由人完成，也可以由机器完成。随着数字经济发展的深入，由机器完成的比重越来越大。第二类是满足人类心理价值需求的'准个性化'劳动，这种劳动一般需要由人完成，在一定的情景设定下完成相对个性化的劳动，以时间和精力为主要衡量变量。"元宇宙中的劳动构成十分复杂，目前已经包含人类创作内容、机器算力支撑运行、人工智能创作内容、自治组织分工协作与治理等，未来还将包含更多拥有超级智能的虚拟物种的劳动。相应地，元宇宙的经济系统也是十分复杂的，不仅需要对机器的算力工作进行标准量化，还需要对人的创造工作进行标准量化，而这两者的本质都可以归纳为"工作量证明"（PoW）——最早见于比特币"工作量证明机制"的公平的经济激励模式，也是元宇宙经济系统所遵循的无差别原则。

虽然很多游戏中的虚拟世界都有经济系统，也对游戏创作者进行了劳动量化和分配，使他们的劳动所得可以在一个相对闭环的经济系统中流通、循环、变现，但元宇宙的经济系统应该是开放的。

开放意味着无任何阻拦、无任何障碍，任何人都可以公平地使用经济系统，参与经济系统建设，并且用户所创造和持有的虚拟资产的解释权（包括对所有权和收益权的解释）都归属于用户本身，不受任何中心平台管控。

开放也意味着经济系统对一切元宇宙场景普适，不存在割裂，所有场景都由统一的经济系统串联在一起，比如 A 是消费场景，B 是劳动场景，人们在 B 场景中的劳动所得一定会在 A 场景中得到认可，虽然 A 和 B 两个场景是分别建设的，甚至彼此都不知道有对方的存在。

开放不仅意味着元宇宙的自我开放，更意味着元宇宙对外部现实世界的开放，允许人们将在虚拟世界的劳动所得自由兑换为现实世界的货币，同时现实世界的经济系统也能够无缝进入元宇宙中，提供源源不断的流动性。这时往往需要元宇宙形成一种具有稳定价值的数字货币，也就是我们今天常谈的数字稳定币，用于"稳定地转移支撑经济交易的信用和债务"。这种开放性将彻底打通两个世界的经济体系，形成一种规模极为庞大的虚实经济体系。

（6）无边界互操作

所谓无边界，消除的是虚拟与现实的边界、多宇宙（multiverse）的边界、开放与封闭的边界、数字资产的边界，建立起互操作性。

最初的互联网也致力于建设跨媒介的信息互操作，提出了超链接，人们也感受到了前所未有的"自由世界"。但随着互联网商业帝国的建立，美好的愿景逐步让位于残酷的商业现实，一层层的屏障开始横亘在超链接的边界上，让本以自由著称的互联网回到了商业垄断时期。

此时区块链技术实践也证明了大规模跨边界互操作的可能性，建立起了众多大公链之间的生态与资产互通，比如跨链交易、跨链合约、跨链消息传递等，让数字资产可以毫无阻碍地流通在任何公链之上。就像极具价值的比特币资产大规模地流入以太坊生态，服务于去中心化金融体系的建立，虽然在比特币链上并未产生如此耀眼的金融落地，但这就是无边界互操作，有价值的资产可以自由地去往有价值的场景，不受任何中心的阻拦。无边界互操作赋予了虚拟资产极强的流动性和自主性，打破了不同公链社群间的隔阂，进一步催生了更大的融合式创新发展。

元宇宙在发展过程中将会面临来自更多层面的边界问题。在内部边界上，从今天人们对元宇宙的初步探索来看，元宇宙不会是一个统一的单体平台，而是由众多独立发展的"小元宇宙"拼接而成。由于服务场景不同，这些小平台采取的技术架构会更加复杂多样，天然形成交互屏障。为了能让虚拟化身自由穿梭在不同的宇宙空间，为了能让虚拟资产跨边界流通，元宇宙需要建立统一的互操作标准和架构，从技术上打破异构系统间的孤立局面。例如，比特币和以太坊是两种完全不同的区块链架构，一笔交易无法直接从比特币链复制到以太坊链，互操作便是通过建立一种独立的跨链系统帮助两条链传递各自的信息，两边的信息在中间的跨链系统中被转化为各自需要的格式，以此达到沟通交流和互操作的目的。

在外部边界方面，元宇宙还需要建立自身与现实世界的互操作，尤其是借助 XR、数字孪生等 R2V 技术，让现实世界的人能够轻松进入元宇宙，同时元宇宙的数字资产、虚拟生产、科技创新等也能够跨越边界作用于现实世界，为人类谋发展。元宇宙还应当消除国界，全世界的人将在元宇宙中摒弃对肤色和意识形态方面差异的偏见，合作建设大同社会。无边界互操作消除了系统隔阂，也不允许形成技术屏障，所有生态系统都必须严格遵循互操作标准，最终让所有元宇宙建设者摒弃垄断、恶性竞争、孤立、停滞、内卷，携手开辟一种合作共赢的新局面。正如 Epic Games（英佩游戏）创始人蒂姆·斯维尼在接受协作型媒体平台 Medium 专栏作者的采访时称："Metaverse 将成为一种我们尚未真正见过的大规模参与型媒体。Metaverse 不是由某一个行业巨头建造的，它将是数以百万计人类的创意作品。"

设想一个场景：在元宇宙空间中，你刚刚还在跟好友通过微信交流《堡垒之夜》的游戏心得，下一秒便化身漫威英雄"钢铁侠"与"绿巨人浩克"一起漫游在一个由 Epic Games 打造的虚拟星际商场，每家店铺都像是一颗行星，里面还有很多英雄人物和外星生物；你随手打开声破天（Spotify）音乐界面，一边散步一边听披头士乐队的音乐，还可以将音乐像递名片一样发送给任何你遇见的陌生英雄，也可以将音乐的版权资产赠予一位小朋友，即传送到他的钱包中；如果你们被一家比萨店的美味深深吸引，就可以打开外卖软件下单，真实世界中的外卖小哥通过 AR 感知到订单，很快便可以将比萨送到你们手中，如果你感到满意别忘了在虚拟世界里打赏他一下……

在今天的互联网发展格局中，要完成这一系列的体验，一定是割裂的，甚至无法相通。人们需要在多款 App 之间进行退出、打开、登录、复制、粘贴、搜索、支付等操作。而在元宇宙的构想里，所有的 App 共享一个虚拟时空，都没有独占的权力，一旦用户进入其中，便可以通过同一个化身和账户，无缝地在不同应用间切换。现在人们打开手机进入一个 App 界面中，整个手机二维平面空间几乎全是该 App 的"领域"，它有权让用户始终享用它一家的服务，除非用户主动退出或切换。而在三维的元宇宙中，没有任何一个 App 可以充斥所有维度，用户拥有像搭建乐高一样堆叠各式应用的权力，并让它们同时出现在一个时空中。随着体验经济逐渐覆盖生活的方方面面，这种无边界互操作将为元宇宙带来不可估量的市场空间，并深深改变人们传统的消费习惯和生活方式。

元宇宙六大特征和七大技术，如图 1.2 所示。

此外，还有一个存在争议的特征——元宇宙的时空观特征。在传统的游戏世界中，不存在牛顿定义下的绝对时间，一切都是在开发者已经设定好的剧情中"绵延"进行的。即便玩家在游戏中进行着模拟人生或者文明演进，这些虚拟时间也更像是柏格森的时间观所关注的存在于人类主观意识中的时间，而非物理学意义上的时间。另外，在区块链系统中，尤其是在以比特币和以太坊为代表的世界计算机中，其实是存在绝对时间的，即区块高度永无止境地增长。虽然不同区块链对出块速率的设定不同，但都具有物理学意义上的度量，区块链系统上的所有应用也都会以区块高度来判断行为的时间先后顺序，并且可以设定在未来某个时刻进行协议升级。当区块链加持元宇宙后，元宇宙也就具备了绝对时间坐标系。随着永不停机的元宇宙平台的推出，以及人工智能技术赋予元宇宙不可预测和无穷无尽的自生长，元宇宙的时空观特征将越发明显，并深刻影响每一位元宇宙公民的虚拟生活。

图1.2　元宇宙六大特征和七大技术

了解完元宇宙的基本形态，我们再来谈一谈如何构建元宇宙，以及在构建过程中都需要应用哪些组件。美国游戏开发商 Beamable 的创始人乔·拉多夫提出了元宇宙构造的七个层面，站在技术架构的角度，从顶层表现到底层支撑依次为：体验、发现、创作者经济、空间计算、去中心化、人机互动、基础设施。

体验：提供社会服务的体验，如社交、游戏、音乐、购物等。

发现：元宇宙体验的入口，类似互联网的搜索引擎和应用商店。

创作者经济：吸引全球的创作者分布式参与内容生产、创造虚拟资产等经济活动。

空间计算：服务于元宇宙三维空间建设，涉及游戏引擎技术、XR技术、地理空间映射等。

去中心化：包括边缘计算、区块链等分布式计算架构，构建元宇宙的去中心化属性。

人机交互：元宇宙的硬件入口，为用户带来极致的沉浸式体验。

基础设施：用于支撑元宇宙运行的底层平台，如5G、云、算力等。

这七层分别代表了七个方向和领域，吸引了全球技术企业投入其中。像脸书这样的互联网巨头平台跨度极广，在体验层、发现层、人机交互层都有突出的表现。元宇宙需要先进信息技术的支撑，除了依赖互联网所创造的技术和基础设施，还将去中心化技术摆在了极其重要的位置。创作者经济无疑成为元宇宙最具标志性的数字经济形态之一，通过Roblox的上市引发全世界的关注和投入。

在Metaverse Ecosystem Infographic（《元宇宙生态系统信息》）一文中也给出了一幅更翔实的元宇宙生态系统架构图。它将元宇宙架构分成了三大板块，自下而上依次为基础设施、协议、门户。基础设施包含云、可视化、数字孪生、人工智能、去中心化基础设施、广告技术和连接技术等。协议包含化身与身份、用户界面与沉浸、经济、社交、"边玩边赚"等，其中经济协议连接了中心化世界和去中心化世界。门户则是一系列用户可以在其中自由创作的虚拟世界，以游戏虚拟世界和 VR 世界涉猎最为广泛。

元宇宙架构所涉及的技术已经存在，有的已经发展得非常成熟，有的刚进入大规模生产期，也有一些非常前沿的技术只能落实部分设想。这些技术在元宇宙中百舸争流，努力证明自己对于元宇宙构建的重要性，更是出现了中心化技术和去中心化技术两大阵营间的较量，比如在如何实现更好的创作者经济方面，两者持有不同的观点。

总之，对元宇宙的了解，也是对人类几乎所有先进信息技术的认知，元宇宙建设者不仅要精通每一项技术，更要懂得如何从全局进行整合与创新，就像创造区块链一样，它的整体价值远远大于所有组成技术的价值之和。

1.2 元宇宙发展历史

1. 元宇宙的发展历程

元宇宙继承了人类借助信息技术对数字世界的不懈追求，第一代数字世界也是元宇宙的起点。

1973 年，基于 ARPANET（美国高级研究计划署开发的世界上第一个运营的封包交换网络，也是全球互联网的鼻祖，俗称"阿帕网"）诞生了世界上第一款 3D 多人第一人称射击游戏《迷宫战争》。这是最早可以体现多玩家交流竞技的数字游戏，多玩家意味着社交关系的初步形成，也象征着一个非常小型的、粗糙的数字世界诞生了。

20 世纪 70 年代末，人们正式开始通过纯计算机文本构建虚拟世界。尤其是 1978 年出现的 *MUD*1 游戏开创了文本构建虚拟世界的 MUD（多人空间）模式。众多玩家可以通过终端模拟程序联机进行游戏，跟打字聊天一样，输入类似自然语言的文字指令，与游戏世界中的其他玩家或者 NPC 进行交互。例如，终端显示剧情描述为：你来到森林中的一处空地，东边有一棵大树，树上垂下一条粗绳。你的北边远处有一道炊烟升起。这里明显的出口方向是 south（南）和 north

（北）。紧接着让你在后面输入指令，比如"go north"（向北走），你的角色便可以向北移动，探索新世界，遇到其他玩家。虚拟的世界里居住着虚构的种族与怪物，不同的玩家角色拥有不同的技能，他们的共同目标是消灭怪物、探索虚拟世界、完成任务、去冒险，玩家借助文字叙述和社交模式来演绎故事并升级已创建的角色。

这种游戏概念直接促成了 20 世纪 90 年代末以图形显示界面为代表的网络游戏商业运营模式的出现，因此网络游戏可被视为广义 MUD 中的一种，而 *MUD*1 则是现代网络游戏的始祖与雏形。这与今天的元宇宙游戏极其相似，也与我们将在加密元宇宙中重点提及的文本类 NFT 自下而上构建元宇宙有异曲同工之处。MUD 不单指这款诞生于 1978 年的游戏，还指一种通过文本构建虚拟世界的模式。这种模式被广泛应用于教育、社交、计算机科学、医疗、化学等领域，似乎也构建出了一种超越游戏的文本元宇宙世界。此外，MUD 还进一步衍生了 MUSH 模式，即一种更具社交属性的 MUD，在同一个虚拟世界中，玩家更多是以协作的方式解决问题，而不仅仅是参与游戏进行娱乐。在这样一个纯文本构建的虚拟世界雏形里，人类幻想的力量要大过文字本身的力量，人们靠着无穷无尽的幻想沉浸其中，享受着虚拟世界所带来的体验感。正如 *MUD*1 游戏的创建者理查德·巴特尔所说："我的兴趣是创造世界，而不是生活在他人创造的世界中。"

威廉·吉布森在 1986 年出版的小说 *Neuromancer*（《神经漫游者》）中，对许多现在流行于大众中的想法进行了描述，比如人工智能、虚拟现实、基因工程、跨国超大型企业实力远胜于传统的某一国家的企业、网际空间等。在这部作品的启发下，第一个图形化 MUD 游戏《栖息地》于 1986 年发布，《栖息地》是现代大型多人在线游戏的先驱，也是大规模构建商业化虚拟世界的首次尝试。《栖息地》构建了人类第一个基于图形界面的大型虚拟世界，虚拟世界中的事物都以动画形式呈现在玩家眼前；也第一次引入了"化身"的概念，这使其具有了超越以往所有游戏的意义，玩家可以根据幻想定制一种专属于自己的图形化虚拟人物，并与其他虚拟人物互动，包括恋爱、结婚、离婚、冒险、创业、决斗、建立宗教、发起战争，甚至尝试自治，即使玩家退出游戏，之前的世界状态也能被全部保存下来，让"文明"一直延续下去。《栖息地》所构建的虚拟世界具有非常鲜明的开放性和多元化特征，这也是今天所说的元宇宙最为重要的特征之一，这在当时是极具新鲜感的游戏模式变革，构建了一个不约束玩家行为的、自由设定的虚拟世界，同时图形化的显示为玩家带来了最直接的感官刺激，而不需要太多的想象空间，玩家可以暂时释放幻想的力量，通过视觉感受营造虚拟沉浸感。在《栖息地》的世界中，所有玩家享有这个世界的一切权益，没有统治者，人人独立而个性、平等而自由，展现了最早一代虚拟世界的世界观启蒙。正如《栖息地》对赛博空间的思考："赛博空间更多的是由其内部参与者之间的互动定义的，而不是由其实施的技术来定义的。"

在 1990 年召开的第一届网络空间国际会议中公开发布的 The Lessons of Lucasfilm's *Habitat*（《卢卡斯影业游戏〈栖息地〉的教训》）一文提及了《栖息地》的数字内容创作模式，为后来 UGC（用户生成内容）的诞生提供了宝贵指引。在《栖息地》中，工程师花费了大量的时间和精力为玩家设计需要几天时间才能体验完毕的剧情或者活动，但结果却产生了截然不同的效果，有的人叫好，有的人体验后很快便对其失去了兴趣，有的人甚至根本没有体验，让原本精心制作的内容很快便失去了价值。《栖息地》的制作人意识到仅靠一个中心或者制作方在虚拟世界中创造的内容，并不一定能让所有玩家满意，不如将部分创作权让渡给玩家和社区，例如根据玩家在游戏中的表现来设计游戏场景和功能路径。这种思想也被认为是后面出现的 UGC 开发工具和游戏的启蒙。

20 世纪 90 年代，"Z 世代"出生，他们崇尚"YOLO"（You Only Live Once，你只会活一次）文化，热衷于虚拟世界，擅于接纳新鲜技术，将成为元宇宙建设的主力军。

20 世纪 90 年代前后，蒂姆·伯纳斯·李先后成功开发了运行万维网所需的所有工具——超文本传输协议（HTTP）、超文本标记语言（HTML）、第一个网页浏览器、第一个网页服务器和第一个网站。这标志着互联网时代的正式到来，也是人类对数字网络世界不懈追求的起点。在此后的第一个 30 年，人类将二维数字世界建设到了极致，而在下一个 30 年，人类将正式从二维向高维进军，发出元宇宙的呐喊。

《雪崩》这部小说首次提出 Metaverse 的概念，如同今天元宇宙大征途中的一部"圣经"，给予了无数建设者崇高的精神指引。回顾它的创作背景，整个 20 世纪 80 年代是一个互联网初现曙光、文化出现全新浪潮、具有独特精神的年代，在新世纪来临之际，人们开始觉醒，而这也是元宇宙首次在人类意识层面的觉醒。

1993 年，作家兼计算机科学家弗诺·文奇发表了一篇文章，首次提到了人工智能的"奇点"①。奇点问题代表了人类与人工智能之间的关系，早在那个年代人类便已经开始思考虚拟世界中的伦理问题了。人工智能也是元宇宙社会重要的"原住民"，将与现实人类、虚拟世界、现实世界之间产生复杂的伦理关系，今天众多的元宇宙思想

---

① 奇点是指时空中一个令物理定律失效的点。

家已经开始对这股新思潮进行研究。

1994 年，纽约大学向美国专利商标局递交了 Method and System for Scripting Interactive Animated Actors（基于动作脚本的动画设计方法和系统）的专利申请。这是全球第一个在专利说明书中提到《雪崩》和 Metaverse 的专利，并于 2001 年得到专利授权。从小说到技术，从科幻到科学，Metaverse 开始引起科技行业的重视。

1994 年，罗恩·布里维赫创建了第一个 2.5D 数字世界——*WebWorld*，这也是第一款能支持上万人同时在线聊天、建造、旅行的 2.5D 游戏。

1995 年，继承自 *WebWorld* 的 *Active Worlds* 诞生，这是一个真正意义上的 3D 在线虚拟世界。它允许用户拥有世界和宇宙，开发自定义 3D 内容，并探索他人创建的 3D 虚拟世界，具有 Web 浏览、语音聊天、基本的即时消息传递等网络和社交功能。*Active Worlds* 也是第一个运用于学习的 3D 虚拟环境平台。

20 世纪 90 年代中期，在计算机图形学和计算机算力等科技进步因素的影响下，虚拟世界开始了真正的 3D 进程，引入了立体坐标，与真实世界的构建相同，其操作的复杂程度也相应提高；UGC 开始出现，游戏方只负责建立世界观和基本游戏规则，其余的剧情、场景、路径等都交给玩家来设计创造，同时为创作者配备了工具，让虚拟世界的创作更加便捷；开放式世界观开始形成，推动玩家探索无尽的未知世界，不断创造新的内容，就像今天火热的 Roblox。

1996 年，一款赛博朋克风城市建造模拟游戏 *CyberTown* 被 VRML（虚拟现实建模语言）构建出来，被誉为古典元宇宙的重要里程碑。其中，VRML 是一种面向 Web 的用于建立真实世界场景模型或人们虚构的三维世界场景的建模语言，不依附于任何平台，具有世界通用性，可建立动态的虚拟世界。

1999 年，电影《黑客帝国》展示了一个震撼人心的虚拟人工智能世界 Matrix，从人文和思想层面深刻探讨了人工智能对虚拟世界的重要影响。

2003 年 1 月，大型多人在线虚拟宇宙游戏《安特罗皮亚的世界》推出，它是全球第一款拥有银行执照并且可以直接进行游戏币和现实货币兑换的网游，玩家可以将游戏虚拟货币 PED 以 10∶1 的固定汇率兑换为美元。并且《安特罗皮亚的世界》也引领了在全球范围内创造虚拟物品交易纪录的风潮，它分别在 2004 年和 2008 年两次因售出最昂贵的虚拟世界物品而创造了吉尼斯世界纪录。2010 年 11 月，游戏内一个注册资金 10 万美元的玩家基金会"不死俱乐部"再次刷新了虚拟物品交易纪录，他们以 33.5 万美元的价格卖出了一个虚拟角色 John Koma Falun。

2003 年，一家外国软件公司 LindenLab 推出了著名的基于 Open3D（一个支持快速开发 3D 数据处理应用的开源库）的世界级游戏《第二人生》。玩家在游戏里被称为居民，能够通过可运动的虚拟化身进行交互，还有一个高层次的社交网络服务，例如居民可以四处闲逛，会碰到其他的居民，开展各种社交活动，制造、交易虚拟财产和服务等。《第二人生》深受计算机朋克文化运动和《雪崩》的影响，正如 LindenLab 所说，它们的目标正是要创造一个斯蒂芬森所描述的元宇宙世界，在这里，人们可以自己设定与别人交互的方式。还有一点非常重要，在这个虚拟世界中诞生了虚拟货币——Linden Dollar（又称 Linden，或者 L$），居民可以自行组建专门的交易市场，也可以通过 LindenLab 和一些实体公司把虚拟货币兑换成美元。这已经非常接近元宇宙雏形了。

此外，《第二人生》突出了其支持玩家创作内容和塑造世界的能力，这也是其超越其他网络游戏的核心特征，它内置了一个基于简单几何形状的 3D 建模工具，允许居民构建虚拟对象，同时引入了一种过程脚本语言（Linden 脚本语言），可用于为对象增加交互性。在《第二人生》自由经济和自由创作两大核心世界观的作用下，居民们创建了大量的虚拟资产和丰富的虚拟内容，并且真正掌握了对它们的所有权，可以通过市场自由地对它们进行分发、销售、交换，巅峰时期在线市场共上架了 210 万件虚拟物品。传统信息巨头 IBM（国际商用机器公司）还曾在《第二人生》中购买了 12 座岛屿，用于关键业务流程的虚拟培训和模拟。

2003 年，威尔·哈维和杰弗里·文特雷拉创建了在线 3D 虚拟世界游戏 *There*，进入虚拟世界的玩家需要配备唯一的名字和头像，还可以自主设计服饰、汽车、建筑、家具等物品，并出售给他人。游戏创造了一种虚拟货币——Therebucks（即 T$，1 800 T$ = 1 美元），玩家可以用其来购买虚拟物品和服务。2009 年，*There* 已经发展成了一个汇集百万玩家的大型虚拟世界。

2004 年，《魔兽世界》发行，并于 2009 年 8 月创造了 1 310 万全球玩家同时在线的世界纪录。在它的世界中几乎具备了我们对元宇宙的大部分设想：沉浸式 3D 环境、动态经济和由多个独立社区组成的庞大社会。

2006 年初，"万维网标准之王"杰弗里·泽德曼首次提出 Web 3.0 概念，引领互联网向人工智能、3D 技术、语义网、虚拟世界、开放身份、网络公国（一种西方思想的乌托邦）的终极方向发展。从 Web 1.0 到 Web 2.0，互联网发生了翻天覆地的变化，拥有了无限数据和场景，也诞生了处于中心垄断位置的巨头，随之而来的社会矛盾凸显出迫切需要建立一个更加智能、开放、安全、去中心化的新型互联网架构，Web 3.0便是在这一时代诉求下出现在人们眼前的。Web 3.0对全新数字世界的定义和技术架构更符合今天对元宇宙的构想，元宇宙也是对Web 3.0的进一步传承和实现。

2006年，Roblox诞生，允许用户设计自己的游戏和物品，并可以自由体验其他用户创建的各种不同类型的游戏，使一个游戏世界中可以同时存在千千万万个UGC小游戏。十余年后它成为全世界最大的多人在线创作游戏平台，月活跃用户超1.5亿人，每年有超2 000万款小游戏被创造出来。今天的Roblox也是公认的元宇宙雏形代表。

2006年8月9日，谷歌首席执行官埃里克·施密特在搜索引擎大会上首次提出"云计算"的概念，自此云计算为互联网深度发展奠定了底层的计算框架，成为一项具有革命意义的计算体系。云计算能够撑起互联网二维世界的所有计算逻辑和算力需求，也能够帮助元宇宙建设新一代的算力框架，是一切超前技术照进现实的底层承载。

2007年，加速研究基金会发布Metaverse Roadmap——Pathways to the 3D Web：A Cross-Industry Public Foresight Project（《Metaverse 路线图：通往三维网络的途径——一个跨行业的公共前瞻项目》），将Metaverse定义为"the convergence of virtually - enhanced physical reality and physically persistent virtual space. It is a fusion of both, while allowing users to experience it as either"，即元宇宙是一种"虚拟增强的物理现实"和"物理持久的虚拟空间"的交汇和融合，并且允许用户以两种方式进行体验。其不主张Metaverse是一种纯粹的虚拟空间，而是视其为物理世界和虚拟世界的连接点，标志着Metaverse开始告别之前游戏定义的数字空间，迈向现代元宇宙的新征程。同时文章也指出了Metaverse的四大关键组成部分：虚拟世界、镜像世界、增强现实、生活记录。

2007 年 7 月，在瑞士洛桑举行的第 81 届 MPEG 会议上，韩国向 MPEG 工作组提交了 Metaverse 案例提案。这是 Metaverse 首次进入国际标准化领域。

2007 年，第一本元宇宙相关专著 *The Second Life Herald: The Virtual Tabloid that Witnessed the Dawn of the Metaverse*（《第二人生先驱：见证了元宇宙黎明的虚拟小报》）出版。

2007 年，第一代 iPhone（苹果手机）面世，自此开启移动互联网时代。十年的移动互联网发展史为元宇宙准备了丰富的硬件技术、内容、软件应用场景以及资本，不断催化着手机、XR、5G、芯片等硬件技术的成熟，更带来了庞大的网络数据和内容支撑，使得元宇宙一开始便是从很高的起点进行建设的，加速了虚拟文明的到来。

2007 年底，IBM 向美国专利局递交了 Rules-based Profile Switching in Metaverse Applications（元宇宙应用程序中基于规则的配置文件切换）的专利申请。这是全球第一个在标题中提到 Metaverse 的专利申请。目前，全球中有 21 个专利申请或授权在专利名称中提到 Metaverse。

2008 年 10 月至 2011 年 3 月，由飞利浦和以色列智库 MetaverseLabs 发起的欧盟 ITEA 项目"Metaverse1"成功运行。该项目的成果之一是 ISO/IEC 23005 系列标准，即在真实物理世界和虚拟世界之间定义标准接口，以实现虚拟世界和现实世界之间的连接、信息交换和互用。

2008 年，论文 Solipsis：A Decentralized Architecture for Virtual Environments（《Solipsis：虚拟环境的分布式架构》）中对 Metaverse 这一概念进行了探讨：Metaverse 是一个巨大的系统，包含了许多不同的相互

连接的虚拟世界，并且通常是由用户生成的世界，所有这些世界都可以通过一个用户界面进行访问。

2009年1月3日，比特币创始人中本聪创建了比特币的创世区块（Genesis Block），比特币就此问世，创造了举世瞩目的区块链技术雏形，奠定了去中心化的系统和世界运转的基础，创新性地引领了加密货币的构建范式，为元宇宙建立去中心化计算架构和虚拟经济系统打下了坚实的根基。

2009年2月18日，免费且开源的大规模多方共享的虚拟世界Solipsis发布，旨在为类似元宇宙的公共虚拟领土提供基础设施，创建点对点网络架构，理论上来说，虚拟世界可以承载无限数量的参与者。Solipsis的核心目标是创建一个尽可能不受私人利益（如中心化服务器）影响的虚拟世界，因此它率先探索了点对点网络架构，而非之前游戏所采取的传统的服务器/客户端模型，节点可以实现自组织。自此，Open Cobalt、Open Wonderland、Open Simulator等开源项目随之而来，虚拟世界开始逐渐迈向初步的去中心化时代。将塑造世界的权力分散到所有用户节点上，开源的理念又吸引全球开发者永不停息地完善虚拟世界建设，虚拟世界迎来自发展阶段，而且唤醒了所有用户共同拥有虚拟世界的梦想。

2009年，虚拟游戏《我的世界》诞生，发展至今成交额已达2.38亿美元，并拥有1.4亿月活跃用户，与Roblox不相上下，也是当前元宇宙建设的一支重要力量。

2009年12月，电影《阿凡达》上映，其描绘的"化身"也是今天元宇宙虚拟身份和虚拟物种的重要代名词，是元宇宙发展的终极指引。

2011年，迈克尔·格里夫斯教授在论文Virtually Perfect：Driving

Innovative and Lean Products through Product Lifecycle Management（《几乎完美：通过产品全生命周期管理驱动创新和精益产品》）中正式提出数字孪生的概念。这一概念最初被广泛用于工业 4.0 领域，"是以数字化的形式对某一物理实体过去和目前的行为或流程进行的动态呈现，有助于提升企业绩效。其真正功能在于能够在物理世界和数字世界之间全面建立起实时联系，这也是该技术的价值所在。数字孪生主要应用于复杂资产或流程建模"[①]。后来人们发现数字孪生很可能是人类数字化迁移的第一步：实现对物理世界的模拟，该概念逐渐演变为元宇宙第一阶段的标志，第二、第三阶段分别为数字原生和数字永生。

2011 年 1 月 21 日，腾讯推出微信。微信可以说是互联网时代的集大成元宇宙雏形，同时以微信为代表的超级社交网络将承担起构建社交元宇宙和元宇宙社交关系的重任。

2012 年 5 月 15 日，可同时适配移动端（iOS、Android）和 PC 端（Windows）的沙盒类游戏 The Sandbox 发布，允许用户自由创建他们想要的任何东西，通过探索水、土壤、闪电、熔岩、沙子、玻璃等基础自然资源，以及人类、野生动物和机械装置等众多更复杂的元素，打造出一个虚拟的宇宙，在这个宇宙中，人们甚至可以靠这些基础元素造出现代化的电路。

更具划时代意义的是，在 2018 年，这款"古老"的经典游戏竟然早早拥抱了区块链和加密货币，推出了完全基于区块链构建的链上版本，充分将游戏内容货币化。同时提供了一款图像编辑软件 VoxEdit，玩家可以用它制作 NFT，并在 The Sandbox 构建的市场中进

---

① 德勤报告《工业 4.0 与数字孪生》。

行自由交易。土地是最关键的一个元素，其上可以展示合作方和玩家的 LOGO（徽标），虚拟土地总数固定有限，永不增减，这都是由区块链来保障的。土地的拥有者可以在自己的土地上发布一些游戏让玩家探索，通过 Game Maker 工具来创造空间，设定一些游戏的任务。*The Sandbox* 中也存在虚拟化身的概念，并且用户可以使用数千种选项创建和自定义自己的化身，无论身在何处都能与朋友聊天、见面。

2014 年 1 月 16 日，免费大型多人在线 VR 社交平台 VRChat 在 Windows 上发布，并支持虚拟现实设备 Oculus Rift DK1。VRChat 也允许玩家创建世界，并通过 3D 虚拟化身与其他玩家交互。它还提供了开发工具包，方便玩家创建或导入各种角色模型，并将其作为自己的虚拟化身。新冠肺炎疫情防控期间 VRChat 的同时在线用户数急剧增长，众多现实世界中的文娱活动开始在 VRChat 构建的虚拟世界中开展。

2014 年 5 月，斯坦福大学的胡安·贝内特创立了协议实验室，并创造了一个具有革命性意义的去中心化计算架构——去中心化存储协议 IPFS，有望成为 Web 3.0 和元宇宙时代最为基础的存储层。

2014 年，脸书以 20 亿美元收购头部 VR 公司 Oculus，在资本的催化下，虚拟现实设备迎来建设热潮，元宇宙开始扩充硬件入口，搭建新一代计算平台。

2015 年 7 月 30 日，以太坊 Ethereum 创世，带来了真正意义上的"世界计算机"雏形，开创了智能合约时代，为去中心化带来了可编程范式，引领链上开展具有现实意义的加密经济活动，构建了去中心化的金融体系，与比特币等共同构建起元宇宙的去中心化模式。

2016 年，移动互联网时代红利逐渐消失，加速了元宇宙的到来。

2016 年 3 月，"阿尔法围棋"以四胜一败的成绩击败李世石，首次向全世界呈现了人工智能的强大和不可测。"阿尔法围棋"引领的更先进的人工智能技术将成为建设元宇宙内容和虚拟人物的重要支撑技术，是元宇宙智能化进程的关键要素。

2017年，OpenSea 创立，成为加密货币世界最为重要的 NFT 交易平台，被誉为"区块链上的佳士得"，OpenSea 以及其所承载的 NFT 资产改变了人们对虚拟资产和虚拟经济活动的认知，并逐渐成为构建元宇宙中底层资产体系和交易系统的基础技术，有望承担起元宇宙中大规模的资产交易活动。

2017年，以太坊上的加密猫（CryptoKitties）引爆了最早的 ERC-721 NFT 资产以及区块链游戏。时至今日 ERC-721 协议仍然是 NFT 资产的核心标准定义，而 NFT 也为全世界所熟知和认同，是人们将现实事物映射为虚拟世界资产的必备手段之一。

2017年，基于区块链的元宇宙游戏 Decentraland 募集了 2 500 万美元，并于 2019 年向早期玩家开放，2021 年初进一步向广大公众开放。三年多的发展让 Decentraland 从粗糙的 2D 雏形变为一个承载庞大虚拟世界资产的完整的 3D 虚拟宇宙。它拥有一个整齐的 300×300 网格，由大约 9 万个单位地块组成，用户在那里可以自由建造 Space-X 发射的直播场地、龙城、直播音乐的夜总会、用加密货币进行赌博的赌场等大千世界。基于区块链和加密货币的"土地"也成为那个宇宙最有价值的虚拟资产——稀缺的资产，而元宇宙的一切建设都是建立在每一块土地上的。

2017年，苹果公司推出增强现实软件包 ARKit，可以让软件开发者确定手机摄像头看到的某个物体或者某一堵墙有多远、手机是否在移动，或是在人体图像中识别出四肢。AR 技术与 VR 技术并行发展，扩展了元宇宙硬件基础设施。

2017 年 10 月，电影《银翼杀手 2049》上映，影片中展现了未来社会的"人类"构成，探讨了虚拟宇宙的复杂社会问题。

2018 年 3 月，电影《头号玩家》首次描绘了人类对元宇宙世界的终极追求和认知。《头号玩家》中的绿洲也成为今天元宇宙建设者心目中的"One Piece"。

2018 年 11 月，《堡垒之夜》注册玩家数量超两亿，成为与 Roblox 齐名的大型游戏元宇宙代表。更加极致的视听感受，丰富的玩法，大规模的用户在线，将沉浸式体验推上了新的高度，并且引领了在游戏虚拟世界中开展丰富娱乐活动（如举办音乐会）的潮流。这一切都得益于强大的游戏引擎技术，这项技术也被认为是元宇宙七大核心技术之一。其母公司 Epic Games 也越来越多地将《堡垒之夜》定向到 Metaverse 叙事中。

2018 年，增强现实公司 Magic Leap 提出了 Magicverse，即在真实世界的基础上再生了一个虚拟世界，两个世界共用一个中心 AI 系统，这样做能够让真实世界的人力、知识等资源得到更合理的使用。

2019 年，IEEE 标准协会发起 P2888 项目（连接网络和物理世界），迈出了开发连接物理世界和虚拟世界、构建同步元宇宙标准体系的第一步。

2019 年，《连线》杂志创始主编、《失控》作者凯文·凯利发表了以"数字孪生　镜像世界"为主题的演讲，多次提及"镜像世界"这一概念，这被认为是对未来 20 年数字世界的描绘，具有元宇宙的影子。

2019 年 9 月 26 日，脸书宣布旗下 Horizon 成为社交 VR 世界，正式进军社交元宇宙。

2019 年 11 月 1 日，中国开启 5G 商用时代。5G 将支撑元宇宙的万物互联，为七大核心技术之一。

2020 年，在新冠肺炎疫情的大背景下，全球燃起了对元宇宙的期待。

2020 年 2 月，基于以太坊的 *Decentraland* 正式上线。这也是加密货币世界最具标志性的元宇宙项目之一，被誉为加密元宇宙的雏形之一。它基于 NFT 构建了虚拟土地资产，打造了"一个独立运行的完整社会"。

2020 年 4 月 24 日，美国说唱歌手特拉维斯·斯科特在《堡垒之夜》举办虚拟演唱会，吸引了 2 000 多万名线上观众。这是一场史无前例的虚拟沉浸式演唱会，是一次元宇宙游戏与音乐的大融合，被公认为元宇宙发展进程中的一次标志性事件，展示了在元宇宙中实现多场景融合的无限可能。

2020 年 5 月 16 日，加利福尼亚大学伯克利分校在《我的世界》里举办了毕业典礼和庆祝演唱会，从细分领域的角度引领了全球毕业典礼虚拟化热潮，丰富了人们对元宇宙的认知。

2020 年，全球顶级 AI 学术会议 ACAI 在《动物森友会》上举行研讨会，引领了学术活动的元宇宙化。

2020 年 7 月 29 日，马克·扎克伯格在脸书财报会议上提及元宇宙 20 次，希望在未来用五年左右的时间将脸书转型为一家元宇宙企业。

2020 年 10 月，英伟达推出虚拟空间协作平台 Omniverse 测试版，超过 1.7 万名用户参加了测试体验。凝聚多种强大前沿技术的工业元宇宙开始出现。

2020 年底，马化腾发出"全真互联网"的设想。他认为，虚拟世界和真实世界互通的大门已经打开，无论是从虚到实，还是由实入虚，都将致力于帮助用户实现更真实的体验。

2021 年，被公认为"元宇宙元年"。

2021 年，脸书成立于 2017 年的 Reality Labs 部门员工人数已近 1 万，占据公司员工总数的 17%，顶级巨头对虚拟现实技术和元宇宙的投入不断加大。

2021 年 3 月 10 日，沙盒游戏平台公司 Roblox 在纽交所上市，被誉为"元宇宙第一股"，首日市值达 380 多亿美元。

2021 年 3 月 11 日，纽约佳士得拍卖行拍卖网络艺术家迈克·温克尔曼（昵称"Beeple"）的一幅 NFT 数字艺术品《每天：前 5 000 天》，经过 14 天的网上竞价，最终以 6 025 万美元落槌，加佣金成交价约合 6 930 万美元（约为 4.5 亿元人民币）。NFT 开始走进主流社会，引起人们的广泛关注。从那以后 NFT 因其空前强大的虚拟和现实连接能力，承担起越来越多的元宇宙建设重任。

2021 年 4 月，著名的虚幻引擎开发商 Epic Games 宣布获得 10 亿美元融资，主要用于开发元宇宙。

2021 年 4 月，英伟达宣布将正式推出面向企业的实时仿真和协作平台 Omniverse，一个被称为"工程师的元宇宙"的虚拟工作平台。

2021 年 5 月，微软宣布正在努力打造"企业元宇宙"。除了 C 端的游戏和社交最先入局元宇宙外，企业场景也被认为具有非常广阔的建设空间。

2021 年 5 月 18 日，韩国宣布建立一个由当地公司组成的"元宇宙联盟"，目标是打造统一的国家级 VR 和 AR 平台，厘清虚拟环境的道德和法律规范，确保元宇宙"不是一个被单一大公司垄断的空间"，将虚拟服务作为一种新的公共品。

2021 年 8 月 11 日，在计算机图形学顶级会议 SigGraph 2021 上，英伟达发布了一部纪录片，揭示了近三个月来公司创始人黄仁勋所做的每一场线上直播的产品发布会都并非其本人全程参与，部分时段是虚拟的。RTX 系列显卡的光线追踪技术通过扫描黄仁勋本人，得到了几千张各种角度的照片，再通过 3D 建模，进行后期编制。背后的"厨房"则是由艺术创作者在 Omniverse 平台上搭建的，最后再利用 AI 技术将两者结合，以假乱真，震惊世人。

2021 年 8 月，加密朋克（CryptoPunks）得益于维萨（Visa）购入，引爆了加密"NFT 之夏"。8 月 23 日，维萨官宣以 15 万美元的价格购买了编号为 7610 的加密朋克资产。

2021 年 9 月 27 日，脸书官方宣布将设立一项 5 000 万美元的基金，帮助该公司更负责任地开发元宇宙。同年 10 月 18 日，脸书对外宣布计划未来五年在欧盟招聘 1 万名员工，以帮助其建立所谓的元宇宙。

2021 年 10 月 28 日，马克·扎克伯格在 Facebook Connect 增强和虚拟现实会议上宣布，将公司正式更名为 Meta，其股票代码 FB 也从 12 月 1 日起变更为 MVRS。脸书将全面进军元宇宙！

2. 文学对元宇宙的重大启蒙意义

除了技术发展史，文学对元宇宙也有重大的启蒙意义，20 世纪出现了很多描述和深刻探讨虚拟世界／元宇宙的文学或叙事作品。

1955 年，约翰·罗纳德·瑞尔·托尔金在《指环王》中塑造了一个架空的大陆和世界——中土世界，成为信息时代众多游戏和虚拟世界创作灵感的来源。

1974 年，《龙与地下城》被公认为现代角色扮演游戏的萌芽。

1981 年,《真名实姓》是最早完整描述赛博空间的小说之一,比威廉·吉布森的《神经漫游者》更早,而这种赛博空间在后来成为赛博朋克小说的中心,也对《雪崩》产生了深远影响。

1984 年,《神经漫游者》出版,这是早期赛博朋克小说中最有名的一本。

1992 年,《雪崩》出版,正式提出并描绘了 Metaverse。

对元宇宙发展史拥有清晰和全面的认知是了解未来元宇宙的第一步,在当前元宇宙概念混杂并且充斥着炒作的发展环境中,更需要保持对历史的客观认知和对技术发展规律的尊重,脚踏实地一步一步迈向元宇宙大门,从混乱中提炼本质。早在 2013 年,迪奥尼西奥就发表了论文 3D Virtual Worlds and the Metaverse:Current Status and Future Possibilities(《3D 虚拟世界和元宇宙:现状和未来的可能性》),深入探讨并归纳了虚拟世界的发展阶段(如图 1.3 所示):

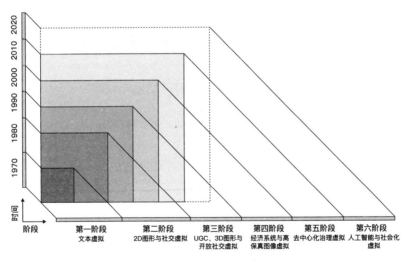

图 1.3 虚拟世界发展阶段

第一阶段:20 世纪 70 年代末期,基于计算机文本构建的虚拟世界。

第二阶段：20 世纪 80 年代，包含 2D 图形界面、具有社交元素的虚拟世界。

第三阶段：20 世纪 90 年代中期，包含 UGC、3D 图像以及开放式社交的虚拟世界。

第四阶段：21 世纪初，包含较为完善的经济系统、UGC 工具以及较高图像质量和保真度的虚拟世界。

第五阶段：21 世纪 10 年代，去中心化治理的虚拟世界。

第六阶段：21 世纪 20 年代，人工智能与高度社会化的虚拟世界。

1.3 元宇宙乌托邦

　　有人认为当今世界全球化进程已经停滞，民粹主义兴起，贸易壁垒重现，世界即将回归封闭状态。此时元宇宙的出现如同一种呼声，既然无法在现实世界重新建立全球化，那就迁移到虚拟世界，进行新一轮的虚拟全球化。所谓的元宇宙，其实更像是"同一个宇宙，同一个梦想"。跟奥运会一样，它可以发展成为一种跨国界的文化交流、意识形态与和平理念，成为构建人类命运共同体的重要一环，让全世界公民"风雨同舟，荣辱与共，努力把我们生于斯、长于斯的这个星球建成一个和睦的大家庭，把世界各国人民对美好生活的向往变成现实"。

　　乌托邦中"乌"是没有，"托"是寄托，"邦"是国家，组合起来意为"虚幻的国家"，反映了那个时代的空想社会主义学家对理想世界的定义——财产公有、人人平等、按需分配、民众普选。今天的元宇宙被称为"虚拟的世界"，也是源于人类对现实体系的不满，对公民数字所有权的呐喊，希望借助信息技术再造一个全新的理想社会。但当元宇宙和乌托邦组合在一起时，希望能够"虚虚得实"，立足于当下，从现实出发。只有为人类现实发展谋福祉，才能将现实的美好映射进虚拟世界，并且再度升华，直至达到乌托邦状态。正如 2021 年 10 月 18 日，习近平总书记主持中共中央政治局第三十四次集体学习时强调："近年来，互联网、大数据、云计算、人工智能、区块链等技术加速创新，日益融入经济社会发展各领域全过程，数字经济发展速度之快、辐射范围之广、影响程度之深前所未有，正在成为重组全球要素资源、重塑全球经济结构、改变全球竞争格局的关键力量。"[①] 同时也指出，国家高度重视发展数字经济，拓展网络经济空间，支持基于互联网的各类创新，推动互联网、大数据、人工智能和实体经济深度融合。元宇宙作为综合承载互联网、大数据、云计算、人工智能、区块链等技术的新一代数字网络空间，更应该肩负起与实体经济深度融合的重任，"更好发挥数字技术对经济发展的放大、叠加、倍增作用，利用互联网新技术对传统产业进行全方位、全链条的改造，提高全要素生产率"。

　　一般都认为未来元宇宙应该至少是三维的，但这也只是从 3D 模型的角度进行的预判。其实虚拟世界的维度跟现实世界不太一样，无论在游戏中构建如何逼真的 3D 环境，站在更高维度的人类也认为这是平面的产物，只是从人的思维处理上赋予了其三维错觉。元宇宙的三维应该跟人类站在同一个高度上，所以不是简单的 3D 建模和 VR 体验。打通元宇宙照进现实的通道，便是塑造更高维度的方法，所以元宇宙乌托邦的第三维便是通往现实世界的坐标轴。

　　元宇宙乌托邦的建设需要依赖两大世界的力量，分别是中心化世界的互联网阵营（以脸书、谷歌、腾讯等超级巨头为代表）和去中心

---

① 新华社微信公众号 . 习近平：把握数字经济发展趋势和规律 推动我国数字经济健康发展 . https://mp.weixin.qq.com/s/46CT5gb-R9fnqn8ILHD72w.

化世界的加密阵营（以比特币、以太坊等世界货币和世界计算机为代表）。当前，两大阵营都已经开始了探索和实践，互联网阵营专注于构建游戏、社交、娱乐等虚拟体验，并开始将元宇宙思想慢慢渗透至工作、消费、工业等较为"严肃"的场景；加密阵营则在坚定不移地建设去中心化的虚拟资产体系和技术平台，并依托智能合约实现了元宇宙的可编程化，为元宇宙经济和治理结构指明了方向。两大阵营都在为元宇宙乌托邦做出不可替代的贡献，元宇宙也会像桥梁一样搭建在两大阵营之间，使其摒弃割裂和对立，拥抱合作与互补，这也是元宇宙乌托邦对"大同"的一种践行。

元宇宙乌托邦不存在垄断性的玩家。元宇宙可能会存在很多看似独立的小宇宙，我们称之为元宇宙的"域"。这些域的构建也是自由和多样的，有的是去中心化形成的，而有的可能是由某家公司主导的，所以无法保证在这些域中是否存在垄断性的大玩家（有可能就是公司本身）。但当大玩家脱离了该域，走入其他域，或者来到更上一层的大空间中，将会接受去中心化治理的约束和对抗，失去原有的垄断地位。了解区块链的朋友可以将其类比为底层大公链和 Layer2（可扩展二层网络）子网络之间的关系。为了适应不同业务的需求，即便 Layer2 子网络具有不同的构建范式，也无法完全解决中心化作恶的问题，但最终都要经过最底层大公链的去中心化裁决，没有任何大玩家或者"巨鲸"可以垄断一条像以太坊一样的公链网络。元宇宙乌托邦最终也会围绕着同一个"宇宙基本法"建立起无数小宇宙，形成一个开放与封闭共存的体系，甚至可以继续形成树层元宇宙网络——小宇宙拥有一层层的父节点；当某些小宇宙发展到需要融合的时候，还可以进行节点合并，升级为更上一层的节点；优胜劣汰，让不重要的小宇宙成为"叶子"节点或者被"剪枝"。

要进一步深入探究元宇宙的未来理想形态，就不得不提及"后人类"和"后人类主义"。美国后现代主义学者唐娜·哈拉维发表 A Manifesto for Cyborgs：Science，Technology，and Socialist Feminism in the 1980s（《赛博格宣言：20 世纪 80 年代的科学、技术以及社会主义女性主义》）一文，将"后人类"命名为"赛博格"，他们是在未来世界行走于生物体和机器之间，存在于虚拟和现实之间的新形态人类。站在元宇宙的视角，"后人类"是否等于虚拟身份，到底真正的本体依旧是现实的人，还是需要综合来看待？元宇宙中的"后人类"是否存在跟现实一样的生命周期？它的身份存在是否可以多样化？对于这些问题的探讨，似乎也在解答一些宇宙哲学上的难题。

此外，元宇宙是否也存在"最后的问题"——熵；是否可以避免归于热寂；元宇宙"元"的本质是超越还是自我进化；现实的宇宙有可能是虚拟的吗；如果是虚拟的，其跟元宇宙之间又是怎样的嵌套关系；关于"存在与虚无"的二元论问题等，就像 20 世纪物理学家头顶"两朵乌云"建造现代物理学新大厦一样，元宇宙也存在很多悬而未决的问题，人类是否能够建立起一套基础理论体系，将元宇宙的未来纳入其中，尚未可知。但是"存在与虚无"的相互依存与二元对立，就如同相对论和量子力学两大理论，将成为人类文明永恒的经典话题。

著名经济学家朱嘉明在《"元宇宙"和"后人类社会"》一文中提出可以站在数学的角度深刻洞察元宇宙的本质："抽象的元宇宙首先是数学意义的元宇宙。抽象代数很可能是研究元宇宙的数学工具。因为抽象代数基于群、环、域的概念，通过研究确定一个对象集合的性质以理解与解决另一个对象集合中的复杂关系问题，寻找可能存在于它们之间的某种集合元素对应变换的等价性，符合'第一同构定理'，现实世界与虚拟世界之间存在对称和映射关系。如果 R 是现实世界的客体元素集合，R′ 是虚拟世界或元宇宙中的虚拟元素集合，进而 R′ 是对现实世界 R 的缩小或压缩，即虚拟世界 R′ < 现实世界 R。所谓的'元宇宙'则是现实世界 R 和虚拟世界 R′ 之和。"

指导人类建设世界的思维很多都是数学逻辑，如果元宇宙在代数逻辑上成立，那么可以想象其所包含的元素集合将是无限大的，什么样的信息化虚拟世界是可以无限承载的？或者从另一个角度，虚拟集合 R′ 该如何抽象现实世界，是否存在一定的范式和规律？在人类将千年文明成果抽象化的过程中，会更加意识到未来的"宿命"在哪里，还有多远可以抵达。抽象世界，预见未来，或许元宇宙乌托邦就是一种未来进行时，一种超前的时空。

《雪崩》在为我们带来 Metaverse 理想世界的同时，也发出了反乌托邦警告：虽然在这个理想的数字世界中，人们不再面临现实中大企业的垄断暴力，但也放大了人性的弱点，如成瘾、歧视和暴力。也许元宇宙不是绝对美好的，它在发展过程中会不断面临挑战，有技术上的挑战，也有社会体制方面的挑战，更有人性方面的挑战。我们要客观理性地看待当下火热的元宇宙概念，不要过度夸大、过于理想化，或许正如苹果公司 CEO（首席执行官）蒂姆·库克所说："不要讲什么元宇宙，就是增强现实。"还是应该从技术发展的角度，逐步实现可以实现的愿景，这才是真正"元宇宙人"的时代使命。

第 2 章

中心化，古典元宇宙

元宇宙并不会由一个超级公司打造，而是由数百万人的创意工作组成。
这是一个能够让所有创造者参与并且赚到钱的经济生态系统。这种生态系统
的开端，或将来源于更多的品牌和公司，通过连接它们的产品和服务，打造
出更开放、更包容的元宇宙世界。

——Epic Games 公司 CEO 兼创始人蒂姆·斯维尼

2.1 元宇宙雏形：游戏与电影中的绿洲

1. Roblox

2021 年 3 月，沙盒游戏平台 Roblox 公司上市，人们称之为"元宇宙第一股"，市值超过 400 亿美元，是一年前 40 亿美元估值的 10 倍。Roblox 公司在 2021 年第一季度的 DAU（日均活跃用户数量）已达 4 200 万，几乎比过去一年翻了一番。这股"妖风"连同其创始人提出的元宇宙八大特征一起风靡全球：身份、朋友、沉浸感、低延迟、多元化、随地、经济系统和文明。身份是认知"我是谁"的基础，朋友定义了虚拟社交关系，沉浸感、低延迟和随地是技术手段，多元化是基本准则，经济系统决定上层建筑，文明是终极目标。Roblox 招股说明书中提出了 Roblox 的几大核心特点：

身份：进入 Roblox 以后，玩家首先要创建一个代表自己的数字化身，让化身代替自己游走在热带岛屿、恐怖城堡等多个地图上，在里面玩第一人称射击、解谜、动作生存、角色扮演等游戏。

朋友：玩家在虚拟世界里可以与朋友互动，可以接触陌生人，也可以只与熟人保持联系。

沉浸感：用户在 Roblox 中的体验是 3D 沉浸式的。这种体验将会在日后变得更加引人入胜，甚至达到与现实世界难以区分的程度。

随地。一方面，用户、开发者和创作者都来自世界各地；另一方面，Roblox 客户端可以在苹果智能手机、安卓智能手机、PC、Mac（苹果计算机）、Xbox（微软第一代游戏机）等多种异构平台上"随地"运行。

低门槛。包括用户免费体验、开发者轻松构建，作品一旦被发布到 Roblox 云，用户可以在所有平台上的 Roblox 客户端进行访问。

多元化。截至 2020 年 9 月 30 日，Roblox 中有超过 1 800 万种体验。

经济。Roblox 中存在着一种建立在 Robux（虚拟代币）之上的虚拟经济系统。付费玩家可以用 Robux 进行内容体验或者角色扮演，而获得相应 Robux 的开发者和创作者还可以将 Robux 转换回现实世界的货币。

其中，"身份"和"朋友"直接指出了元宇宙的两大基本支撑——虚拟身份和社交网络；而"沉浸感""随地""低门槛"则代表了元宇宙涉及的技术建设；"多元化"是元宇宙不断扩充边界和虚拟社会性的关键所在，依托去中心化的无限创作模式，带来生态级别的自下而上的繁荣生长；"经济系统"意味着"元宇宙货币"的诞生，既是元宇宙强大生命力和商业模式的源泉，也是元宇宙建设的重中之重。

人受制于所处的阶层、身份、认知和工作性质，在现实世界中会存在物理和精神边界，面对残酷的现实，人们会时常沉浸于幻想之中，但这种幻想通常转瞬即逝。现在这种幻想可以化为虚拟世界的一种持久性的寄托，扩展精神边界，从而让那一刻成为永久。你可以在每晚9点到10点进入虚拟世界炫耀你在这里的豪车豪宅。这样的情景每天都在Roblox公司所构建的游戏世界中上演，全球无数人在这里寄托情感，进行交流。例如，在Roblox公司的头部游戏 *Adopt Me*（收养我）中，有"过家家"的情节，玩家可以角色扮演家长或者孩子，选择收养孩子或者被收养，同时也可以购买道具装扮自己；另外一个知名游戏场景 *Work at a Pizza Place*（在比萨店打工），一群玩家联机模拟在一家比萨店打工和消费，角色类型包括收银员、厨师、比萨装盒员以及外卖员，几十万名玩家上线后假装吃比萨。

Roblox本质上是一个允许用户自由创作并发行游戏的平台，它更注重创作和体验过程中的即时在线社交性质，因此它将初期的元宇宙定义为一种基于游戏世界观的新型虚拟社交平台。目前，全球几千万名玩家已通过平台上的数百万种游戏产生了极为复杂的社交纽带和经济关系。

从产品构成层面，Roblox提供了三种工具：Roblox Client（用户端）——C端玩家的体验入口；Roblox Studio（开发端）——强大的基于物理引擎的开发平台，可构建纷繁复杂的世界状态；Roblox Cloud（云端）——为用户提供实时响应，为平台提供服务和基础架构。

Roblox Studio在其中起到了至关重要的作用，允许任何人在不必考虑技术门槛的情况下，自由地在游戏世界里创作任何形式的内容，比如搭建建筑物或者设计一款"鱿鱼游戏"。这种开放式工具是激发去中心化创作的核心动力，由此带来无穷无尽的丰富内容，成功吸引上亿用户长期驻留和探索，最终让Roblox成为开放虚拟世界的典型代表。除了内容生长，去中心化自由创作还建立了虚拟社交关系。例如，Roblox不需要教授新玩家入门技巧，平台上成千上万的热心老玩家会主动帮助他们，与他们聊天，教授他们技能，甚至赠送他们入门的道具和服饰，发送各种游戏链接，一步步将新玩家带入游戏世界。在核心工具和创作理念的正确指引下，截至 2020 年 9 月，Roblox 中共有 700 万名开发者、创作者制作了超过 1 800 万款游戏，其中有 846 万款新游戏被试玩过，有 1.7 万款游戏的用户体验时长超过 1 万小时。

开发者、创作者收益与游戏体验时长，见图 2.1。

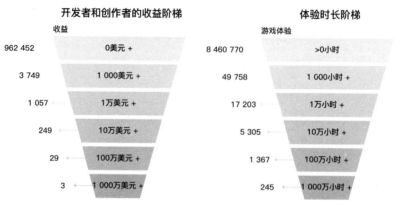

图 2.1　开发者、创作者收益与游戏体验时长

图片来源：Roblox 招股书。https://www.sec.gov/Archives/edgar/data/1315098/000119312
520298230/d87104ds1.htm.

UGC（User Generated Content）即用户创造内容，中心平台只负责提供基础框架。Roblox Studio 使 Roblox 成为最具代表性的 UGC 游戏平台之一。追溯历史可以发现，UGC 游戏的始祖是大名鼎鼎的《魔兽争霸Ⅲ》。它于 2002 年开放了地图编辑器，允许玩家自主设计地图和关卡玩法，可以更改游戏角色的技能，这种创新性的创作模式极大缓解了用户日益增多的内容消费需求与传统内容生产力增长乏力之间的矛盾。自此，无数知名游戏从开放编辑器里诞生，比如 DOTA（《远古遗迹守卫》）《英雄联盟》《王者荣耀》。但那个时代的开放创作具有很大的局限性，一切创作只能严格遵循单一游戏本身的设定和风格，无法为游戏世界带来更多不同主题的内容和玩法。紧接着沙盒游戏诞生了，著名的《我的世界》通过提供基础元素，让玩家自由打造现实世界中形形色色的物质，一时间吸引了无数创作者来到虚拟世界自由发挥想象力。Roblox 的本质也是一款沙盒游戏，但它在自由创作的基础上更进一步，赋予玩家更大的自由，允许玩家在游戏中继续生产游戏；并将生产游戏的过程工具化，大大提升了生产效率；被创作出来的无数更小型的游戏世界还可以在 Roblox 大游戏世界中分发，形成一种二级的树层嵌套式虚拟世界。

Roblox 不仅引领了新型的元宇宙内容建设范式，还在元宇宙经济系统建设方面极具创造性。元宇宙将现实照进虚拟，连带着经济体系一起，通过经济纽带的维系，才能持续支撑大规模的去中心化创作，尤其对优质内容的产出极为重要。Roblox 经济系统围绕虚拟创作和虚拟消费构建了一种可以打通现实货币体系的基础平台虚拟代币 Robux，可以把其当成是 Roblox 系统内的积分。愿意为某个优质内容付费的玩家可以将现实货币铸造为 Robux，并在平台内消费和流通，而至于是什么样的优质内容，则完全交给了全世界极具天赋的创作者自由发挥，他们有权利获得付费玩家支付的 Robux 虚拟代币，然后可以选择将其兑换为现实货币，以谋求在现实世界里的生计。Roblox 将经济和货币体系置于系统底层，用户并不需要了解它的经济原理，比如 Robux 是如何铸造的，有没有信用背书，而只需享受它所提供的经济服务。

虚拟货币的高流动性大大推进了虚拟世界里的优质内容创作和玩家付费行为，这种机制有助于提高创作者的创作积极性，玩家的消费也能换来更高水准的体验；将现实货币转化为虚拟的一般等价物，可以让虚拟世界中的经济和交易活动变得更加无摩擦，用户不需要在现实和虚拟之间频繁切换，整个虚拟世界的价值处于一种高速流通的状态。我们有理由相信，在未来，这样一种由实际生产和消费支撑的高效虚拟经济系统将会超越现实世界中大多数传统经济体的规模。

在此之前，Roblox 也经历了很多探索工作。最初，如同绝大多数互联网平台公司一样，Roblox 以广告和会员作为其主要的商业模式，但这似乎并不太符合游戏创作和体验的场景，处处充满了摩擦和双重需求巧合，积极性和经济效率没有被激发出来。一家致力于元宇宙发展的公司应具有独特的革命性商业模式，广告属于传统互联网时代，而在元宇宙开启的新网络时代中，最强大的商业模式应该来自像Robux 这样的元宇宙虚拟货币。

与此同时，Roblox 对创作者的体贴入微也起到了重要推动作用。本来 Roblox 只是一个让儿童获得快乐的 UGC 平台，所以它无法留住需要维持生计的成年人。为了留存用户，Roblox 开始思考如何留住伴随其平台一同成长起来的年轻人。首先要解决的是经济问题，让他们能够在虚拟世界里赚到用于现实生活的钱。于是一个大胆的想法形成了，Roblox 在开放编辑器之上开放了分成，并赋予了创作者极大的权限，让其可以自行定价、设计商业模式和收费模式、做营销活动和打广告、与外部资源进行合作等。逐渐形成了今天这样一套从经济角度吸引用户沉浸的体系，而由这群创作者创作出来的内容也变得更为优质。

Roblox 中的虚拟货币流通有两种方式：除了付费体验优质内容或游戏，玩家也愿意花费 Robux 来装扮自己的虚拟化身。对于创作者来说，赚取 Robux 的方式更加多样，如通过化身市场向玩家出售道具、在开发者群体中出售内容和开发工具、进入游戏或在游戏中获取增强功能时收取费用、获得打赏等。为了实现平台与创作者共赢，创作者在与平台自由兑付现实货币的过程中会产生一定的折扣损耗，即创作者需要向平台缴纳一定的折扣费用，这使平台也能参与所有的经济活动，并享受类似铸币税的收益。

根据 Roblox 的招股书，截至 2020 年第三季度末的前 12 个月，在数以百万计的开发者群体队伍中，共有 96.2 万名开发者在平台中获得了经济激励，但头部效应明显，只有 200 多名开发者有机会获得 10 万美元以上的奖励。在游戏制作和体验方面，共有 846 万款游戏被试玩过，其中获得 1 万小时以上体验时长的游戏超过 1.7 万款，大约 1 300 款游戏获得了 100 万小时以上的体验时长。截至 2020 年末，Roblox 共吸引了 800 万名活跃创作者，占 DAU 比例的 25%，其中 16% 的创作者获得过 Robux 收益。显然这是一个极为繁荣的创作者和消费者生态，不仅为凝聚大规模的创作源提供了合理的经济激励阶梯，也带来了创作者之间的竞争和发展，成为大规模生产优质内容的关键。

Roblox 的成功除了自身的内在创新，还有一个极为重要的外在因素——世代因素，这也是元宇宙最重要的话题之一。有一代人生来就与互联网时代共同发展，他们因此而有着更为开放的世界观，更善于接纳新事物，更愿意进行虚拟社交和交互，这代人于 1995—2009 年出生，被称为"Z 世代"。他们一出生就与网络信息时代无缝对接，受数字信息技术、即时通信设备、智能手机产品等影响比较大。风靡全球的 YOLO 文化便是"Z 世代"精神面貌的代表。YOLO 代表了"Z 世代"独有的世界观，注重体验当下，把握快乐，学会自我掌控命运。尤其是在新冠肺炎疫情的影响下，面对悲观和封闭的现实，更加催化了 YOLO 文化运动，"Z 世代"在虚拟世界里开启了属于自己的人生"第二维"。

在中国,"Z世代"也积极参与了短视频和直播等虚拟内容的创作,甚至以此为职业。根据艾瑞咨询统计,"Z世代"从平台获得的收入中有25%来自UGC平台(直播、短视频、漫画),10%来自游戏平台。字节跳动在2020年社会责任报告中指出,抖音带动2 200万名创作者实现收入累计超417亿元人民币,今日头条中月薪过万元的创作者有近1万人,近400位西瓜视频创作者年入百万元。"Z世代"的虚拟生活时间占比在持续地显著提高,他们对第二身份的需求也日益增强,对虚拟货币的接受度甚至超过了现实货币,更喜欢以NFT为代表的独一无二的数字资产,热衷于掌控自己的数字资产所有权。

"Z世代"崇尚虚拟社交,并且不再满足于当前的互联网社交平台,开始追求体验感更强的虚拟世界社交。也许在不久的将来基于Roblox衍生出的新一代虚拟社交平台会成为脸书、推特(Twitter)、QQ最大的竞争对手。传统网络游戏具有天然的社交属性和功能,在同一个社交网络里,所有人的交流都有着共同的目的和话题。作为游戏界和元宇宙界双重代表的Roblox更是希望将游戏世界的社交范围进一步拓宽至整个互联网,"Z世代"便是这场"大运动"最关键的突破口。在Roblox中,"Z世代"不必以真人头像、真名实姓、严肃的言语与熟悉的人开展交流,而是让自己化身为Roblox中的一个虚拟形象,在体验丰富多彩的游戏时可以结识新朋友,就游戏中的某些话题侃侃而谈,也可以邀请老朋友去比萨店坐一坐,吃个比萨聊聊天,一同消磨虚拟时光。这种全新的沉浸式虚拟社交将逐渐颠覆传统信息窗口式的聊天工具,元宇宙社交已成为元宇宙发展过程中的又一大课题,引起了脸书和腾讯等传统社交巨头的重视。

总结一下Roblox的发展历程。Roblox在2004年诞生之初并不是以游戏玩法为主，而是以游戏创作和体验为纽带，让人们体验一种3D社区。人们对社交的追求超过了游戏本身，因此开发者迅速提供了开放协作工具Roblox Studio，通过协作和创作激发社区成员的交流和互动。在追求商业价值的道路上，Roblox通过推出虚拟货币成功建立了自己的商业堡垒。Roblox在2013年推出了"创作者交易计划"，这一计划的成功实施真正让其迈入月活上亿的平台巨头阵营。Roblox公司开始与虚拟世界的真正贡献者——创作者进行分成，创作者的每一份创造都会为其带来收入，并且可以自行设计所制作游戏的经济模型。这一举措极大地调动了创作者的生产积极性，提升了内容质量和专业程度，很多用户得以在Roblox上谋生。梦想终于照进了现实，Roblox建立了完备的创作者经济生态。Roblox的发展脉络向我们传递出一种观念：不论是过去的虚拟世界还是今天的元宇宙，最大的魅力是其可以一直进化，就跟现实宇宙一样，它存在从大爆炸开始不断演变的进程，慢慢有了星云、星系、行星、生命体、智能等；游戏本身是不具备进化能力的，所谓的进化也只是不断引入新的制作技术、改进画面和剧情，而元宇宙的进化是可以不断跳出已有的边界，从游戏到社交，再到万事万物，一切都在进化的道路上；人类无法站在当下的发展角度去预测未来的元宇宙面貌，这也是元宇宙的神奇之处，它是一种超越游戏世界的人类新家园。

Roblox公司从互联网的凌晨走到互联网的黄昏，见证了众多风口和互联网技术革命，始终保持着自己构建虚拟世界的初衷，只不过在这个过程中不断接纳新技术、新思想、新模式和新用户，使之永葆青春活力。正如Roblox联合创始人大卫·巴斯祖克所说："Roblox上的许多开发人员都是在这个平台上长大的，而且他们中的许多人现在开始在平台上谋生。"根据康姆斯克的数据，6~12岁的孩子在Roblox

上花费的时间比在互联网上任何其他网站都多。新生代的力量无疑是使之持续进化的原动力。孩子们在一个奇幻的虚拟游戏世界里成长，长大后这种美好的记忆和经历会让他们拥有足够的动力和灵感，继续构建更加丰富的元宇宙世界，这也成为一代又一代人的不懈追求。因此，元宇宙是一个进化的虚拟世界，是可以延续下去的虚拟生命体。

我们既要肯定 Roblox 对元宇宙的开创意义，也要客观冷静地思考其不足之处。由于 Roblox 具有完善的嫁接虚拟和现实的经济系统、具有虚拟身份、具有社交属性、开放了内容创作、具有较强的沉浸感，因此被公认为当代古典元宇宙的雏形。"雏形"也意味着其距离人们追求的真正的元宇宙还相去甚远。

虽然 Roblox 看似拥有规模庞大的全球用户群体，但目前仍以低龄用户为主，根据其招股书所说，25 岁以上用户仅占总用户的 14%，而元宇宙应该是一个所有年龄段人群共享共融的虚拟世界。

Roblox 目前采取的中心化互联网架构，还不足以构建起永不停机的虚拟世界，即无法满足元宇宙永续性的基本需求。在无法保障去中心化和永续性的情况下，意味着 Roblox 可能在将来的某一天因为各种不可抗力因素而面临被终止的风险，比如严格的监管政策。

在场景触达方面，虽然 Roblox 跳出了传统游戏框架的束缚，引入了社交和更多娱乐属性，但较模拟映射更广泛的人类活动还相去甚远，比如办公和工业生产。

Roblox 容纳数亿人的能力也是虚拟的，是一种逻辑承载，真正在同一个虚拟空间里同时支持的用户数是有上限的（大概不超过 100 人），即不能同时容纳太多人在一个时空中交互，显然传统互联网技术距离真正的元宇宙时空承载量还相去甚远。

Roblox 引以为傲的经济系统还不够多元化和开放，无法服务于系统外的场景，去接纳更多领域服务进入元宇宙，也无法支撑起在虚拟世界内开展更为丰富的现代金融体系，流动性受限。

更关键的是，用户所谓的自主虚拟资产都是由中心化服务器和平台管理，并未真正享有虚拟资产的所有权。

Roblox 仅仅是在自己的世界内开放了世界观和互通性，但它本身作为一个世界，尚未与其他大世界进行开放互通，封闭性问题突出，在这方面甚至还未超过 Epic Games 的做法。

最后，对 Roblox 的深入了解会帮助我们更好地认知元宇宙的起源和发展，正如《元宇宙 Metaverse：互联网的下一站》一文所说："元宇宙是数字社会发展的必然。从数字世界发展的维度看，元宇宙并非一蹴而就，过去智能终端的普及、电商／短视频／游戏等应用的兴起、5G 半导体基础设施的完善、共享经济的萌芽均是前奏。而当下全球（新冠肺炎）疫情的持续以及'Z 世代'YOLO 文化的兴起进一步加速了元宇宙的到来。市场低估了数字化浪潮下，企业工作方式和个人职业选择的加速变化：后疫情时代，线上化习惯养成、互联网提供了更多的自由职业机会，社会企业组织形式的变化、'Z 世代'对虚拟世界的沉浸都使元宇宙成为大势所趋。"

2.《堡垒之夜》

引爆元宇宙风暴的还有另外一个现象级元宇宙游戏——《堡垒之夜》，从某种意义上来说，它是对 Roblox 场景的进一步延伸和精致化。《堡垒之夜》的母公司 Epic Games 拥有极致的图形和游戏引擎——虚幻，并塑造了众多世界级游戏，如《绝地求生》《和平精英》《刀剑神域》《最终幻想》等，能够提供最为出色的 3D 沉浸式体验，是模拟世界的入口。2020 年，乐高风险投资公司 CEO 罗伯·劳给予其极高的评价："我们认为 Epic Games 的《堡垒之夜》是游戏行业首个可信的元宇宙虚拟世界。"同年，索尼公司以 2.5 亿美元投资 Epic Games，索尼公司 CEO 吉田健一郎感叹道："没有比《堡垒之夜》这种革命性游戏体验更好的例子了。"《堡垒之夜》在推出的前两年（2018 年、2019 年）里获得了高达 90 亿美元的收入，该公司在一份声明中表示 Epic Games 现在的市场估值为 287 亿美元。在巨大商业成功的背后，《堡垒之夜》展示了一种更加华美的元宇宙雏形。

不能简单地把《堡垒之夜》定义为类似《绝地求生》的多人地图射击游戏，事实上，它是玩家可以聚会、娱乐、交友的自主网络空间。玩家可以利用原材料打造建筑，进行攻击或抵御攻击，也因此赋予了游戏创造具有多样性的虚拟世界的基本能力。只要你愿意，就可以选择在岛屿中漫步或跳跃，从幽灵山的幽灵教堂塔楼一路探索到 Shifty Shafts [①] 的迷宫隧道，还可以在精心搭建起的虚拟场景中举办演唱会，甚至以英雄世界的虚拟身份亮相。

早在 2019 年，《堡垒之夜》就举办了一场能容纳 1 000 多万人的虚拟线上演唱会，凌晨，所有玩家一起在夸张的电音魔光现场虚拟蹦迪。2020 年特拉维斯·斯科特在《堡垒之夜》举办了更为华丽的超大型音乐会，与 2 800 万人一同狂欢。玩家还可以利用 VR 技术进行互动，每一个人都可以实时地看到对方的三维立体表情，将信息传播到极致。英国乐队 Easy Life 更是以一种创新的形式，把演唱会变成了一次在奇幻世界的历险，他们一共演唱了六首歌曲，所有玩家都可以

---

① 《堡垒之夜》地图中的一个地点。

通过六首歌曲穿梭在六个不同的游戏世界。Easy Life首先利用《堡垒之夜》提供的开放式场景创作工具建造了"海面剧场""废土沙漠""塑料鱼肚""霓虹都市""绚烂高空""深海停车场"六个十分华丽的虚拟空间。当演唱会开始后，听众需要跟随Easy Life设定的节奏和方式不断穿梭在这六个时空中，聆听歌曲、观看表演。

首先来到"海面剧场"世界，这里存在一个虚拟的伦敦"千禧巨蛋"并且有一块巨型屏幕，随后Easy Life开始演唱第一首歌，而玩家也可以放飞自我，一边听歌一边烤牛排，甚至肆意舞动。

虚拟演唱会的转场设计也十分震撼人心。在"海面剧场"的演出过程中，为了避免玩家产生视听疲劳，主办方还特意设计了一个环节：突然涌入的海水瞬间淹没了整个场馆，使玩家进入一个失重的空间环境，而此时突然出现了飞速生长的珊瑚水草。

在"废土沙漠"中也有类似设计：玩家被马桶冲进了充斥着废弃和复古元素的茫茫沙漠。

在最后的"深海停车场"部分，四周遍布着汽车，所有玩家齐聚舞台，还有一张蹦床，大家可以随意律动，最后共同放起了海底烟花。

真是一场奇幻美妙的演唱会！人们似乎已经忘记《堡垒之夜》其实是一款非常激烈的地图竞技类游戏，它通过开放自己的世界和玩法毫无违和感地成功举办了一场现实世界无法实现的极致音乐会，《堡垒之夜》毫无疑问是这一趋势的开创者。

在新冠肺炎疫情背景下，线上娱乐俨然成为年青一代的主流娱乐方式，也满足了人们线上社交和消费的心理需求。最为突出的无疑是在游戏和音乐领域，这也是本书介绍 Roblox 和《堡垒之夜》的原因，它们率先给出了关于元宇宙世界第一个成功的组合范式——"游戏世界观 + 音乐体验 + 社交互动"。人们在虚拟身份的"掩护"下，释放天性，在虚拟空间里大胆表达着自己的想法和情感，甚至可以与现实世界中的偶像"面对面"接触。游戏塑造的奇幻场景，形成了一种极致的视听感，为传统音乐演绎行业提供了新思路。传统音乐都是通过线下获客，成本巨大，而且用户规模存在上限，而游戏一直以来都是全球性的线上玩家聚会，用户规模十分庞大。在《堡垒之夜》中举办音乐会，可以充分将音乐会信息传达给游戏在全球的 3.5 亿用户，而且在技术的支持下，数千万虚拟人物可以齐聚一堂，共享盛况。反过来，这对游戏本身来说也进一步丰富和提升了平台玩家的体验感和沉浸感，有助于吸引更多用户沉淀。原本独立发展的两大娱乐行业——游戏和音乐，在元宇宙中找到了契合点，彼此成就。两者的结合也产生了 1+1>2 的效果，因为其创造了更多新的社交互动体验，拉近了不同人群的距离，让彼此的边界变得模糊，形成了一种新的社交网络。还存在很多有趣的跨领域组合，如在游戏中举办毕业典礼等。2020 年 5 月 16 日，加利福尼亚大学伯克利分校的毕业生们便在《我的世界》的游戏世界中完成了自己的毕业典礼。

《堡垒之夜》除了为元宇宙带来极致的沉浸式体验，还有一项非常值得后来者学习的引领性探索——开放生态、建立互操作。《堡垒之夜》曾与漫威 IP 达成合作，玩家可以享受成为漫威英雄的虚拟沉浸感。这种跨 IP 的互操作性也是《堡垒之夜》极致沉浸感的来源之一。除了漫威，在过去三年里，《堡垒之夜》还与 NFL（国家橄榄球联盟）和国际足联、《星球大战》和《异形》、华纳兄弟的 DC 漫画、微软的《光环》系列、索尼的《战神》和《地平线：黎明时分》、卡普空的《街头霸王》、耐克和迈克尔·乔丹、特拉维斯·斯科特等进行了跨界合作，并开创了一种跟传统版权商共享 IP 的全新商业模式：游戏中带有相关 IP 的虚拟物品可以由玩家永久保留，而不再被版权商垄断控制，让虚拟世界的用户真正拥有虚拟资产的所有权。

Epic Games 十分注重建设跨平台游戏服务和虚拟物品，意图将整个元宇宙的版图扩展至众多游戏世界，形成互操作。例如，在收购游戏开发商 Psyonix 后，让其当家游戏《火箭联盟》免费开放，并将其主平台绑定 Epic Games 账户系统，使其加入跨平台联盟。《堡垒之夜》的玩家可以在《火箭联盟》中完成挑战，解锁限量版服饰和相应的成就，解锁后的服饰可在其支持的任意游戏中穿戴。Epic Games 还对社交网络服务 Houseparty 进行集成，使玩家能够将商品、身份、个人形象传输至跨平台网络，在所有支持该功能的游戏中应用。这是 Epic Games 正在力图打造的开放元宇宙的杰作，其建立了不同虚拟世界间的开放互操作，打通了虚拟资产的自由流转。这与区块链和加密世界通过完全去中心化体系打造开放链上的游戏异曲同工，相信未来 Epic Games 也会积极拓展更加高效的去中心化技术体系，真正完成 Epic Metaverse 的宏伟使命。

Roblox 与《堡垒之夜》可谓是元宇宙的两大开创者，如果说 Roblox 的意义在于为元宇宙引入了开放创作和虚拟经济系统，让游戏陪伴玩家一起成长、进化；那么，《堡垒之夜》则超越了竞技游戏的有限性，演变为脱离原始游戏规则的自主游戏[①]，"在竞争中获胜"的有限游戏玩法逐渐被"到元宇宙中碰头"的无限游戏玩法所取代。

---

① "自主游戏"概念的提出者是波士顿学院心理学系主任彼得·格雷，他认为自发的、无监督的游戏能帮助儿童进行自我导向的学习，从而获得更快乐、更自立、更美好的生活。

人类对游戏虚拟世界的探索其实已经持续了几十年。20世纪末出现的经典虚拟世界游戏除了没有今天的先进技术和大制作画质，该有的元宇宙机制都有了。但这群人曾经是一个不被主流社会所理解的小圈层，主流社会的人并不太理解他们为什么要沉迷于虚幻的游戏世界，那里似乎什么都没有。时代的发展总会给人带来难以理解的新变化，随着互联网虚拟化进程的加快，再加上新冠肺炎疫情改变了全人类的现实活动体系，越来越多的非游戏爱好者开始进入以Roblox和《堡垒之夜》为代表的最新一代虚拟世界中。在新技术和已经非常成熟的互联网服务体系的帮助下，非游戏爱好者也可以沉浸在虚拟游戏的世界中，进行一系列具有现实意义的体验和活动，如线上超市、线上购物等。

一部游戏发展史便是一部元宇宙早期发展史，不论从技术形态上看还是从精神指引上看，它们都有着太多共性和使命：游戏中也存在虚拟身份，玩家可以凭借虚拟身份进行虚拟社交；今天的顶级游戏制作具有十足的沉浸感，同时赋予玩家越来越多的开放创作的权利；游戏的虚拟经济系统是与生俱来的，只是还未达到元宇宙所需要的开放程度。因此我们称游戏是古典元宇宙的雏形。正如华安证券在《元宇宙深度研究报告：元宇宙是互联网的终极形态?》中所指出的："从产品形态上看，游戏是元宇宙的雏形。游戏是人们对现实的模拟、延伸加上天马行空的想象而构建的虚拟世界，其产品形态与元宇宙相似。在同步和拟真方面，游戏给予每位玩家一个虚拟身份，例如用户名与游戏形象，并可凭借该虚拟身份形成社交关系，在游戏社区中结识新的伙伴；同时，游戏通过丰富的故事线、与玩家频繁交互、拟真的画面、协调的音效等构成一个对认知要求高的环境，使玩家必须调动大量脑力资源来专注于游戏中发生的事，从而产生所谓的沉浸感。

在开源和创造性方面，玩家在游戏设定的框架与规则内拥有充分的自由，既可单纯享受游戏画面与音效，也能够追求极致的装备与操作效果等。在经济系统方面，每个游戏都有自己的游戏货币，玩家可以在其中购物、售卖、转账，甚至提现。综上，将元宇宙的几大基本需求融入游戏中，能够使游戏成为最有可能构建元宇宙雏形的赛道。然而，受限于技术发展，游戏与元宇宙的成熟形态仍有较大差距。"

3.《头号玩家》

2018 年电影《头号玩家》上映时，人们惊叹于斯皮尔伯格的想象力，感觉这个世界遥不可及。谁承想三年之后，以它为参考的元宇宙竟成为全球互联网中最火热的概念。《头号玩家》对建设元宇宙的现实指导意义来自两方面，一是宏大的技术架构和世界框架，二是深刻的人文关怀和社会意义。

电影所讲述的故事发生在公元 2045 年，因为没有计划生育而导致的人口膨胀、能源危机、腐败战乱，使现实世界衰退破败，到处充斥着由废弃汽车改造而成的如集装箱般一层又一层堆叠的建筑，现实中的人们如同生活在贫民窟里，必须弯着腰才能行走在狭窄的空间里。在那个时代，VR 技术已经非常成熟，处于社会底层的人们经常沉浸于虚拟世界中，丝毫不关心现实中的生活，仿佛他们已经寻找到了第二人生。在这样的时代背景下，虚拟世界绿洲被创造了出来，创始人詹姆斯·哈利迪临终前还在游戏中设置了一个可以继承他亿万身家的彩蛋，找到这枚彩蛋的人即可成为绿洲的继承人，从经济上改变自己在现实生活中的命运。

绿洲中充斥着绚丽的赛博朋克色彩和经典的英雄人物形象。这个宏大的未来世界是由人工智能创造出来的，无边无际，真实可感，给人们带来了细节震撼。现实世界的玩家通过 VR 技术变成绿洲里拥有超能力和超级装备的虚拟化身，可以和队友一起开启一段冒险之旅。绿洲有 27 个正方形分区，每个分区内都有几百个具有不同特征的星球，比如魔法星球、赛博星球、僵尸星球等。绿洲能够通过人工智能技术塑造 NPC 来营造极致的互动体验，被塑造出来的 NPC 形态各异，有人、怪兽、外星人、机器人等。这一世界更大的魅力在于组合，即众多经典科幻 IP 同时出现在绿洲世界里，比如《无尽的任务》中的诺拉斯、《魔兽世界》中的艾泽拉斯、《指环王》里的中土世界、《星际迷航》里的瓦肯星以及《黑客帝国》中的矩阵。绿洲设定了星球穿越法则：每个空间拥有独立的规则，魔法星球的魔法不可以被转移到其他星球，科技星球的曲率引擎将会在中土星球失效，玩家不得不花钱请"灰袍巫师"用咒语把自己踢到另一个科技空间去。

绿洲也给出了建造这些恢宏场景的技术架构。面对数以亿计的虚拟城市和多维宇宙空间，其数据量和计算量早已超过了当今任何超级计算体系。《头号玩家》小说的作者恩内斯特·克莱恩提到，绿洲以一种新型的容错服务器矩阵作为游戏的底层处理器，这个服务器矩阵可以从它连接到的每一台计算机中获取处理能力，可以同时处理 500 万名玩家的操作，而不会产生系统延迟问题。这非常类似于今天的区块链（尤其是高可扩展性公链、分布式存储）所倡导的技术方向——世界计算机。

绿洲也十分注重构建强大的虚拟经济系统，肯定了以加密货币为代表的去中心化经济系统框架。"绿洲币"是那个世界最具共识性和权威性的硬通货货币，玩家可以充值，可以用它进行交易，甚至可以通过战斗进行掠夺。更有意思的是，与现实加密挖矿经济类似，绿洲币还作为激励机制 PoW，激励玩家通过贡献自己的算力来协助处理庞大的游戏数据。绿洲币不仅可以在虚拟世界里流通，还能穿越时空，在 2045 年的现实世界拥有价值，可以被兑换成现实中的一切资产。

《头号玩家》赋予了绿洲更多的人文关怀和社会意义，这类似于提出了元宇宙的世界观与价值观。

绿洲通过平民玩家、独裁公司 IOI 以及精神领袖哈利迪之间的斗争向人们传达了其所崇尚的社会理念：不屈服于独裁与压迫，崇尚去中心化的民主与自由，把权力交给大众。尽管 IOI 公司聚集了大量的人力、物力和算力，并垄断了规则，但在绿洲公平民主的强大原则下，最终还是败给了千千万万个平民英雄，这传递了一种去中心化虚拟社会的启蒙思想。

绿洲的时间设定为 2045 年，但在它所传达的虚拟世界观中，却充斥着大量 20 世纪 80 年代的经典动漫、经典游戏、经典电影、经典摇滚乐、流行玩具、流行漫画小说等 IP 符号，如 Hello Kitty、钢铁巨人、忍者神龟、机械战警、《街头霸王》中的 RYU、《守望先锋》中的猎空、《闪灵》中的诡异双胞胎、《侏罗纪公园》中的霸王龙以及压轴登场的 RX78-2 元祖高达。虚拟世界在向那个伟大的时代致敬，因为那是一个互联网初现曙光、文化出现全新浪潮、具有独特精神的年代。20 世纪 80 年代是承载了人们梦想的科技乌托邦，是开启 21 世纪新纪元的希望，这与 2045 年的衰败形成了鲜明的对比。

绿洲将从集装屋里走来的青年人定义为世界的主角，那是在现实中失意的一代、迷茫的一代。没有人知道互联网另一端的那个人到底是什么样子的，他们在现实生活中躲在集装屋里吃着垃圾食品，但在绿洲里却化身为超级英雄，侃侃而谈，令人羡慕；他们在现实生活中被压迫却无计可施，但在绿洲里组建了一支超级英雄战队，与帝国军团抗衡。

绿洲的彩蛋和三把钥匙的设定传达了一种核心价值观——通过在虚拟世界中的努力来改变现实世界的境遇和不公，让虚拟不再虚拟，而是成为一个实现价值的舞台，让更多底层的、平凡的、善良的人们具备开启新世界的能力。

第一个找到彩蛋的人不仅可以继承哈利迪在游戏公司价值5 000亿美元的股份，还能拥有对绿洲的绝对控制权。主人公韦德是一名出生于贫苦家庭、经历坎坷，只有在游戏世界里才充满自信的意气少年，他凭借自身不懈的努力，与有着同样命运的伙伴团队协作，最终在绿洲里获得彩蛋，成为一名拯救世界的英雄，在现实世界中他也逐渐成长为一个有抱负并能与恶势力相抗衡的社会领袖。在这个过程中，他也经历了失去亲人的痛苦，并追求爱情、维护友情，得到了团队以及导师的帮助，最后历练成为"头号玩家"。每个人都可能会逃避，这是一种自我调节、休整，但虚拟世界不是归宿，正如最后哈利迪对韦德所说："尽管现实有时候是痛苦的、可怕的，但它仍然是唯一一个能让你找到真正快乐的地方。现实才是真实的。"

绿洲超越了游戏的范畴，在用人生的经历去传递虚拟游戏与现实世界的辩证关系，人们不能沉迷于虚拟，而是要超越虚拟，使自己在虚拟世界中通过努力获得的感悟能够真真切切地改变现实世界的生活，赢得幸福人生。就像电影的最后，韦德接手绿洲后宣布每周要有几天假期，要多与爱人一起生活在幸福的现实生活中。哈利迪设计绿洲的初衷仅仅是想要弥补由于自己对现实世界的封闭、对所爱之人的胆怯而造成的人生遗憾。但绿洲终究弥补不了过往的情感缺失，这启示人们应该关注当下，不要错过对的人。在绿洲这个虚拟的世界里，韦德也认识到了团队协作的重要性，懂得了爱情的真谛，最后绽放了掌控欲望的人性光辉，而这些都深刻影响着他在现实世界的人生经历。因此，未来的元宇宙绝不会只是一种虚幻，而是更具现实意义，能教会越来越多有遗憾的人正视现实，一切为时不晚。"即便虚拟世界再怎么美好，但在现实中，你还能吃上一口美味的饭菜……"

2.2 虚拟现实技术打造元宇宙入口

1. 各大技术的概念与现状

VR 是一种新型交互技术，其利用计算机模拟产生一个三维空间的虚拟世界，通过设备重溯用户的视觉感官，让用户仿佛身临其境，并与 3D 虚拟世界进行交互，沉浸感是其最为突出的体验特征。

AR 是一种利用计算机图形学将虚拟信息叠加在现实世界之上的新型即时交互技术，其载体一般为手机、智能眼镜等移动终端，人们将感受到一个虚拟与真实大融合的新世界，但依然以现实世界为主。

MR（混合现实）是指在虚拟世界中引入现实世界的场景和信息，并与现实世界进行实时交互，增强用户体验的真实感，物理实体和数字对象共存并能实时相互作用，可以用来模拟真实物体。

XR 是 VR、AR 和 MR 的合称，并以 VR 和 AR 为核心，将三者的视觉交互技术相融合，为体验者带来虚拟世界与现实世界无缝转换的沉浸感。XR 是目前最能为用户带来真实与虚拟相结合体验的一种技术手段，常被用于"云舞台"搭建，例如播放央视春晚时，电视机前的观众也能看到"千里之外"的刘德华登台表演。马克·扎克伯格给予了 AR/VR 技术极高的评价——下一代计算平台。

2021 年 1 月 IDC（国际数据公司）发布《2021 年中国 AR/VR 市场十大预测》，我们可以通过其中几条来了解一下 AR/VR 技术的最新发展情况和趋势。

以教育场景为代表的 B 端行业应用加速落地。中国市场 AR/VR 头显在 B 端的出货占比明显高于 C 端。尤其是在各种培训场景中，VR 头显和解决方案已经开始发挥不可替代的作用了。另外，制造业、医疗等垂直行业在 5G 技术的合力作用下也逐渐感知到 AR/VR 技术的优势。预计 2021 年，AR/VR 落地 B 端的硬件头显占比将在 70% 以上。

6DoF [①] 技术推动硬件设备 C 端出货。2020 年头部厂商纷纷推出 6DoF 技术 VR 一体机设备，更准确的定位和更低的时延使得 C 端玩家的感知交互体验更为丰富。游戏和视频作为 VR 的 C 端头显两个最为重要的应用场景，从 3DoF 升级到 6DoF 明显提升了硬件带来的使用体验，从而提升了 VR 设备在 C 端消费者间的吸引力。IDC 预计，2021 年全国将有 20%~30% 的年轻消费者会在线下 VR 体验馆体验各类游戏、视频应用。

中国在 2021 年将继续成为在 AR/VR 领域支出规模全球第一的国家。中国市场的 AR/VR 支出规模于 2020 年约达到 66 亿美元，占全球市场份额的 54.7%，是支出规模第一的国家。2021 年将延续这一趋势。IDC 预计，2021 年中国的 AR/VR 支出规模将占到全球的 56%。

VR 的 C 端产品主流价位持续走低。头部 VR 厂商在 2020 年已经推出售价在 300 美元左右的 C 端一体机头显，价格出现明显下滑。更

---

① DoF 是指在一个方向运动的自由度，3DoF 只能检测物体向不同方向自由转动，不能检测位移，6DoF 基本可以检测物体任何可能出现的运动。

贴近普通消费者对 VR 头显的消费能力和价格预期。价格下行在 2021 年将成为 VR 的 C 端一体机产品主流趋势。

借助 5G、云计算与 AI 技术，VR 产业将进入快速发展期，未来 VR 行业比拼的是数据体量与精细度。5G、云计算、AI 为 VR 行业提供了强大的基础设施，加速了 VR 的商用进程。VR 在软件、硬件和内容等领域已经取得了显著突破，而数据成了 VR 厂商竞争的关键。未来无论是对三维空间的重建还是更加深入的 AI 应用，更大体量和更细颗粒度的数据是 VR 在商业领域持续发展的根基。

2. VR 发展迅猛

目前来看，VR 技术的发展占比最大，也是最先切入元宇宙场景的扩展现实技术，有望带来革命性的交互体验。VR 最初与元宇宙理念并不存在明显的渊源，它的发展早于元宇宙。最早的 VR 设备可以追溯到 20 世纪 50 年代，美国摄影师莫顿·海利格发明了第一台 VR 设备，体型庞大，屏幕固定，拥有 3D 立体声、3D 显示、震动座椅、风扇（模拟风吹）以及气味生成器。这个发展阶段也被称为"虚拟现实技术萌芽期"。信息技术意义上的 VR 出现于 20 世纪 90 年代，与《雪崩》同一时代，诞生了很多初期的 VR 头盔等终端设备，任天堂等知名公司也在游戏产业中试水 VR 方案。这一时期也被称为"虚拟现实雏形产品迭代期"。直到 2012 年 Oculus Rift 问世，脸书重仓入局，真正的 VR 形态才逐渐呈现出来，正式进入"虚拟现实产业应用期"。在随后的 2015 年，VR 设备正式进入消费市场。在消费者的驱动下，VR 技术和产品每年都在迭代和进步。2016 年迎来了 VR 热潮，根据《2016 年中国 VR 电影市场专题研究报告》，2015—2016 年，VR

企业数量增长了八倍，达到 1 600 余家。

经历过2016年的火热和随之而来的2017年的遇冷，近年来 AR/VR 技术发展趋于平稳，跟随智能手机的前进步伐，不断加强硬件体验和计算能力。终于在 2020 年实现了硬件终端、软件应用等全方位的突破和建树，内容和娱乐行业对其的接纳度不断提升，网络效应初具规模。尤其是在新冠肺炎疫情催化的"宅经济"驱使下，AR/VR 迎来了一波比较大的入口端增长，不仅增加了很多 B 端场景，而且 C 端用户也大量涌入，使得 AR/VR 有望成为下一代智能化终端。

任何一项新技术的发展历程都将经历一个起伏的阶段——技术成熟度曲线。AR/VR 的发展已经走过诞生期、泡沫巅峰期、泡沫破灭低谷期，正处在稳步爬升期，有望在元宇宙时代迎来最终的规模应用期。从 2016 年的早期 VR 热开始，一直是由 HTC（宏达电）、索尼、Oculus 三分天下，占据了全球市场份额的近 80%。直到脸书于 2020 年发布了 Oculus Quest 2，并获得大卖，才奠定了脸书和 Oculus 的行业龙头地位。Oculus Quest 2 具有单眼 1 832×1 920 的分辨率，重量只有 500 多克，价格也大幅降低，是目前可以提供的最好用的 VR 游戏体验硬件设备。新冠肺炎疫情催生的"宅经济"，进一步刺激了 Oculus Quest 2 的销量。VR 社交平台 RecRoom 的数据显示，Oculus Quest 2 在 2020 年第四季度的销量为 200 万~300 万套。2021 年销量有望达到 900 万套，距离扎克伯格认为的千万用户的目标近在咫尺，而 Trendforce（集邦咨询）也给出了更大胆的预测——2021 年全球头戴式 AR/VR 出货量有望达到 1 120 万台，未来五年的 CAGR（复合年均增长率）为 39%，行业处于快速成长期。硬件的成功带来了脸书 VR 内容生态的发展壮大，也影响了其他著名元宇宙项目对 VR 的态度和开发进度。如 Roblox VR 目前支持 HTC VIVE 和 Oculus Rift，它所拥有的 4 000 万名日活用户无疑是 VR 向终端渗透的一大助力。在元宇宙大潮的影响下，2021 年全球 VR 硬件规模或达到 200 亿美元。

3. VR 硬件与瓶颈

从硬件设计和佩戴的角度看，VR 头显输出设备主要有三种类型：一体机、VR 头盔和 VR 眼镜。目前，头盔属于 VR 的高端硬件产品，可以与 PC 或者手机进行连接，使用外部设备的 CPU（中央处理器）和 GPU（图形处理单元）进行运算，具有更好的交互空间和更高的定位精度，通常自带 6DoF 头部检测和 6DoF 手柄。以 Oculus Quest 2 为代表的 VR 一体机的优势在于便捷性，这也是目前销售的主流，随着引入更高性价比的芯片和成熟的无线串流技术［Wi-Fi 6（第六代无线网络技术）、H.265 视频编码标准等］，一体机还会有更大的想象空间。

VR 计算设备需要具备四大基础模块：用于计算和渲染的处理器、用于输出音视频的显示器、实现位置传感交互的陀螺仪以及实现沉浸式视觉体验的透镜。后两者是 VR 设备独特的基础构件，是连接虚拟与现实的物理桥梁，近些年很多关键的技术进步都来自此处。从技术指标角度讲，VR 头显设备需要考虑视频分辨率、帧率、头部 MTP（运动到成像时延）、操作响应时延、肢体 MTP 等复杂因素，这也是解决用户感官体验难题的技术突破口。工程师通过向 VR 领域融入更为先进的专业芯片、传感器，并采取软件优化等手段，已经给一些指标带来了很大提升，但 VR 仍然面临一些核心难题的困扰，比如近眼显示和感知交互等技术，距离成为像智能手机一样的划时代终端还有较长的路要走。

最具标志性的难题就是"模糊不真切感"。我们只能寄希望于VR 显示器分辨率达到 16K（16K 约为 1.3 亿像素点，如果以 24 真彩色为标准，默认 140 Hz FPS 下，每秒的原生视频流量将达到惊人的 138 Gbps），才能彻底忽略纱窗效应，实现完全的沉浸感，而目前大多数 VR 设备仅支持 4K。

另外一大难题是"眩晕感"。由于 VR 设备在画面延迟、分辨率、景深等方面存在物理约束，人们看到的 VR 画面与耳朵前庭系统接收到的位置信息不一致，造成了生理眩晕。尤其是当用户在参与游戏的过程中进行大幅度的动作时，快速转动的视角会带来延迟的翻倍叠加，反映到用户大脑之中，就会出现看到的画面与实际运动不匹配的情况。这就如同晕船一般，当一个人站在甲板上时，虽然视觉器官告诉大脑身体并没有运动，但人体的前庭器官却在传输运动的信号，这种冲突会使大脑出现眩晕的感觉。目前的解决方案是给 VR 设备配备更高的刷新率，高刷新率可以提高画面的流畅度，减少延迟和重影，能够在一定程度上减轻人们在使用 VR 设备时产生的眩晕感。最理想的刷新率是 180 HZ，现有的大部分 VR 头显刷新率在 70~120 HZ。但也有人认为这种缺陷无法通过信息技术手段来弥补，因为 VR 设备是将采集来的电子信号在各种元件之间传输转换运算后进入大脑，物理规律决定了这个过程需要一定的时间，导致人脑识别的信号跟人眼看到的信号难以实时同步。

即便是在分辨率和刷新率上都取得了突破，现有的无线传输手段也不足以支撑如此高分辨率的画面传输，此时便需要借助更大带宽、更低时延的无线网络，如 5G，以及在软件和算法层面打造更为高效的音视频压缩算法和相关协议。这类综合性技术解决方案被称为"无线串流技术"，可以帮助解决 VR 头显设备的重量和佩戴问题，是目前 VR 产品设计领域的核心点之一。

VR 的难点还在于构建更为丰富、立体的交互工程。目前一直停留在听视觉的交互方面，而在元宇宙中应该有更为丰富的感官交互，实现在现实世界和 VR 世界之间来回"穿梭"。例如，在实现触觉方面，国外的特斯拉工作室（Tesla Studio）开发了一套动作捕捉服装，通过电极电刺激的原理将触觉反馈传输到身体的任何区域，实现力反馈，包括轻柔的触摸感、体力消耗感、对温度的感知，并能输出运动捕捉和生物识别信息。在构建视觉、听觉、触觉、嗅觉、味觉等全身感官交互方面，如果选择从各个感官的角度逐一物理实现，再将所有感官整合在一起，整个工程将变得十分复杂，而且未必可以融合相通。于是科学家从所有感官的本质——大脑出发，放弃对感官的逐一物理实现，直接去影响人类的大脑运作，便诞生了一条更为科幻的技术路线——脑机接口。直接搭建大脑和计算机的通路，通过直接向大脑皮层传递电信号交互，满足五感的需求，并使人类的意识与数字世界相连接。但目前脑机接口技术仍处于十分初级的阶段，甚至要在元宇宙的中后期才能出现比较成熟的发展，再加上脑机接口存在很多伦理问题，实际推进工作也困难重重。

4. VR 内容突破

除了硬件方面，VR 在内容领域似乎一直处于迷茫状态。元宇宙概念风潮之下，出现了像《堡垒之夜》这样的现象级产品，而 VR 内容平台只是在单纯地堆积数量，无法推出现象级爆款内容来留住活跃用户。很多内容平台也是各自为政，兼容性不高，使开发者产生了选择困难。因此很多底层平台公司开始致力于解决 VR 内容的跨平台分发问题，如字节跳动入局 Pico，将自身强大的内容平台优势输送给 VR 建设。另外，VR 社交、VR 工作也展现出了黎明的曙光，著名的有 Horizon、VRChat，以及可以在虚拟世界举办演唱会的 Wave 和提供虚拟电影院的 Big Screen。

切入 VR 内容领域还有一个非常巧妙和务实的方向——虚拟偶像。这个方向也非常契合元宇宙的发展趋势。在 2D 时代就已出现虚拟偶像的概念，随着三维立体技术的发展，虚拟偶像具备了高保真的 3D 形态，并与观众产生了更多互动，人们可以通过 VR 设备近距离环绕在偶像周围，甚至产生肢体触碰。最新一代的虚拟偶像还借助全息技术和扩展现实技术，与真实的人产生更多融合，真正达到难以区分真假的程度。iiMediaResearch（艾媒网）的数据显示，2020 年中国虚拟偶像核心市场规模为 34.6 亿元人民币，预计 2021 年将达到 62.2 亿元人民币；2020 年虚拟偶像带动周边市场规模为 645.6 亿元人民币，预计 2021 年为 1 074.9 亿元人民币。

5. VR 的未来

Mordor Intelligence（日商环球讯息有限公司）认为，2020 年 VR 市场价值为 172.5 亿美元，预计到 2026 年将达到 1 846.6 亿美元，在 2021—2026 年的预测期内复合年增长率为 48.7%。对于 AR 细分领域，著名的硅谷"木头姐"凯瑟琳·伍德的方舟投资大胆预测：到 2030 年，AR 市场将从今天的不足 10 亿美元扩大到 1 300 亿美元。

根据中国信息通信研究院（以下简称"信通院"）《虚拟（增强）现实白皮书（2021 年）》的划分，虚拟现实产业发展可分为五个阶段：无沉浸、初级沉浸、部分沉浸、深度沉浸、完全沉浸。其中初级沉浸发生在 2016 年——引爆 VR 元年，出现了第一代 VR 设备。当前处于第三阶段——部分沉浸，尚处在成长培育期。预计 2026 年以后能够实现完全沉浸。

当前技术架构下的互联网无法投射出一个立体的、感官充沛的虚拟世界，人类也无法获得更深层次的沉浸感。虽然可以通过极致的图形技术建造出宏大而逼真的 3D 世界，但人类尚未打造出进入这个世界的入口，因此只能将所有的期望都寄托在了 AR/VR 技术上。虽然它们的技术尚未成熟，但已经显露出可以将极为丰富的数字媒体信息叠加到物理现实的巨大威力，因此被认为是通往元宇宙的关键路径，尤其是在古典元宇宙的范畴中，AR/VR 所占的比重非常大。

元宇宙作为一种公共虚拟空间集合，人们可以借助化身进入虚拟世界，AR/VR 技术和设备可以充当从现实世界出入虚拟世界的重要媒介。由于 VR 尚未到达引爆 C 端的程度，因此在当前阶段也只能以辅助形式参与元宇宙的建设，作为其中一种接入终端，与其他主流终端实现无缝衔接。现在的 VR 只能让玩家彼此孤立地体验一种简单的场景或者游戏，就如同 20 世纪最早出现的单机游戏，而元宇宙应该像互联网一样可以实现大规模的即时交互，因此 VR 技术还需进一步实现虚拟现实的即时互联，让元宇宙真正做到"传递时空"。正如华安证券在《元宇宙深度研究报告：元宇宙是互联网的终极形态？》一文中所预测的："小型化、集成化、无线化、云 AR/VR 的形态可能成为主流。VR 如果想成为手机那种高渗透率的消费电子产品，需要具备低成本（或高中低端梯次）、实用性（比如无线化带来的便利）、刚需性（比如 VR 影视和游戏的推广）特征。我们认为未来随着高速、低时延网络的普及，云 AR/VR 方案可以满足以上特征，因而具有广阔前景，相应地带来网络芯片、各类型传感器以及低成本面板和驱动芯片的主要需求。"此外，VR 还应该像初代 iPhone 发展的历程一样，整合众多不同领域的技术协议，塑造一个开放且统一的行业标准和生态系统。

2.3　人工智能让元宇宙内容自生长

1.《失控玩家》

人工智能是计算机科学的一个分支，它企图了解智能的实质，对人的意识、思维的信息过程进行模拟，并生产一种新的，能以与人类智能相似的方式做出反应的智能机器，甚至超过人的智能。该领域的研究包括机器人、语言识别、图像识别、自然语言处理和专家系统等。

人们会惊奇地发现元宇宙的很多理念已经体现在了近些年热映的科幻大片中，例如电影《失控玩家》就深刻探讨了人、AI 和元宇宙三者之间的关系，描绘了一个更为科幻的由人工智能塑造的虚拟宇宙——NPC 元宇宙。

主人公盖本应该是一个由程序设定好的普通银行职员，每天按时起床，跟小金鱼打招呼，穿上蓝色衬衫，去早餐店里点杯拿铁，然后和好朋友保安巴迪一起去上班，偶尔会遇到抢银行的情况，盖需要趴在地上躲过抢劫。但日复一日的枯燥生活和突如其来的爱情让盖出现了"自我进化"行为，开始自主储存记忆，并逐渐产生了自主意识

（但盖并没有意识到自己只是游戏里的 NPC）。盖不再遵循程序的设定，而是跟真正的人类玩家一样开始在这个虚拟世界里自由生活，打怪升级。人类玩家在游戏中可以通过杀人、抢劫、诈骗来升级，这也是游戏设定的价值观，但盖却选择惩恶扬善，执行符合正确价值观的行为，并迅速升级，成长为那个世界里的正义英雄。

这一切都被现实世界的游戏公司看在眼里，认为盖破坏了游戏规则，于是想要通过超级权限和重启服务器让盖消失。即便是具备自我意识的 AI 也无法抵抗人类的重启键和删库。在经历摧毁后，身为人类玩家的好友开始让盖意识到自己只是游戏中的 NPC，而非跟他们一样的人。前所未有的失望最终让盖觉醒，开始了反击之路，并向游戏里的所有 NPC 宣扬，号召大家不要屈服于命运的设定，要突破自己，获得这个世界里的真正人生。就这样，一场人与 AI 的大决战开始了。最终盖成功带领 NPC 迁移到了如同伊甸园般的"自由城"，在那里 AI 角色获得了新生和自由。

《头号玩家》讲述的是人与元宇宙如何和谐相处，而《失控玩家》则是将 AI 提升为元宇宙中跟人一样重要的组成部分，深刻探讨了 AI 与人在元宇宙中应该如何和谐相处。再看现实的技术发展，AI 正在成为游戏世界重要的构成要素，例如 NPC 培养、场景生成、剧情自生长、数字人、动作训练、辅助建模等。

2. AI 内容自生长

不论是《头号玩家》对庞大世界的设定，还是《失控玩家》对 NPC 的设定，如此巨大的工作量仅依赖专业团队进行中心化打造肯定是不现实的。比如著名的大型多人在线游戏《星球大战：旧共和国》消耗了艺电公司超过两亿美元的研发资金，由 800 多人组成的团队耗时六年多才打造出星球大战宇宙里的一些世界。

Roblox 之所以可以超越很多大型制作的游戏成为元宇宙的代表，非常重要的一个原因是，在其设定的世界里可以源源不断地产生新的内容和创意，而这些内容的创作者是全球玩家，即去中心化 UGC。庞大的内容和玩法支撑起了 Roblox 元宇宙的无尽未知感，进而提升了用户的体验沉浸感。视频创作领域其实也是如此，优兔（YouTube）和 Twitch（实时流媒体视频平台）比任何职业工作室都更有效率。优兔有数量多达 3 100 万的频道创作者，每天可以提供超过 10 亿小时的视频内容。这些平台都是通过充分利用社区的集体创作能力来创造无限的内容。

但是这种全民创作的模式会带来品质良莠不齐的内容，而且都是分散式的随意创作，难以形成紧密和高强度的劳动协作，并不适合对品质要求极高、技术架构极为复杂的大型游戏。《头号玩家》给出的终极解决方案是依托人工智能技术，让元宇宙实现自生长（如图 2.2 所示）。现在的很多游戏也在探索这种解决方案，最常见的就是让人工智能负责生成简单场景和 NPC，而且 NPC 每一次的表现都不一样，人们无法预知，因此增强了游戏的未知感。

过去人们一直将人工智能用于提升现实世界的生产力，比如在人脸识别和机器人等领域。现在人工智能越来越成为构建虚拟智能的核心技术和关键突破口，让 AI 在虚拟世界里实现自我进化，促进虚拟物种的诞生。

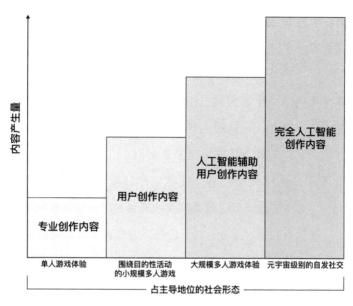

图 2.2　内容创作的四个阶段

3. AI 发展现状

　　人工智能寄托了人类对新文明的希望，但现实技术发展也面临着巨大的工作量。根据信通院《人工智能核心技术产业白皮书》的描述："总体来看，人工智能产业正处于 S 形曲线中快速发展的临界位置，现阶段智能技术落地成本较高，导致智能产品绝对量增加时，其单位成本并未明显下降。目前，人工智能头部企业正在加速布局，不断完善技术生产工具（开源开发框架、数据处理、验证分析、部署监测等完备研发工具链），加速建立全栈智能计算技术体系（形成基础计算理论、芯片、软硬协同、系统协同全栈技术支撑能力），探索孕育基础和垂直行业技术平台；产业规模化发展的进程正在不断加速，规模经济有望形成。"人工智能技术有望在元宇宙的进一步推动下迎来更加完备的全栈智能计算技术体系，让很多还在实验室中的超前AI技术找到了更大的用武之地。

深度学习是人工智能技术发展的主导路线，但它普遍使用有监督的学习方式，依赖大量标注数据来训练深度学习模型，受限于标注数据量和缺乏理解能力，很多场景在落地过程中存在一定的局限性。AI科学家开始探索人工智能的感知增强领域，将学习方式扩展至多元，并与其他技术分支交叉融合，如迁移学习、对抗学习、多模态学习以及强化学习，通过迁移其他领域的训练成果、自主生成或增强数据、利用多源数据等方式，侧面弥补深度学习的局限性。近年来，强化学习成为焦点，不需要投喂数据，如同人类认知一样，只要给定一个具体场景和角色，然后告知其规则，并构造一定的目标，就能让角色快速地在这个目标框架下，反复地进行训练，靠自己的实践去获取反馈并调整相应的认知，最终展现出智能。虽然强化学习依旧不能直接解决模型推理理解问题，但目前强化学习依旧是此领域唯一的希望。风靡全球的"阿尔法零"，就代表了在单一目标下的学习框架，AI在和自己的博弈中获得了超越人类选手的"智能"。

可以根据人工智能的发展程度将元宇宙发展划分为三个时代：元宇宙机器时代、元宇宙感知时代、元宇宙认知时代。元宇宙机器时代依赖基础的机器学习、深度学习等较为成熟的AI技术，提升有限范围的虚拟建设；元宇宙感知时代将AI完全融入元宇宙建设的方方面面，成为底层框架的核心支撑，构建虚拟孪生，引领元宇宙自生长；元宇宙认知时代将在元宇宙中诞生完全的类脑智能，也标志着元宇宙终极形态的形成。

4. AI 赋能元宇宙

《机器学习、虚拟世界与元宇宙 Metaverse》一文提到:"在设定好角色的生命周期以及繁衍规则后,AI 所构造出来的'生物'就可以如同真实世界里一般进行决策与行动,并且以数据的方式积累学习到的经验与能力,在下一个回合或者轮次中再次进行决策与行动。进一步,如果设定了所谓的'死亡条件',或者一个周期 / 轮次的结束标志,以人类的视角去揣测机器生物的状态,就是发生了'轮回'事件:机器生物在一次又一次的结束与开始中,获得了越来越多的知识与技能,逐渐表现出'智能'。对于强化学习来说,要想让这样的生物获得'智能',一般来说都得经历几十万、几百万甚至上千万次的训练和模拟。"

AI 在游戏中的繁衍、生存、寻路等方面的建设已经表现出了非常大的潜力,玩家每一次都会与更新更强的 NPC 进行较量。在探索如何赋予 NPC 更高智能的道路上,还存在一种更先进的基于强化学习的混沌球算法。这种超前算法可以用于构建 NPC 的大脑,在给予指令后,NPC 能够在不同的环境、条件和规则下进行自我思考和学习,再辅以情感、语言、动作等外在表现算法,则有望成为一个较为立体和完备的虚拟物种。与之配套的算法如 GPT-3 技术,是由人工智能非营利性组织 OpenAI、谷歌、脸书开发的一种学习人类语言的大型计算机模型,能够利用深度学习算法,针对数千本书和互联网中的大量文本进行训练,将单词和短语串在一起,最终能够模仿人类书写文本,达到较高的逼真程度。还有由艾伦人工智能研究所、北卡罗来纳大学、OpenAI 等单位开发的多技能 AI,是一种同时获得人类智能的感官和语言的"多模态"系统,能解决更加复杂的问题,让机器人能够与人类进行真正意义上的交流和协作。

元宇宙的定义中包含虚拟化身的概念，人类进入元宇宙后都需要暂时抛开现实中的身份和面貌，通过虚拟化身进行一系列体验、社交和生产活动。Roblox 的虚拟化身虽然卡通有趣，但这只是当前阶段的产物，人们需要更具现实感和智能感的化身。除了高度逼真的 3D 形象等外在建设外，化身还需要有与真人相似的语气、情绪和情感，能够实时地通过语言、表情、动作等把喜怒哀乐表现出来。在英伟达 Omniverse 中，Audio2Face 可以利用基于 AI 深度神经网络感知能力的会话式人工智能系统，感知一段文字中的情绪，并将这段文字转化为丰富的面部表情，再自动基于 AI 实时渲染系统叠加到化身身上。甚至还应该让化身在元宇宙时空模型的影响下，出现慢慢衰老的特征，比如毛发会自动由黑变白等。

从哲学的角度思考虚拟物种与人类的差别，其实重点在于对情感体系的构建，人类基于生理激素可以表达喜怒哀乐，但 AI 所表达的虚拟生物是不可能由 0 和 1 演化出情感模式的。另外一个差别在于时空观，例如，在基于混沌球算法构建出来的一个虚拟世界中，虚拟生物在几百毫秒的时间里便经历了剧情所设定的"一生"的训练。虚拟生物所感知到的时间和世界显然跟现实中人类所感知到的并不一样，正如人类也有可能是更高维度生命体基于宇宙模型所设计出来的虚拟生物一样。在更为宏大的设想中，还出现了 AI"云端物种"：用 AI 技术为人脑建模，复刻人类思想，将人类意识信息化，在"云"中获得新生。当这些更深层次的 AI 进化成功后，一个真正由 AI 定义生长法则的自主意识元宇宙也就诞生了。

2.4　5G 网络赋能元宇宙万物互联

　　网络技术一直是任何信息技术变革都依赖的最底层基础设施，对元宇宙而言，5G 的到来将让万物高速互联成为现实。2019 年，工业和信息化部向中国移动、中国联通、中国电信、中国广电发放 5G 牌照。同年 11 月 1 日，三大运营商公布 5G 套餐资费标准，我国正式开启 5G 商用时代。2021 年，5G 商用进入第三年。中国 5G 发展已走在世界前列，商用规模全球最大。当前，我国已建成全球规模最大的 5G 独立组网网络，累计开通 5G 基站 96.1 万个，5G 终端连接数约为 3.65 亿户。在 2019 年春晚深圳分会场，中央广播电视总台制播部门全部采用 4K 超高清摄录设备，并投入了两台 5G 专用 4K 摄像机，前方收录的 4K 超高清信号通过 5G 专网直传并运用到春晚节目中。此举是 5G 技术运用于 4K 传输的一次成功实践，对于通信和广播电视行业来说，具有非常重要的意义。华为也发布了 5G 媒体解决方案总体架构，可以支持 VR 直播，让观看者可以从任意角度对主播进行观察，使得观看者能身临其境般地与主播互动，提高观众的参与度，最终让主播和直播平台拥有更多的粉丝，加快变现。

　　5G 网络拥有三大应用场景，分别是高速率、低时延、广连接。

低时延是5G技术为互联网行业带来的最直观改进。在新兴游戏领域，如大型网络游戏、云游戏，最依赖的就是低延迟技术，5G可以解决手机到云端服务器的延迟问题。

以世界上最强的超大型模拟仿真游戏之一《微软飞行模拟器》为例，单这一款游戏就需要超过2.5PB的数据，模拟出了一个极为真实而庞大的世界，包含15亿栋建筑和2万亿棵树木，以及全球几乎所有的道路、山脉、机场等，即便是企业服务器也无法承载如此庞大的数据，而解决方案便是采用云和网络技术。玩家本地计算设备只存储游戏的核心数据，当玩家开始了某一篇章的飞行时，游戏服务器会将对应的场景数据大批量即时传输到本地，例如当你飞过一座高峰，映入眼帘的大都市应该是立即呈现的，随着你的不断飞近，城市被呈现得越来越精细。模拟飞行本身就对实时性要求非常高，对飞机发出的指令往往在一瞬间就会被执行。而且游戏会把真实世界的天气实时同步到虚拟世界中，这种海量数据的实时传输，5G以及其他先进网络技术便显得格外重要，是给玩家带来低延迟、沉浸式体验的重要保障。元宇宙可能会由无数个《微软飞行模拟器》中的世界构成，也可能需要更多种类的信息在两个世界间保持实时同步，对现有的网络技术提出了更高的挑战。互联网时代有一种观点：网络技术是一切互联网浪潮的基石，每一次互联网变革在本质上都是由网络技术带动的，比如3G（第三代移动通信技术）、4G（第四代移动通信技术）之于移动互联网。元宇宙的变迁史也将是一部网络技术的进化史。

另外，5G技术还通过影响XR技术发展来支持元宇宙的建设。随着XR与AI技术的不断融合，对网络传输提出了更高需求。XR设备的增强现实交互，实际上就是将信息以更具沉浸感的方式进行传输，同时为了保证用户体验，终端设备的时延不能超过20毫秒。高通在

2019年12月推出的骁龙XR2，是全球首个支持5G的XR平台。其相比于前代的一大亮点就是能借助来自智能手机的算力，结合手机本身的AI硬件算力以及5G网络传输能力，通过USB Type-C线材或是无线将内容传输到用户的XR Viewer显示设备上。XR技术已经渗透并应用于很多垂直行业，如3D行业级建模和家居装修，在5G高传输速度的支持下，还能进一步减少这些实际使用场景目前存在的种种限制。

根据安信证券的报告，5G和AI技术的突破将令AR/VR潜能从现有的技术欠缺中释放出来。尽管传统的4G网络能提供高达100~150 Mbps的传输速度，但依然不足以支撑起各类VR高清应用。以往，很多VR硬件解决方案会引入有线连接以增进传输，但显得非常"笨拙"，也限制了VR的发展。5G的到来，可以让VR云化。

5G时代的带宽吞吐量可达到10 Gbps的通信速率，完全能够满足VR应用场景下对高清三维场景数据的传输需求。因此外接式VR设备可以通过5G无线连接方式，实现VR算力中心的云化，从而将用户从有线连接的移动范围限制中释放出来。同时，VR云化能够降低用户的硬件成本，也通过服务器云化的方式降低内容商的成本，并进一步增强了VR应用的入口效应，有利于社区发展。今天，5G革命将为VR产品带来根本性改变。

2.5　通用计算平台撑起元宇宙算力

游戏中的一场爆炸可能仅仅是一段预先制作好的动画，只需要有限的计算和存储。然而元宇宙里的一场爆炸可能会比真实的爆炸更真实，需要集"粒子物理定律、重力定律、电磁定律、电磁波定律、光和无线电波、压力和声音定律"等物理规律计算整体组合，因此便涉及大量的计算和存储资源。这仅仅是冰山一角，元宇宙还需要像游戏一样构建出可以直观看到并且深入体验的虚拟世界，能够接纳远超互联网量级的各种终端接入，方便所有用户和玩家参与永不停歇的创作，保障用户虚拟资产的安全，等等。这一切的背后都需要庞大算力作为支撑，算力是元宇宙最重要的物理起源之一。但正如元宇宙的探索先驱，A16z 风投公司的合伙人克里斯·迪克森所说："纵观历史，世界上每一种优秀的计算资源都供不应求……CPU 算力总是不够用，GPU 算力也永远不够用。"这种发展规律将在元宇宙中表现得格外明显，寻找一种承载超级算力的通用计算体系架构将成为元宇宙底层信息系统建设者的重要使命。

1. "云、边、区、端"协同计算

数字化时代的技术支持一直是由云计算来挑大梁的,而云计算本质上也是一种虚拟化技术。虚拟化是一种对物理实体资源进行抽象与隔离,以最大限度地利用资源的管理技术。最初,虚拟化就是在一台计算机上同时运行多个逻辑计算机,每个逻辑计算机可运行不同的操作系统,并且所有应用程序都可以在相互独立的空间内运行且互不影响,并以此来提高单个计算机的工作效率。将服务器物理资源抽象成逻辑资源,让一台服务器变成多台相互隔离的虚拟服务器,实现了服务器整合,这无疑可以提高资源的利用率,简化系统管理,让IT(信息技术)更能适应业务的变化,这就是服务器虚拟化带来的收益。

云计算作为互联网的通用计算平台,支持异构基础资源,能有效兼容不同种类的硬件和软件基础资源,如服务器、存储设备、路由器、操作系统、中间件、数据库等;支持资源的动态扩展,可以添加、删除、修改云计算环境的任一资源节点,而且任一资源节点的异常宕机都不会导致云环境中各类业务的中断,也不会导致用户数据的丢失;支持异构多业务体系,可以同时运行多个不同类型的业务;支持海量信息处理;支持按需分配,按量计费等。云计算也曾如今天的区块链和元宇宙一样经历过诞生、迷茫、被质疑,最终被后互联网时代验证了其所具有的核心计算价值。

早期的游戏缺乏算力平台的支撑,不足以支撑起像《绝地求生》中数百名玩家同台竞技的场景,即便是在今天,芯片性能和计算架构都得到了极大提升,依然不能同时渲染过多的玩家,例如《堡垒之夜》的演唱会对参与人数设置了上限并且限制了用户的动作(以避免过多的渲染计算)。早在2019年Epic Games的CEO蒂姆·斯维尼就道破了游戏算力发展的现状："我有时候会疑惑，这些多人类型游戏未来的发展将走向何方？在《堡垒之夜》中，我们的峰值是 1 070 万名用户同时在线，但这是由十万个小的百人 session（时域）组成的。我们最终能把它们放在一个共同的世界里吗？这种场景会是什么样子？由于技术的限制，有一些全新的游戏玩法和流派至今还无法被发明出来。"这似乎也是对元宇宙的一个展望：将全球数千万甚至上亿人进行的一场"更为逼真的游戏"放在一个共同的世界里。随后游戏行业开始了对算力的追逐，目前已经可以扩充到数千人在同一空间渲染。这仅仅是一个微不足道的开端，在真实的元宇宙中要渲染的不仅是一个粗放的人物造型，还有更为细致的毛发、服饰、表情、眼泪等，而人物所在的世界，更是包罗万象，事物之多，难以计数。

为了寻找更为强大的算力框架，人们将目光投向了云。向很多互联网服务提供方取经，将大量计算放到云端，然后将整个渲染体验压缩为视频流通过网络推送到用户的设备上，终端设备只需具备基本的视频解码能力和网络连接功能即可体验。所以用户终端实际上只是在不断播放视频，如果网络传输能力足够强大（目前需要至少两倍于正常视频的速率），也可以达到类似传统游戏中的极致体验。这种模式被称为"云游戏"，具有全球性、低门槛、低延迟的特征，已逐步被游戏行业所重视。云游戏通过将计算与显示分离，降低了设备门槛，打破了平台的限制，PC、主机游戏均可在移动平台上畅玩。它主要有五个核心技术：GPU 服务器、虚拟化、音视频技术、实时网络传输、边缘计算。虽然目前各核心技术均已趋于成熟，但在落地过程中还是遇到了很多问题。例如，在云计算渲染方面，云端的 GPU 没有通用的渲染能力，一个 GPU 只能服务于一个用户的渲染工作，这就产生了渲染算力分配的难题，难以支撑大规模用户同时渲染。成本居高不下也直接阻碍了云游戏的大规模生产应用，这还不包括传输高质量视频流所需要的带宽成本，虽然5G确实从技术上解决了难题，但5G的商业费用也很高昂。

所以，单纯的云模式可能依然不是我们所追求的计算体系架构，随着边缘计算等新型计算架构的兴起，云、边、端协同计算的新理念开始出现。最早的终端计算是将算力部署于用户端，云游戏的算力不属于服务器端，而边缘计算主张将算力部署于两者之间的某个节点，这不仅可以为用户终端带来补充计算，还能大大减轻网络传输的负担。尤其是在5G的配合下，边缘计算会显著解决云游戏遇到的"交互延迟"问题，并带来更稳定的网络传输，避免出现频繁离线和卡顿的现象。另外，辅助以DPU（新型可编程处理器）智能网卡等新一代网卡架构，可以改进服务器端的运算架构，减少数据处理的延时。这种云、边、端协同的计算体系有望使云游戏变成现实。

边缘计算跟云计算一样，也存在先天问题，即用户的数据依然不存储在用户本地服务器上。在互联网飞速发展的今天，各国政府都出台法规，规定用户数据的处理和存储只能放到本地，显然边缘计算也"擦边"了，存在很大的合规风险。尤其对元宇宙来说，用户数据权益高于一切，所以不会完全依赖云、边来处理数据。因此接下来可供选择的路线会有两条：一是继续发展用户终端的数据处理资源，依赖强大的终端算力完成一切计算，这条路虽然简单可行，但也是一条漫漫长路，且成本巨大；二是在已有云、边、端协同的基础上，引入去中心化的区块链架构，协助处理最为敏感的数据处理问题。区块链层虽然也在用户本地之外，甚至类似于云的访问形式，但这种计算层不属于任何公司和组织，是归全体用户所有的，用户的数据以及对数据的计算都可以在区块链上进行加密处理，数据始终未离开过用户，也不会被任何公司和组织所获取。最终形成"云、边、区、端"四位一体的新一代协同计算架构，这也是我们为元宇宙底层算力框架提出的一种解决方案。

基于上面的方案，我们还可以更进一步地大胆设想。元宇宙背景下的游戏相比于互联网时代的纯线上玩法可能存在多种形态，尤其是在"将数据还归于民"的思想指导下，元宇宙或能催生新的算力硬件市场。如同加密世界的"矿机"，元宇宙中或许也可以存在类似的基于区块链的分布式硬件计算节点。用户利用这些节点的高性能算力、网络、存储资源进行游戏内容分发、运算、渲染、存储，最终将"云游戏"的显示传输至终端。这也是一种崭新的去中心化式的通用计算平台。正如蒂姆·斯维尼早在 2017 年接受采访时所说："你会意识到区块链实际上是运行程序、存储数据和可验证地执行交易的通用机制。它是计算科学中存在的所有事物的超集。我们最终会把它看作一台分布式的计算机，它的运行速度比我们桌面上的计算机快 10 亿倍，因为它是每个人计算机的组合。"也如英伟达 CEO 黄仁勋所说："区块链不会消失，它将成为一种新的、基础的计算形式。"

2. 芯片支配算力

摩尔定律本是指集成电路中可容纳的晶体管数目，约每 18~24 个月便会增加一倍，换言之，处理器性能每两年就会提升一倍。后来英特尔 CEO 大卫·豪斯进一步提出：预计每 18 个月芯片的性能将会提升一倍。因此摩尔定律代表了一种以倍数增长的规律。半导体行业在摩尔定律的精确支配下发展了半个多世纪，高速的发展和进步催生了信息技术的一系列变革，从 PC 时代迈向互联网时代，再到智能手机创造的移动互联网时代，以及后面万物互联的物联网时代。摩尔定律已经从对芯片性能的预测演变成了一种对人类科技变革的预测，一切科技变革都是建立在最底层的芯片算力进步的基础上，不断"蝶变"的算力会催生一系列革命性的硬件和技术，进而引发科技变革。元宇宙大基建对算力的渴望和需求将远超过去任何一次信息技术革命，这种需求不仅来源于各式各样的大规模终端和硬件设备，如智能手机、5G 网络设备、XR 硬件设备、物联网传感器等，还涉及大量超前技术的成熟运用，如人工智能、区块链、引擎渲染、数字孪生等，无一不需要大量的算力支撑。摩尔定律依然在准确预测着下一场科技变革的到来，以当今世界对下一代计算平台的期望和共识来看，在元宇宙里摩尔定律的预测依旧会实现。

基于当前元宇宙的建设路线以及技术体系的构成，大致分为对云端算力和终端算力两大方面的需求。云端算力方面，在前些年的第一波云端算力暴涨的发展中，GPU 算力占据统治地位，尤其是对 AI 的支持，随着 GPU 算力登顶，英伟达再次推出了全新的 DPU 芯片（数据处理芯片）。元宇宙数据处理单元包含通信和计算两方面，过去在云端算力方面只追求算力的提升，通信基础设施建设跟不上，最终导致整体系统性能受限。尤其是元宇宙依托 5G 等高速网络传输远超互联网量级的数据，大带宽会使大量数据涌入云端，并涉及一系列复杂的数据处理，如网络协议处理、存储压缩、数据加密等，而这些方面并不是 CPU 和 GPU 所擅长的，因此出现了大量系统瓶颈，严重制约云端算力的提升。为了应对云端数据量和数据处理复杂性的爆炸式增长，我们迫切需要一种全新的芯片体系将计算移动到接近数据的位置，而非像传统芯片那样将数据移动到计算所在的位置再做处理的方式。采用非冯·诺依曼架构的 DPU 芯片为解决此类问题提供了极好的方案，DPU 可以承担起网络、存储和安全的加速处理任务，专注于云端网络侧专用计算需求，将 CPU 所不擅长的网络协议处理、数据加解密、数据压缩等数据处理任务全部分离出来并接管，通过处理器和网卡的组合，兼顾传输和计算的需求，因此 DPU 被认为是智能网卡技术的演化增强版本。一种趋势表明，在未来的数据中心云端架构上，DPU 正在逐渐取代 CPU 和 GPU，成为核心算力支撑。因此，英伟达创始人黄仁勋称：DPU 与 CPU、GPU 将共同组成"未来计算三大支柱"。

终端算力方面存在种类繁多的异构芯片，如 CPU、GPU、FPGA（现场可编程逻辑门阵列）、DPU、ASIC（专用集成电路）等，先简单来看一下它们的用途：

CPU：通用芯片，可编程性强，但处理海量数据的能力较弱。

GPU：计算速度远高于 CPU，拥有更加强大的浮点运算能力，特别适合人工智能场景。

FPGA：同时拥有硬件流水线并行和数据并行处理能力，且具备功耗低的优势，也常被用于深度学习场景。

ASIC：一种为专门用途设计的芯片，芯片间的转发性能通常可达到 1 Gbs 甚至更高，为交换矩阵提供了极好的物质基础，大部分专业网络厂商在第三层核心交换设备中越来越多地采用了这种技术。谷歌开发的一种可以加速机器学习的芯片 TPU 就是 ASIC 的一种，可以缩小芯片面积，降低功耗。

在不同场景下分别具有优势算力的众多异构芯片能否组合在一

起，成为一种全能型芯片，以提供无所不能的超级算力？解决方案便是 SoC（系统级芯片）：在一块芯片上集成整个信息处理系统，并且可以集合 CPU、GPU、RAM、ADC/DAC（模数转换器）、Modem（调制解调器）、高速 DSP（数字信号处理器）等各种硬件设施，在性能和功耗敏感的终端芯片领域，SoC 已占据主导地位。东方证券行业研报《元宇宙行业研究：底层技术载体将支撑元宇宙发展》中也提到："从 CPU、GPU 到 FPGA、ASIC，芯片表现逐渐提升，可编程性逐渐降低。现在终端的芯片应用逐渐转向 SoC。以自动驾驶为例，随着自动驾驶技术对算力需求的增加，汽车主控芯片在 CPU 的基础上，逐渐引入 GPU、FPGA、ASIC 等 AI 芯片，汽车主控芯片将完成向 SoC 的变更。GPU 由于其自身所具有的处理并行计算的优越能力，是目前 SoC 中的主流，FPGA 作为 AI 推断运算的补充，能够提升汽车 SoC 的 AI 运算能力。未来，随着自动驾驶技术的成熟与定型，更多的 ASIC 芯片将被引入汽车主控芯片中，ASIC 是自动驾驶应用增长的趋势。"

3. Omniverse

Omniverse 是一个被称为"工程师的元宇宙"的虚拟工作平台。它基于 USD（通用场景描述），是专注于实时仿真、数字协作的云平台，拥有高度逼真的物理模拟引擎以及高性能渲染能力。于 2020 年 10 月推出测试版，超过 1.7 万名客户进行了测试体验，包括宝马、爱立信、沃尔沃、奥多比、Epic Games 在内的众多公司都在与 Omniverse 合作。它能够支持多人在平台中共创内容，使大家能够创建和仿真符合物理定律的、与现实世界高度贴合的共享虚拟 3D 世界，就像一个用现实数据 1∶1 创造的虚拟世界。这个数字世界不再是过往游戏中天马行空的想象空间，而是一个与真实世界高度一致的数字世界，逻辑、物理自洽，符合牛顿三大定律。我们没有将 Omniverse 归类于引擎计算平台，主要因为它是将云计算、人工智能、物理渲染引擎、图形引擎、数字孪生等所有可以支撑起元宇宙建设的尖端信息技术融合为一体的新型超级计算平台，也代表了元宇宙通用计算平台范式的未来。

2021 年，英伟达创始人黄仁勋向公众传达了英伟达新落成的一栋企业建筑"Voyager"的独特设计理念："我们在超级计算机 DGX 上用 RTX 光线追踪技术模拟了整栋建筑，这么做是为了平衡照进这栋建筑的光，以及节约能源——主要是依靠恒温系统来节能。因为如果进入建筑的光太多，就需要更大程度地使用空调（过多的光照会带来室内温度的升高，因此加大了对空调的使用，造成能源浪费）。"可以说是英伟达用超级计算机和尖端建模技术模拟出了未来的建筑。

这种在 DGX 上用光线追踪模拟建筑全貌的技术场景正是来源于英伟达建设的元宇宙超级计算平台——Omniverse，一个基于真实世界的各种物理特性而创建出来的虚拟世界。与游戏类元宇宙世界不同，构成这个虚拟世界的各个部分都极大地遵循了现实世界的物理法则、自然定律、数学原理，背后是一大批科学家的贡献，因此可以真正模拟现实世界，并在很大程度上指导现实世界。正如黄仁勋对 Omniverse 的评价："一款将 3D 世界连接至共享虚拟世界的平台。"

在当前发展阶段，英伟达主要赋予 Omniverse 在图形领域和仿真领域的处理能力，未来还会扩展至万事万物。在黄仁勋看来，创造虚拟世界之前需要有一种计算引擎。

首先，这个引擎能够渲染高保真的影像，以建设逼真的 Metaverse。

其次，这个虚拟世界需要符合物理定律，必须遵守粒子物理定律、重力定律、电磁定律、电磁波定律，必须遵守压力和声音的规律。在这种仿真的引擎之下，人们就愿意创造一些非常漂亮的东西并将其放入 Omniverse。

再次，这个世界必须是开放的。为此 Omniverse 选择了 Pixar（皮克斯动画工作室）发明的通用场景描述语言 USD。让物理现象可以通过 USD 发生，AI agent（智能代理）可以通过 AR 进出，人们也可以使用 VR 进入 Omniverse，就如同穿越虫洞。

最后，Omniverse 必须是可扩展的，并且是在云中的。

英伟达为 Omniverse 设计了"进化"模式，让它变得足够开放和具有想象力，全球无数开发者都可以参与这个开放的生态建设，输出自己的智力，使用 Omniverse Kit 为元宇宙添砖加瓦。例如，福斯特建筑事务所全球 17 个办公地点的设计师用 Omniverse 协同进行建筑设计；工业光魔将 Omniverse 应用于影视行业，通过 Omniverse 将来自多个工作室的内外部工具管线汇集到一起，在 Omniverse 中协同实时地渲染最终的镜头，并创建了 Holodeck 之类的大型虚拟数据集。从不同位置实现设计协作并构建更简单的工作流，这也是 Omniverse 的重要特性之一。Omniverse 所倡导的去除空间限制进行协作式设计的理念，与元宇宙思想一脉相承。

从技术架构角度看，Omniverse 平台可以分为如下几种。

第一，Omniverse Nucleus。Nucleus 是连接不同位置的用户，实现 3D 资产交互和场景描述的数据库引擎。连接以后，负责建模、布局、着色、动画、照明、特效或渲染工作的设计师，可以协作创建场景。Omniverse 客户端向数字内容和虚拟世界做出改动，应用于 Nucleus Database。这些改动在所有连接应用之间实时传输。在 Omniverse 中，多个用户可以连接到 Nucleus，以 USD 代码段的形式传输和接收对自己场景的更改。

USD 是 Omniverse 的关键元素之一。USD 原本是著名的动画工作室 Pixar 开发的用于制作动画电影的技术，如《玩具总动员 2》即运用了该技术，其有着超过 10 年的历史。USD 技术属于一种数据交换格式，针对的是大型 3D 场景，以无损的方式处理针对内容的融合、组装、覆盖、动画化等操作。在此之前，3D 世界的建设存在不同的"语言"，每个应用都各自为政。USD 相当于 3D 领域的 HTML，作为某种标准而存在。对 Omniverse 而言，协作也就实现了跨应用的内容共享，而且可以用不同的方式浏览、修改内容。

Nucleus 如同一个多方通信的 Hub 型角色，以 USD 语言作为一种统一的表达方式。英伟达在 USD 基础上提高了其在不同用户间同步的能力，还把 USD 扩展使用到媒体和娱乐应用之外，包括机器人、汽车、建筑、工程、生产制造等。Omniverse 还向第三方应用提供了 Omniverse Connect 插件库，以便其连接 Nucleus。

第二，英伟达 Omniverse 平台。它是合成、渲染和动画引擎，也就是对虚拟世界的模拟，遵循现实世界各种物理性质的构成要素，包括通过 Nvidia PhysX（物理运算引擎的作用）模拟物理性质，通过 Nvidia MDL 模拟材质，并进行 Nvidia AI 全面集成。

第三，Nvidia CloudXR。Omniverse 提出了一种类似"虫洞"的技术概念，即通过 VR 等虚拟现实设备将内容传送至 Omniverse 元宇宙中，同时 AI 可以使用 AR 将内容从 Omniverse 传送出去，充满了浓厚的元宇宙气息。CloudXR 便是英伟达应用于流 AR/VR 的解决方案，其逐渐与 Omniverse 相融合。

除上述三大部分之外还存在丰富的生态开发工具，如 Omniverse Create 可用于加速场景组合，并且能够实时、交互式地对场景做渲染、模拟、组合等；Omniverse View 则能够实现设计协作和建筑工程项目可视化。在 Omniverse 平台之下实现图形、计算和 AI 的各种技术和组件，现阶段英伟达也为上层打造了各种应用。

最终的繁荣都将体现在应用层的爆发。Machinima 一般指使用实时图形引擎打造电影、短片作品的方式。此前 Quake、Doom 引擎就被用来创作电影。网上有很多用《模拟人生》中的素材做成的短片或者故事片。Omniverse Machinima 是一款为这种创作方式加入了光线追踪和 AI 支持的应用。用户可以导入自己的游戏素材，也可以从英伟达的库中提取素材。再比如 Omniverse 的 Audio2Face 就是一款在仅有人声（音频）的情况下生成 3D 面部表情的应用。能够实时生成 3D 形象，使嘴巴的开合与输入的音频完美匹配，而且可以调整参数来丰富 3D 面部表情——比如自定义一个 3D 人脸（如用外星人的 3D 形象），或者加入面部表情，等等。这款应用也用上了某个预训练深度神经网络，输出的网络可以驱动 3D 形象面部的各个顶点做运动。Audio2Face 显然也能和 Machinima 一起使用，这些都应当是构建元宇宙的基石。更多创作者和开发者对这些 Omniverse 应用的使用和二次开发也是在完善元宇宙的构建过程。

要认清的一点是，Omniverse 仅仅是个开始，元宇宙的建模就像复刻一座城市，需要巨型数据集，目前的 USD 还不足以支撑这种级别的建模。而且，要使不同行业之间形成协作也是十分巨大的挑战。但英伟达已经在行动了，Omniverse 是游戏元宇宙之外最令人瞩目的平行宇宙空间，并且正在把这个虚拟世界以超大规模量级扩展开来，扩展到企业，甚至令其与现实世界并行。Omni 源于拉丁语，意为"全、所有"，Omniverse 似乎蕴含着全能宇宙之意，也代表了英伟达的元宇宙梦想：成为现实世界连接数字虚拟世界的入口及基础设施，打造元宇宙的底层技术平台。黄仁勋认为："在未来，数字世界或虚拟世界将比物理世界大数千倍，可能会有一个新的上海、新的纽约，工厂和建筑都将有一个数字孪生模拟和跟踪它的实体版本。工程师和程序员可以模拟出新的软件，然后逐步应用到实际中。在现实世界中运行的软件都会先在数字孪生中进行模拟，然后落实到实体版本中。"正如今天已经发生的。我们期待未来有更大的市场、更大的行业，也希望有更多的设计师和创造者，在虚拟现实和元宇宙中设计数字事物，而不只是在物理世界中设计事物，而且这些事物在元宇宙中将比在我们的宇宙中大很多倍，甚至可能是 100 倍。

2.6　引擎技术渲染元宇宙极致沉浸

　　游戏能够将对现实的模拟、延伸、天马行空的想象变成立体而绚丽的虚拟世界，这背后最大的功臣要数基于图形学的引擎技术了。游戏引擎也是元宇宙打造高沉浸度和拟真度的虚拟世界所必备的技术要素之一。此外，元宇宙需要依托开放的开发者生态和创作者生态，以建设庞大的场景，独立的、成体系的引擎计算平台正好为此提供了通用建设工具。世界知名的游戏引擎包括 Epic Games 公司的虚幻系列引擎、Unity 系列、CryEngine 以及 EA 的寒霜、育碧的 Anvil 引擎、网易的 NeoX、腾讯的 Quicksilver 等。其中一些是通用体系，可以被游戏以外的行业直接使用，如在影视制作方面，另外一些则只能在游戏内使用。

　　游戏引擎的直接作用是通过图形学技术最大限度地模拟虚拟世界的形态，并能够设定基础物理规则，创造更逼真的交互，游戏引擎主要负责解决三个核心问题：渲染、物理、动作。渲染的背后是强大的计算力，而且游戏要求实时渲染，例如《战斗天使阿丽塔》主角的 13 万根发丝中的每一根都需要单独渲染，单帧画面渲染时长约为 100 小时，这样的工作量需要 3 万台电脑不停歇地计算。在大动作类游戏中，每一次动作都会带来大量的实时渲染工作。物理方面指的是对空间几何的构建，即通过基础几何元素构造出无限空间内容，有两种构成逻辑：以顶点和多边形（polygon）绘制空心的外表面；用乐高积木一样的体素（voxel）由内而外搭建实体。著名的《我的世界》便是一种采取了后者的体素物理引擎，玩家像搭积木一样构建了大千世界，但这种模式的劣势便是粗糙感比较重，不太适合高保真风格的游戏。虚幻引擎采用了前者，尤其是在虚幻引擎 5 中，利用 Nanite 技术可以使画面中同时存在数亿个三角形，达到影视级仿真效果。此外，物理引擎用于表现物体间相互作用的真实效果，严格遵循物理学法则，引擎处理对象分为刚体（rigid bodies）和柔体（soft bodies）两大部分，对它们进行处理后可以实现铅球落地、衣服飘扬等极为逼真的效果。物理解决不了虚拟物体自由动作的形成问题，因此还需要引入动作捕捉技术获取大量真实世界的动作数据，并在提炼后将其赋予虚拟物体，在游戏世界中展现出几乎跟真人一样的动作状态。

目前，游戏行业内常用的两款引擎是虚幻引擎 4 和 Unity3D，而且它们也是开发 VR 游戏必备的工具。这两款引擎都提供了强大的代码和制作工具，让游戏开发者能够尽情地发挥想象力来制作 VR 游戏。虚幻引擎已经进化到了第五代，能够极大地优化开发的工作流，实现数倍的渲染效率，从而提升效果；借助全新的 Nanite 和 Lumen 技术，实现影视级美术效果。随着引擎算力的持续升级，更强大的拟真表现力和更加易用的引擎将有望促进元宇宙的加速发展。

虚幻引擎是全球领先的、完全开源的实时渲染图形引擎，也是一种工具平台。2021 年 5 月 26 日，虚幻引擎更新到了第五代，使次世代游戏、实时可视化和沉浸式互动体验在真实感和细节上实现了跨世代的提升。例如它的渲染技术 Nanite，虚拟几何体，能够直接在游戏里表现出影视效果级别的超高精度模型。在 Demo 中有一个古代雕塑，使用的模型已经超过 3 300 万个多边形，不管走多近，人们都能欣赏到其精致的细节。甚至可以将同样的模型复制几十份，共计 160 亿个多边形被渲染出来。如此宏大的虚拟化渲染，足够描绘一个非常逼真且壮大的虚拟世界场景。虚幻引擎 5 最大的突破其实不是呈现画面的效果，而是游戏开发的便利性。还是以 Nanite 技术为例，过去游戏里的模型存在很多限制，不能直接使用最精细的素材，需要生成面数少很多的低模，并使用法线贴图把高模上的细节映射到低模上。在虚幻引擎 5 里，这个步骤就可以直接省略了。另外，一些原本缺少人力开发大型游戏的中小团队，借助虚幻引擎 5 就可以让其作品的画面质量在下个世代有很大的提升。

虚幻引擎不仅在游戏领域成绩斐然，创造了广为人知的《绝地求生》《和平精英》《刀剑神域》《最终幻想》等，还被广泛应用于影视、建筑、广告、模拟训练、现场活动、培训仿真、工业制造、直播等行业，实现跨界应用。例如，在传媒行业，虚幻引擎正在成为虚实结合的影视制作新标准，革新传统的广播电视和电影的离线流程，在迪士尼的星球大战剧集《曼达洛人》的拍摄现场，有四台同步的电脑运行虚幻引擎，实时驱动 LED 幕墙播放预先制作好的高精度美术素材，三名虚幻操作者可以同时操纵幕墙上的虚拟场景、光照和效果，形成了虚拟制片模式；在汽车智能化进程中，通过引擎技术模拟了 3D 形式的人车交互，英伟达更为夸张，在自己搭建的虚拟城市中，没日没夜地进行汽车自动驾驶训练，而当前自动驾驶公司则需要真实地进行上千万公里的路面训练才敢推出自己的自动驾驶算法。

2021 年出现了一个比较火热的虚拟网红形象 AYAYI，其具有超高的颜值，无论是肤质、发质还是微表情等都做到了对真人的高度还原，并且可以根据不同光影条件做出相应的模拟和渲染，一时间吸引了数百万人围观。这种事物被称为"虚拟偶像"或者 MetaHuman（虚拟数字人）。AYAYI 是由虚幻引擎 4 的游戏引擎最新推出的 Metahuman 工具制作出来的。Metahuman 是一款高度写实的数字人制作工具，本质上就是一种 3D 建模，只不过虚幻引擎将其变成了一款开放的制作工具。整个制作界面非常简单，软件已经将人类面部的各个部位进行了分类，是一款高度模块化的制作工具，开发门槛很低，它的出现让非游戏开发人员也能轻松制作出属于自己的虚拟人。还有很多配套工具支持，比如捕捉人们真实的面部动作，然后映射到通过 Metahuman 制作的虚拟人面部，连眼球的转动都可以精确同步。Metahuman 制作工具不仅给虚幻引擎带来机会，更为整个内容制作行业带来了繁荣，成为虚拟人物和虚拟身份构建范式的代表。

在过去的 20 年中，国内玩家最熟悉的 UGC 就是《魔兽世界》编辑器，或者各款火爆游戏的 mod 编辑器，这也是普通玩家最热衷的创作游戏的方式。近年来，Roblox 让游戏引擎服务于更为广泛的 UGC 模式并取得了成功，在虚幻引擎等顶级游戏引擎技术陆续加入这个阵营后，元宇宙高质量 UGC 大爆炸也指日可待。

除了模拟物理规则和高度还原光影色彩外，动作捕捉技术也一直是游戏引擎技术的一大难点。动作捕捉技术的原理相对简单，即给人的四肢和身体贴上传感器，在人体运动的过程中，全方位采集运动数据，随后将这些运动数据导入根据人体结构建好的三维模型中，就可以让虚拟人物重现测试者的运动轨迹。例如，在 NBA（美国职业篮球联赛）篮球游戏 NBA 2K 中，我们可以看到很多经典动作，它们就是通过大量运用动作捕捉技术来实现的，制作方甚至邀请大牌明星戴上传感器，以便在游戏中呈现他们独有的运动姿态。很多一般制作的画面，让人们可以很明显地感知到动作的不协调，这也是目前动作捕捉技术尚未完善的地方。动作捕捉技术本质上是一种穷举法，也就是游戏中只能模拟测试者已经做过的动作，而真实生活中人体的动作几乎是无限多的，是无法通过动作捕捉技术将其穷尽的。因此，游戏引擎在真实动作还原领域的下一个研究方向是基于已经捕捉到的大量人体运动数据，结合人工智能，从更深层次的构建上解决"穷举"的缺陷问题。比如可以从对人体的骨骼和肌肉结构的理解入手，智能化判断哪些动作是能够做的，哪些是做不到的，以及在什么样的场景下，应该做出什么动作。当虚拟角色不经意间被绊倒时，传统游戏方案只是播放预先设定好的动画（可以是提前通过动作捕捉技术采集到的），但未来，整个摔倒的动作将是实时计算的，根据人类的运动惯性、脚触碰到石头的位置等信息，模拟出人在真实摔倒时的动作特征。

上述提到的几个游戏引擎的难点主要是针对玩家的游戏体验，强调虚拟世界对真实世界的还原。其实还有一类游戏引擎的难点针对的是开发者。对于开发者，游戏引擎最重要的就是要降低开发难度，优化开发流程。首先，可以通过在游戏引擎中添加更多模块化的功能，让开发者可以直接调用，这能有效降低游戏开发的门槛。例如英伟达的 Omniverse 平台推出的 Audio2Face 功能，可根据音频自动 AI 生成与真人发声时一样的口型，避免了开发者从底层开发面部动作的麻烦。其次，在开发流程中，开发者通常会根据需求使用多款特点不同的建模软件，但这些建模软件的数据格式并不统一，同步起来非常麻烦，此类问题的最佳解决案例便是前面提到的 Omniverse 平台的 USD 语言。未来的游戏引擎必然朝着更加有利于开发者的方向迭代，而优秀的游戏引擎将成为未来构建元宇宙的基础工具。正如腾讯研究院在《一文读懂游戏引擎：核心问题、适用场景与下一个十年》中提出的对游戏引擎下一个十年的期冀。首先是更强大的全方位表现，提升沉浸感：包括在画面上实时提供影视级的真实感与丰富的细节，更逼真的光照、粒子特效；物理层面对现实世界更近似的模拟；声音方面更准确地还原声场，与场景深度融合。其次是更易用及更泛用：将复杂的技术留在"冰山"之下，让更多普通创作者以简单操作实现高阶效果，实现针对不同场景、需求和使用者的功能组合；跨平台提供能力，为 VR、AR、MR 等新硬件和平台提供更好的支持；探索原生云游戏引擎，充分利用 GPU 集群化渲染能力，探索突破单卡算力的高品质游戏；增加更多关联软件的协同性。再次是与基于数据驱动的深度学习相结合：辅助程序化生成，提升美术制作能力及效率，使场景的规模和复杂性满足开放大世界的需求，让角色动作真实连贯，高效完成场景测试。最后则是更广泛的应用领域：向更多需要呈现实时、高保真画面，提供沉浸式体验的行业渗透，与机器人、无人机、物联网等有更多的集成和交互。面向未来，在虚拟与真实体验融合、实体与数字全面融合的发展过程中，以游戏引擎为代表的游戏技术和工具将被更泛化的应用，连接影视、工业、仿真制作等更多领域，创造出更大的社会价值。

2.7 数字孪生催生元宇宙最大集合

2019 年,《连线》杂志创始主编、《失控》作者凯文·凯利曾提及过"数字孪生"和"镜像世界"的概念,那是对未来 20 年数字世界的描绘,包括"AR 云""空间互联网",与我们今天谈论的元宇宙成熟形态十分相似。凯利认为镜像世界是将在未来 20 年出现的一次重大变革。所谓镜像世界,其实就是将如今所说的数字世界层层叠加到现实的物理世界中。具体模式上,他认为真实世界里的每个事物都会有一个芯片,整个世界都将被数字化,万事万物都将在虚拟空间里拥有一份唯一的复制品,如同镜像一般。镜像世界的概念最早其实是耶鲁大学计算机科学家大卫·加伦特在 1991 年提出的:"镜像世界是将一些巨大的结构性的运动的真实生活,像镜像图景一样嵌入电脑之中,通过它你能看到和理解这个世界的全貌。"从这一令人震撼的预见,到凯文·凯利将镜像世界进一步技术化,最终到我们畅谈的元宇宙,一切的技术和幻想都是一脉相承,走近现实的。

如今,镜像世界有一个更为世人所熟知的替代词——数字孪生,这是工业 4.0 时代非常热门的一个词。数字孪生是通过对现实工业生产进行数字化建模、利用物联网技术采集庞大的数据、运用大规模数据分析和人工智能技术，按 1∶1 的比例在虚拟世界中复刻真实世界，可以反映现实中所有事物的全生命周期，也被称为"数字孪生体"。它的场景其实更为具体化，尤其是被广泛应用于工业制造领域和先进技术发展领域，比如今天的很多智慧工厂已经深入应用和探索了数字孪生技术，通过数字复刻和模拟运行虚拟工厂，能够对真实工厂进行预测性维护和错误预判等，极具工业价值。数字孪生技术拥有无限逼近真实的潜能，是元宇宙映射现实进程中不可或缺的核心技术。

在国内，马化腾于 2020 年提出腾讯即将迈入全真互联网时代，发力全真互联网及数字孪生，腾讯云提出的 CityBase 便体现了城市规模的数字孪生。国外数字孪生的工业实践则更为成熟。几十年来，通用电气公司收集了大量资产设备（如航空发动机）的数据，通过数据挖掘分析，能够预测可能发生的故障和故障发生的时间，但无法确定故障发生的具体原因，为解决这一问题，通用电气在航空发动机领域引入数字孪生技术，并推出了全球第一个专门用于工业数据分析和开发的云服务平台 Predix。该平台可连接工业设备，获得设备全生命周期数据，同时将设备机理模型与数据挖掘分析相结合，提供实时服务支持。从概念设计阶段就开始建立航空发动机数字孪生体，能够更加容易地把设计过程和结构模型与运行数据联系起来，发动机数字孪生体也能帮助优化设计，缩短设计周期。这些领先的企业正在构建跨越组织全要素的智能化数字孪生，并致力于通过组合应用该技术创造与现实世界的工厂、供应链、产品全生命周期一致的数字镜像模型。镜像世界的仿真模拟能够让企业不承担风险地在数字环境中自由创想、大胆设问，重新定义企业的创新过程。

前面提到的英伟达的 Omniverse，除了能够支撑元宇宙的通用计算和引擎计算外，也集成了 Digital Twin。例如，爱立信利用 Omniverse

进行 5G 波传播的模拟；Twin Earth 在 Omniverse 上打造了一个数字孪生地球。Omniverse 强大的图形学处理能力也赋予了数字孪生更强大的模拟能力。Omniverse 可以模拟粒子、液体、材料、弹簧、线缆之类的物理特性，而这些模拟正是机器人技术的基本能力。机器人可以在 Omniverse 世界里通过模拟，学习如何成为一名合格的机器人。宝马公司用 Omniverse 打造了一个虚拟工厂，将定期对工厂做重组的工作搬到虚拟工厂中进行测试。在这个虚拟工厂中，有与真实员工数据一致的"数字人"，工厂中很多新的工作流程测试都是由"数字人"来执行的，最终优化了生产线，并针对人体工学设计和人身安全等问题做出调整。此外，宝马公司还用英伟达的 Isaac（自主机器平台）来对工厂机器人做 AI 训练。Isaac Sim 能够提供训练自动机器的条件，还能进行硬件测试，是 Omniverse 的一个具体应用，模拟各种常见的机器人使用场景，如在工厂内导航、操作，为之生成合成数据以用于感知模型的训练。宝马公司在生产网络中模拟了其在全球的全部 31 家工厂。

再例如，汽车制造也可以通过 1∶1 比例还原物理模型车来做风洞实验，以获取风阻和流体力学等数据，帮助车厂做前期的修正工作。这项工作在 Omniverse 的帮助下可以完全迁移到虚拟世界完成，首先 1∶1 完成虚拟模型搭建，然后通过英伟达的 PhysX 技术模拟风阻，获取风阻系数的仿真数据，参数会立即反馈到负责建模的环节，这样数据便可以被用来优化汽车的前杠、前挡、A 柱等设计。还有一些比较典型的例子，比如用 Omniverse 上的应用 DRIVE Sim 来测试自动驾驶汽车，可以全面测试一些现实世界无法测试的状况，而且测试时间可以大幅缩短，成本也非常低。沃尔沃就是用 Omniverse 做自动驾驶汽车测试的公司之一，其中涉及对汽车驾驶环境、行人等的模拟。自动驾驶和机器人是英伟达现阶段对 Omniverse 设想中应用的两项重要的组成部分，也都是数字孪生技术发展的方向。如果将来 Omniverse 以更高的精度模拟世界甚至宇宙，则其应用场景或许就会覆盖到人类生活的方方面面，而不仅限于以上谈到的这些企业和工业场景。

2.8　古典元宇宙的商业模式

　　古典元宇宙的发展非常注重商业模式的建立，尤其是可以继承甚至超越传统互联网的商业模式。除了元宇宙游戏商业模式之外，也催生了创作者经济元宇宙、社交元宇宙、娱乐元宇宙、内容元宇宙等相对比较新颖的模式。

1. 社交与娱乐

　　一般是"租用"游戏世界进行元宇宙社交和娱乐活动，借助游戏提供的开放创作平台和引擎技术自主搭建所需要的虚拟场景，并配套语音、视频、VR、聊天室等社交工具。用户身处其中不必遵循游戏原始的规则设定，不必参与竞技，可以只是随便逛逛，或者安静地欣赏一段曼妙的舞姿。借助游戏提供的人物建模和动作技术，艺术家可以将自己在现实中的一段舞蹈原汁原味地通过一个虚拟人物演绎出来，而观众也不必再跟随摄像机的输出，可以自由地从任意角度观看；演出结束后，可以为艺术家献上虚拟礼品，并通过社交工具与之交流，建立联系。这种在游戏世界中进行娱乐和演绎的模式可以迅速变现，例如特拉维斯·斯科特在《堡垒之夜》的演出结束后，品牌 Nerf 枪、人偶、虚拟巡回演唱会的 T 恤等相关商品被放在实体店出售，为品牌营销打开了新思路。

2021 年 8 月，Roblox 公司宣布收购聊天平台 Guilded，希望加强当前平台的社交基础设施建设，提升用户在元宇宙的社交体验。字节跳动则迅速提出社交元宇宙项目 Pixsoul，试图打造沉浸式虚拟社交平台。这些社交元宇宙其实跟现在的各类社交网络类似，都是中心化的平台，但主打不同的精神，社交元宇宙崇尚个性文化和虚拟社区。元宇宙社交还有一层更为实际的意义：社交会带来创作者经济，尤其是在这个圈子社交频繁的人会更了解其他人的需求，他们可以选择在元宇宙中谋生，通过元宇宙的社交网络输出自己的创作内容，获得收益。

2. UGC 与创作者经济

内容是在元宇宙任何发展阶段都极为重要的建设方向之一，是永不消失的商业模式。互联网时代，内容的种类和数量都已经到达了爆炸式增长的程度，由此带来了 UGC 以及相应的创作者经济。用户将自己原创的内容通过互联网平台进行展示或者提供给其他用户，标志着用户参与互联网内容建设的模式正式形成。在过去的互联网和传统媒体上，人们习惯了被动接受来自少数人创作的内容，并被他们表达的内容所影响。随着互联网连接能力的大大增强，赋予了所有互联网用户自主创作、发布、传播内容的权利，并可以通过优质的内容获取收益，成为一份副业甚至是一种职业。由此形成的创作者经济随着轰轰烈烈的短视频、直播等互联网新商业形态的到来也逐渐成为主流经济形态，影响着广泛的社会就业问题。这种趋势将一直延续到元宇宙经济中，元宇宙更涉及大量需要持续更新的体验和内容，为此需要持续降低创作的门槛，提供高效的工具、素材商店、自动化工作流和变现手段。

我们可以从互联网 UGC 的巅峰形态——短视频自媒体，领略创作者经济对内容领域的颠覆。以抖音为例，打开抖音 App，人们不仅可以买东西、搜索，甚至还可以看电影。比如在新冠肺炎疫情防控期间，字节跳动以 6.3 亿元人民币买下了《囧妈》的播放权，并通过今日头条、西瓜视频、抖音等平台免费开放给用户。抖音逐渐成为一个超级流量池，这为创作者经济创造了必要条件，全球无数创作者通过自己创作的优质内容和专业的传播手段来争夺超级流量池中的流量，而流量在抖音的商业模式中是可以变现的。一时间，千树万树梨花开，在一个中心化平台上形成了无比繁荣的去中心化内容创作与分享，短短几年内创作者创作的内容数量就超越了过去几十年所有媒体的创作总量。在 2020 年，抖音制定了一个目标：要让至少 1 000 万名创作者获得收入。2021 年，抖音宣布这个目标已超额完成，目前共有 2 200 万名创作者在抖音获得了合计超 417 亿元人民币的收入，其中包含返乡创业青年、应届毕业生、退伍军人、农民等各类群体。

除了抖音等短视频平台带来的自媒体 UGC 创作变现，在更早的游戏发展史上 UGC 也发挥着重要作用。其先驱可以追溯到 20 世纪 90 年代大获成功的著名第一人称射击游戏 Doom，它开创了一个先河：向社区开放底层源代码，方便爱好者对游戏进行"修改"和再创作。一代人的经典记忆《反恐精英》便继承于此。但当时的 UGC 创作并不涉及经济利益，或者并没有钱可赚，仅靠社区爱好者的一腔热血支撑着，而且范围也非常局限，属于小众行为，直到人们开始尝试将开放游戏创作与虚拟经济系统相结合。

随着 *Active Worlds* 和《第二人生》开辟了用户自主创建虚拟世界的模式，并配备了内容创建工具的潮流，越来越多的游戏开始允许用户自主创作内容并向其他玩家销售，借助游戏虚拟货币的力量，完成高效的经济活动。例如，早在 2004 年，一名用户创造了一款名为 *Tringo* 的虚拟世界游戏，这是第一款使用《第二人生》游戏中的开发工具所开发的存在于其内部世界的游戏。自此，该游戏开始畅销，而创作者通过向《第二人生》的其他用户出售该游戏的副本，让他们能够在自己的虚拟家庭中运行，从而在现实世界中赚到了 4 000 美元。Donnerwood Media 还以五位数的价格向创作者购买了 *Tringo* 的授权。这是最早出现在虚拟游戏世界中的 UGC 商业模式。还有人在《第二人生》中购买虚拟世界的虚拟房地产，将其细分为不同的主题用于出租或转售，从而获得了百万美元的收入。随后更多的人通过在虚拟世界中创作虚拟购物中心、虚拟连锁店甚至虚拟品牌进行变现，获益颇丰。游戏率先将虚拟货币的机制和理念融入全民创作中，基于虚拟货币和 UGC 建设出了一个庞大的虚拟经济系统。

游戏设计传奇人物拉夫·科斯特分析发现，（以每兆字节来计算）500 万美元的独立手游和 1 亿美元的跨平台大型游戏的有效创造成本是一样的。游戏行业需要源源不断的创造力来支撑，因为玩家可以在短短几十个小时内体验完创作者耗时数月乃至数几年的心血，所以 UGC 模式便显得格外重要，因为小作坊的创造力是有限的，而全民的创造力是无限的。就像一家名为 Maxis 的职业游戏开发商只能为模拟人生游戏 The Sims 制作出 5 000 件虚拟服饰，而同一时期由 UGC 模式带来的数量则达到 3.9 万件。美国艺电公司高级副总裁萨曼莎·瑞恩表示："作为一家职业开发公司，我们竟然无法跟上我们玩家的步伐。"UGC 不仅可以解决创造力难题，还能改变游戏行业的营销模式，著名风投公司 A16z 的约斯特·范·德鲁涅恩在 The Creator Economy Comes for Gaming（《游戏行业迎来创造者经济时代》）一文中总结道："数字化以及随之而来的免费游戏收入模式使得每个人都可以接触到游戏。在大量的可用游戏中，将消费者与内容联系起来变得更加昂贵。用户生成内容抵销了营销成本，因为通过它，公司可以更加容易地留住玩家，降低玩家流失率。成为活跃社区的一员，并为自己喜欢的游戏提供源源不断的新内容，这种做法可以鼓励玩家坚持更长时间。同时，这也对平均游戏生命周期产生了积极影响，并减少了来自竞争对手的威胁。"

更为关键的是，UGC 模式需要配套完备的经济激励机制，才能将全民范围扩展至无限范围，例如可以尝试引入虚拟货币，基于区块链交易底层建立虚拟物品买卖市场等。正如 Epic Games 公司 CEO 蒂姆·斯维尼所说："这将是一种前所未有的大规模参与式媒介，带有公平的经济系统，所有创作者都可以参与、赚钱并获得奖励。"大规模的玩家群体将游戏货币化，所产生的游戏创造力和病毒式传播速度将彻底改变游戏行业已有的模式，将游戏行业变成一种社会体系。投资者马修·鲍尔曾说道："在元宇宙里，将有一个始终在线的实时世界，有无限量的人可以同时参与其中。它将有完整运行的经济，跨越实体和数字世界。数据、数字物品、内容以及 IP 都可以在元宇宙行得通，很多人、很多公司都会创作内容、商店以及体验，来让它更繁荣。"一个行业只有形成一个完备的经济市场，才能充分调动所有人的生产积极性和创造力，所谓的开放创作也必然是建立在经济基础之上的，由经济基础决定的上层建筑，才能被称为创作者经济。

创作者经济发源于利基市场，本是社会中小部分人的一种具有局限性的创意工作。就像在音乐经济领域，一直以来都是由专业的公司和平台占据市场，收纳艺人和原创歌曲，虽然也有一小部分独立音乐人希望通过自媒体渠道进行原创和分享，但缺乏流量支持，难以触达更多用户，也缺乏创作变现的途径，收入微薄。直到近些年像短视频和直播等新型创作者经济平台崛起后，独立音乐人才获得了与数亿用户零距离接触的渠道：只需打开直播便可以举办一场数十万人同时在线的演唱会，虽然没有门票，但出色的演绎可以获得人们的打赏；音乐人还可以将优秀的原创歌曲制作成短视频进行发布，往往会获得数百万的点赞，并被全网转发传播用作背景音乐，带来裂变式发行。在更为前沿的探索中，创作者经济平台还会支持音乐人将歌曲转化为一种 NFT 形式的数字音乐资产，以更好地处理与版权和流通相关的问题，例如愿意付费的粉丝将人手一份数字资产，代表购买该歌曲的权益，可以用于证明也可以用于转让，而音乐人也会通过数字资产更好地把控音乐版权的传播和收入，减少了大量在中间环节可能出现的问题。

创作者经济壮大于"宅经济"，这是一场由新冠肺炎疫情引发的社会经济变革。疫情让很多人失去了现实工作，或者感受到现实工作的诸多不便，难以稳定支撑自己的生活，于是纷纷转移到虚拟经济领域。他们当中有些人会选择成为 UP 主（源自日本的网络用语，意指在视频网站、资源网站等媒介上传视频、音频或其他资源的人，也是我们常说的博主），在西瓜视频或者哔哩哔哩上发布自己的日常生活或者美食。受疫情影响，活动受限的广大民众也非常愿意在网上了解别人的幸福生活，感受更多样的世界。这样一种"宅经济"促成的供需关系为创作者带来了庞大的视频点击量，而点击量也代表了流量，是可以变现的，平台会统一对博主视频的点击量进行价值估算和变现，博主可以随时从自己的账户中提现。一个拥有数万粉丝的博主每天更新上传视频所获收益有可能超过他原本实际工作的薪资，而对于有数十万或者数百万粉丝的优秀博主来说，所得收益已经远超一般工薪阶层。

互联网的创作者经济十分依赖中心化的平台，由平台负责为所有创作者提供易于创作和传播的工具，因此平台也会与创作者进行收入分成，一般为5%~30%。平台还会为创作者带来社群，进一步发展社群经济。所谓社群经济，是指互联网时代一群有着共同兴趣、认知、价值观的用户通过社交媒体集结在一起进行的互动、交流、协作，他们往往与某些产品或者品牌捆绑在一起，喜欢品牌的服务，愿意为之付费，他们对服务的反馈也会深深影响品牌的后续建设，形成一种相互促进、自成循环的经济系统。当下的粉丝经济也属于这个范畴，主播或品牌通过直播等新型社交媒体建立起与粉丝和用户之间的紧密关系，自发形成一种群体组织，他们可能有着共同的称谓，或者有着共同的文化氛围和价值追求，愿意为电商带货付费，同时也会提出合理的意见，进行监督约束。

3. 品牌整合

如今，漫威、DC漫画、NFL、耐克都开始将自己的品牌和知识产品整合进《堡垒之夜》。在这个游戏元宇宙中，星爵可以遇到蝙蝠侠，蝙蝠侠可以遇到冲锋队，冲锋队可以遇到约翰·威克。在此之前，斯皮尔伯格要拍摄《头号玩家》需要花费好几年时间去跟里面涉及的英雄人物的版权方谈判。在元宇宙中，稀缺性资源和资产是形成商业竞争力的关键，品牌方嗅到了更大的商机，更愿意分享自己的知识产权，并建立新的品牌分销机制，例如古驰在 Roblox 销售服装。

像古驰这样的世界品牌，虽然历史悠久，但始终保持着对最新生代人群的关注。近些年古驰、路易威登等奢侈品牌便将焦点投向了"Z 世代"，这一代人受互联网影响极大，热衷于新鲜的虚拟事物。随着 NFT 和元宇宙火遍全球，品牌商纷纷根据前沿技术打造 NFT 游戏，使"Z 世代"受众在体验游戏、收集限量版 NFT 资产的同时，也加深了对品牌文化和历史的了解。过去，麦当劳、肯德基、星巴克等不断在中国广布门店，输出自己的文化，而在新时代下，品牌商又在虚拟世界中不断开疆拓土，通过虚拟纽带传播自己的文化和历史。不仅如此，这种新模式还有助于改进品牌产品。例如，在 NFT 和元宇宙中，玩家可以自由购买品牌商推出的虚拟服饰，并且可以自由地对其进行加工和改造；原本一件普通的虚拟服饰便在元宇宙中拥有了众多"衍生品"，品牌商如果看中了某位用户的创意，也可以直接在虚拟世界中与其协商共创，共享 IP。

4. Metahuman

Metahuman 是利用 CG 建模、动作捕捉、多模态技术、深度学习、语音合成等计算机手段综合创造出来的具有全方位高保真人类特征的虚拟形象，极具科幻感，看似是元宇宙成熟后的产物，但实际上它早于元宇宙的诞生便产生了商业价值，例如 AYAYI、Apoki、洛天依等知名虚拟偶像，已经带来了不菲的收益，并引爆潮流，引导了新风向。根据艾瑞咨询预测，2021 年的虚拟偶像市场规模或超 1 000 亿元人民币，而 2030 年将达 2 700 亿元人民币。

Metahuman 与其他平台游戏中的虚拟人物形象不同，它对精确复刻现实人类特征的要求极为严格，并且要与真人一样参与互联网活动，如开直播、组队玩游戏等，而与之交互的人类玩家更将其视为真人，具有十足的沉浸感。第一代虚拟偶像的代表是风靡全球的"Miku"（初音未来），但那个时代，虚拟人物只有简单的静态建模，没有支持动作和材质高保真的技术，一直局限于二次元领域。直到2015年之后，虚拟人物开始融入全方位的高保真，并从纯线上走到了线下，增强了互动性。

"数字人"也已经进入非娱乐产业，比如代替真人客服为客户提供全方位的服务，提升了用户体验。"数字人"还被用于构建智慧教室，提供全天候学习指导。华为在推动5G商用落地的进程中，也大量将Metahuman运用于VR建设，如"5G+VR"虚拟直播。以抖音、快手、淘宝直播等引领的新一代电商为例，人们越来越倾向于被线上主播带入沉浸式购物体验，经过主播的介绍便感同身受，产生了强烈的购买欲望。如果将线上真人主播换成形形色色的虚拟主播，一种更为新奇的沉浸式购物体验便诞生了，尤其是针对逐渐成为消费主体的"Z世代"人群。

此外，在个性化经济、单身经济、虚拟IP等众多与个人精神需求息息相关的产业中，Metahuman都具有非常大的市场空间。《2021易凯资本元宇宙报告》中也提及了一些对Metahuman的核心认知：

人物ID是元宇宙第一资产。

在元宇宙搭建初期，Metahuman可以起到启发和印象式的宣传作用，而当元宇宙发展成熟时，Metahuman与AI融合，可以提供更具沉浸感的虚拟社交身份。

Metahuman现阶段主要服务于社交平台网红、追星等消费场景，将来还会在品牌合作、明星合作、网络原创剧集等方面实现突破。

虚拟偶像在流量变现方面也表现亮眼，以曾登上 2021 年央视春晚舞台的洛天依为例，其直播带货的坑位费高达 90 万元人民币。美国的虚拟偶像 Lil Miquela 拥有 300 万粉丝，2020 年收入超过 1 000 万美元，甚至与特朗普、蕾哈娜一同入选《时代》杂志"年度网络最具影响力人士"榜单。Lil Miquela 不仅可以实现商业变现，还会在社交网络中支持黑人维权，推动解决女权问题，展现了其传播社会价值的一面。RAE 是第一位东南亚超现实虚拟网红，与众多艺人开展音乐合作。韩国的 Apoki 还推出过单曲 *Get It Out*，获得了百万点击量。

可以将 Metahuman 具体分为服务型 Metahuman 和身份型 Metahuman 两种。服务型 Metahuman，定位为对现实世界服务行业从业人员的虚拟化，如虚拟老师、虚拟主播等，可以为服务型产业降本增效，提高客户体验。而身份型 Metahuman 主要定位于虚拟偶像和个体在 Metaverse 的第二人生，更多的是在创造一种全新的增量市场，而非改善传统产业，与 Metaverse 的结合还会加快虚拟社会的形成。

Metahuman 和 Metaverse 从字面意思上来看便息息相关，一个在造"人"，一个在创"世"。Metahuman 便是"Z 世代"在 Metaverse 中的虚拟化身，Metaverse 也将形成完全由 Metahuman 构成的全新增量社交网络。尽管这些 Metahuman 是来自真实世界的 1∶1 映射，但从维度意义上，这是一种跟真人并不一样的新鲜事物或者新用户群体，因此由它们维系起来的新型社交网络相较于传统互联网社交网络是增量的，这也是当今网络巨头疯狂开辟元宇宙的核心原因。预计到 2030 年，我国身份型虚拟数字人将占据整个虚拟数字人市场规模的 64.6%，达 1 750 亿元人民币，为元宇宙带来极大的想象力和市场空间。

5. 元宇宙 +

元宇宙最大的体验特征——沉浸式体验本身就是一种创新的商业模式，尤其是在 XR 技术的辅助下，可以实现仿真试穿、虚拟购物等大商场的场景。人们还可以通过 VR 元宇宙打破地理限制，改变传统的公司办公模式，引领远程办公、远程会议的新潮流。例如在 2021 年 8 月，雄心勃勃的脸书"元宇宙集团"推出了"社交元宇宙"——Horizon Workrooms，人们可以借助脸书旗下的 VR 终端 Oculus Quest 2 进入其中，远程参与虚拟办公会议。这个元宇宙支持 16 人同时在同一虚拟时空中身临其境，也支持更多人以非 XR 的传统视频形式接入，以兼顾实际需求。

Horizon Workrooms 的雄心当然不止于远程办公，这是脸书元宇宙社交网络的开端。当人们发现自己的线上社交从文字、语音、图片、视频等相对割裂和独立的二维媒体交互，升级为一种在全身范围内瞬间涌入多维媒体的沉浸式立体交互；从一种对社交信息的索取升级为一种对社交体验的索取时，就如同发现了一个新的社交大陆。人们对社交的沉浸将不单单是过去对人际关系的关心，还包含了一种如同身处现实世界的平行时空的感受，似乎在某一条平行时间线上开启了另一段人生旅程。

从丰富人类的精神生活开始，逐步将元宇宙理念深入现实社会的方方面面，提高现实生产力，这也是所谓的"元宇宙 +"阶段，赋能生活消费和工业生产，在互联网的基础上进一步改变人们生活、工作、连接的方式，提效降本。届时元宇宙可能就并非只有线上的虚拟态，甚至还会涵盖很多线下平台，然后有机地将所有线上线下平台融合为一体，组建新一代互联网。

2.9　元宇宙是互联网的终局

　　当前的互联网架构有着难以突破的瓶颈。一切技术导向和产品体系都是在围绕一个中心展开，以此获得全球性的高速扩张，技术服务于商业，并受商业所控。时至今日，商业垄断频现，技术进步停滞，内卷化严重，全球监管问题不断涌现，人们怨声载道。截至 2021 年 9 月，我国移动互联网月活用户数为 11.6 亿，人均使用 App 数量为 26 个，月均使用时长为 160 个小时，已经基本达到移动互联网的增长顶部，很难迎来新一轮用户数、人均时长和 ARPU（每用户平均收入）方面的提升。几乎所有的互联网巨头都在谋求一个新的未来，抓紧时间布局新的内容、进行消费场景变革，于是有些公司便果断押注了元宇宙。

　　在过去的 20 年里，互联网将世界万物降级为无数个"超链接"，人们通过各种入口获取自己想要的"超文本"，还可以不断地与"超链接"进行交互，成功地将很多现实世界的生活方式迁移到了互联网。时至今日，这些都成为常态，尤其是年青一代根本无法想象没有互联网的世界该如何运转。如果互联网是对现实世界进行了折叠，那么元宇宙则是再度打开这个折叠，重新立体化呈现现实世界。在元宇宙中，人们对世界的认知和交互将不再只有"超链接"，而是可以真实的可触可感。

当前阶段，元宇宙以追求沉浸感为突出特征，这是传统互联网所未能实现的用户体验。沉浸感也反映了一种用户自主的归属感，他们深深认同这个虚拟的元宇宙平台，像建设自己的家园一样，愿意为之付出精力、虚拟劳动、虚拟资产等。互联网时代出现的平台和服务为现实的公民带来了工作、社交、娱乐、餐饮、购物、出行等全方位的生活生产模式升级，而将这些转移到网络上的行为交互又在源源不断地产生更为虚拟的内容，人们也越来越习惯于虚拟对现实生活的"侵蚀"。

尤其是在新冠肺炎疫情的催化下，虚拟反而给人们的生活带来了更多的便利和慰藉，人们开始思考为何不完全沉浸在一个虚拟的世界中呢？这一切都在加速互联网的虚拟化进程，元宇宙便是最终归宿。同时，互联网建立的全球性规模也为元宇宙的形成打下了良好的基础，缩短了其发展进程。根据互联网世界统计数据，截至 2020 年 5 月底，全球互联网用户数量达到 46.48 亿人，占世界人口的 59.6%，过去十年年均复合增速为 8.3%。互联网用了近 30 年的时间完成了人类从现实世界向数字世界的史诗般大迁徙，基于互联网革命的成果，元宇宙可能用不了十年便能让人类完成从数字世界向虚拟世界的大迁徙。

此外，互联网还萌生了一些非常有助于建设元宇宙的场景模式，例如以抖音为代表的短视频和直播平台。抖音虽然作为一家互联网巨头，有着权威的地位，但它放弃了中心化内容生产，让全民共同参与短视频的创作、发布、传播和变现，并打造了全新的经济系统，让平台与用户共同分享生态利润，使每一份劳动能够获得公平的回报。平台仅保留监管权和裁决权。这种模式的创新并非来自技术，而是一种去中心化的理念，是对过去互联网内容生产体系的一次彻底冲击，由此诞生了一个庞大的经济体——创作者经济，并将社会的内容传播权重新交还给每一位合法公民。抖音的成功也证明了短视频这种立体化的、承载更多信息的媒介相比其他维度单一的媒介能够更好地表达这个世界，它可以将人的情感表达淋漓尽致地传递到全球无数人心中，产生共鸣。元宇宙将这份共鸣带到了真正立体的虚拟世界中，虽然它只是以视频的形式呈现，但你的周围出现了与你感同身受的伙伴，可以随时交流，结为知己。

互联网规模的终局即元宇宙价值的开启。在 PC 互联网时代，接入终端是20亿台电脑，在移动互联网时代是400亿个移动终端，而元宇宙时代终端数将再上一个量级。互联网的价值是建立在一个平面上的网状结构，而元宇宙则是一个立体的、多维的结构，中间隐含的价值量是互联网的很多倍。

互联网有一个著名的梅特卡夫定律，即一个网络的价值等于该网络内的节点数的平方，而且该网络的价值与联网用户数的平方成正比。事实上，梅特卡夫定律在数学上是有意义的，一个具有 N 个节点的网络，它的总连接数为 $N \times (N-1)$，当 N 足够大时，它接近于 N 的平方。如果把网络里的连接数直接看成是网络的价值衡量指标，则梅特卡夫定律是一个完全成立的等式。2013 年，梅特卡夫本人在《IEEE 计算机》上发表了一篇文章，用脸书十年的实际数据证明了自己的定律符合脸书在现实中的成长轨迹。正是由于梅特卡夫定律的存在，让无数互联网人对扩大规模和实现增长前仆后继，相信规模能带来呈指数级增长的回报。

也有人对此提出了质疑。2006 年 7 月一位名为鲍勃·布里斯科的研究员发表了文章《梅特卡夫定律是错误的》，指出梅特卡夫定律的根本缺陷在于，其对网络中的所有连接都赋予了相同的价值。鲍勃·布里斯科认为网络中的连接的价值并不是同等重要的，连接也分强连接和弱连接，同时他提出了一个新的描述网络价值的法则——齐普夫规律。这一法则用数学公式抽象表示为：

$$V = k \cdot N \cdot \log(N)$$

既价值和数量呈对数关系，例如当一个网络拥有 10 万人的时候价值100 万，如果人数增加到20 万，根据梅特卡夫定律，它的价值增长到 400 万，但根据齐普夫法则，它的价值则只能增长到 210 万。

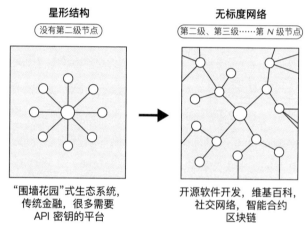

图 2.3　新兴网络增长 vs 受限网络增长

图片来源：Jon Radoff 的 Medium 博文 Network Effects in the Metaverse（《元宇宙中的网络效应》）。

传统互联网的网络拓扑生长呈中心辐射型（如图 2.3），而且围绕一个大中心一般只有一层小节点。这种中心辐射型网络常见于当下各种互联网巨头平台，这些平台拥有自己独立的生态圈网络，且一般难以相互连通，被称为"围墙花园"；在每一个生态圈网络内，存在着由巨头担当中心节点建立起的生态内的所有小节点（公司和用户）间的连通；一般也不存在让某个小节点再次担当第二级中心节点继续辐射生长的情况，因为巨头大中心控制着一切，任何下一级节点的生长本质上都是巨头在进行辐射。当今看似互联互通的互联网实际上正是由众多"围墙花园"子网络组成的，类似于由无数个星系组成的银河系。

人类对全球性网络世界的探索也只有不到 30 年的时间，这种网络拓扑的存在有其必然性——简单、低成本、高效、符合传统商业结构、大底层不统一、符合初期发展需求，代表了演化进程中的初级阶段。它的终局形态也逐渐显现：强者更强，赢者通吃，更加封闭，权力过大，创新停滞。

大的网络会吞噬小的网络，不断扩大自己的辐射范围，直至覆盖几乎所有的互联网服务，然后开始封闭发展，榨取用户利益，锁住商业利润，建立商业垄断帝国。用户看似可以在这种超大网络中获取所有的日常需求，但这也使其失去了与其他生态网络的连接性，所拥有的权益也无法转移到其他网络空间，甚至所有权（包括数据和资产）都被牢牢掌控在超大网络的中心节点手中。网络规模越大，封闭性越强，这就是互联网商业垄断的本质。所以，今天互联网的价值公式并不完全遵循梅特卡夫的美好设想，所谓 N 的平方甚至在某个巨头生态网络内部都要大打折扣，随着"围墙花园"网络拓扑临近终局，整个互联网价值反而在不断下降，这便促使人们抓紧寻找下一代网络拓扑——无标度网络或者去中心化网络。

无标度网络主张整个互联网并不存在"围墙花园"，而是一个统一的整体，网络中的大部分节点只和很少的节点连接，只有极少的关键节点与非常多的节点连接。这种关键节点（称为"枢纽"或"集散节点"）更像是一个促进者而非权威，它的存在使得无标度网络兼具高效与互通，避免了中心化垄断和割裂，也拥有更强大的承受能力。无标度网络因此具备了一种强大的特性——涌现，即相比之前对单一中心节点的依赖，会涌现出一群能够产生指数级创造力或解决问题的关键节点。当今的很多开源软件网络，如维基百科、区块链等，都属于无标度网络的成功范式。随着关键节点越来越去中心化，整个网络将彻底变成完全去中心化的形态，释放真正的 N 的平方价值，这将是互联网的终局，也是元宇宙的开端。里德定律甚至认为梅特卡夫定律的 N 的平方都不足以描述这种新型网络的价值，认为其应当是呈指数级的增加（如图 2.4 所示）。因为在无标度网络中，不仅具备整体全连接性，而且某些节点还可以轻松形成"逻辑"子群，每个子群也都像一个整体互联网一样在不断创造价值，无数子群的叠加便是指数级的价值增长。或许里德定律更为适用具有无限开放性的元宇宙，所有的节点自由出现在元宇宙的去中心化网络中，彼此之间的连接互通不存在任何隔阂，而且它们会自发组织形成无数"平行宇宙"（平行子群），即便同一个节点也可以同时出现在不同的宇宙中，分别贡献着不同的价值。

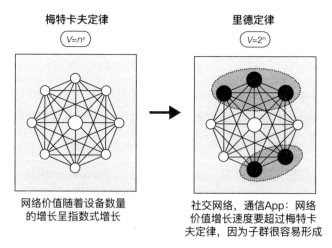

图 2.4 梅特卡夫定律 vs 里德定律

图片来源：Jon Radoff 的 Medium 博文 Network Effects in the Metaverse（《元宇宙中的网络效应》）。

第 3 章

去中心化，加密元宇宙

我觉得自己在万人之上。我就是我，一个独立的个体，一个世界。我已经不再像以前那样是一分子，而是成为一个独立的个体。

——叶甫盖尼·扎米亚京，《我们》

让我们再把视线投向一个对很多人来说可能是崭新而陌生的领域——加密元宇宙。即以比特币、以太坊为代表的公链基础设施，基于去中心化智能合约产生的元宇宙资产与协议。我们以中心化和去中心化来区分古典元宇宙和加密元宇宙，因为在加密元宇宙中，无论是技术基础设施还是加密朋克等流行文化，都视去中心化为不可或缺的一环，若缺少了这一环，元宇宙与一个大型多人在线游戏并无本质上的不同。古典元宇宙终将进化为加密元宇宙，实际上即使在由传统互联网巨头主导的元宇宙中，它们也在积极探索具有去中心化属性的非同质化资产——NFT。

3.1 加密 NFT 的分类、发展和意义

1. 加密 NFT 的定义

区块链上有两类数字资产，一类为同质化资产，一般都是用 Token（通证）来表示。顾名思义，同质化资产之间不存在差别，可以相互替换。比如以太坊上的 ERC-20 标准代币，每一个代币都是无差别的，具有相同的价值。一类为非同质化资产，一般简写为 NFT，任何一份 NFT 都是独一无二的，具有自己的特色。就像加密猫一样，每只猫都有独特的基因，有不同眼睛、发色等。以太坊上的非同质化资产的发行协议为 ERC-721，它是由迪特尔·雪利于 2017 年 9 月提出。

2021 年对 NFT 来说意义非凡，这一年它革命性地释放了自己的真正价值，可以称之为"加密 NFT 纪元"。虽然 NFT 一直属于加密圈的产物，但其雏形可见于 1993 年哈尔·芬尼（"远古"比特币先驱）提出的加密交易卡——一种由算法生成的哈希字符串代表的卡片。芬尼认为，"密码学狂热爱好者绝对会爱上这些迷人的加密字符串艺术，由抽象字符组成的加密交易卡不仅会成为好友之间的谈资，还会引发人们收藏、交易、集套盒等多种需求，不断创造新玩法、引爆新热

潮"。近30年后的今天，这个大胆的想法被照进了现实，尤其是我们后面会提到的 Loot，奠定了构建加密元宇宙的基本哲学观。

随着元宇宙概念的风靡，加密 NFT 从最初的数字资产收藏类场景向更加具有想象力的全类型场景发展，成为建设加密元宇宙的核心载体。尤其是在赋能元宇宙经济运转进程中，加密 NFT 能够赋予万事万物一种"液态"的数字所有权，让现实事物不仅可以在元宇宙中继续以独特的存在形态进行生产和发展，还能实时将价值增长反映在数字权益凭证上，无阻碍地流向一切相关场景中，继续参与其他生产活动。

在加密世界里，NFT 的特殊之处还包括可以跨越艺术、游戏、体育、音乐等的界限，通过数字凭证承载不同的文化形式，将大千世界的万事万物都归为一种数字形态，从而被高效交易。从主流世界席卷而来的元宇宙风暴也引发了加密世界的想象力，让资产类型瞬间出现井喷式发展，范围涉及艺术、游戏、音乐、社交、体育、门票等元宇宙热门领域。加密 NFT 开始逐步承载加密元宇宙中的大多数虚拟资产，而加密世界围绕资产所形成的独特的社交网络也促使 NFT 成为加密元宇宙虚拟身份的载体。人们通过 NFT 相识，形成各具特色的文化圈层，NFT 本身也成为一种认证身份的技术手段。因此，加密 NFT 逐渐成为构建加密元宇宙身份、社交、多元、经济等核心社会活动的底层支撑。

在元宇宙的宏大背景下，NFT 被赋予了比肩 Web 时代 TCP/IP 协议（传输控制协议 / 因特网互联协议）的崇高意义：去中心化地定义和管理着一切数字形态的数字化表现和所有权，保障稀缺性和唯一性。简单来讲，加密 NFT 具有承载数字稀缺性和唯一性的作用，而这种属性是建立元宇宙经济活动的最底层要素。

2. 加密 NFT 分类

从目前的加密元宇宙发展状况来看，加密 NFT 主要分布在艺术和游戏两大领域。在艺术领域，NFT 可以完成对艺术品的真实性验证、记录、碎片化、共享、流转等操作。低成本构建艺术品的数字稀缺性，省去了传统艺术展览所依赖的信托机构环节和场地费用。更重要的是可以让创作者自己完成对作品的定价、分发和交易全流程操作，减少中间环节和摩擦，提高了流动性，与支持者直接建立了联系。

Beeple 创作的《每天：前 5 000 天》这幅作品于 2021 年 3 月在佳士得拍出了 6 025 万美元的天价，以此开启了史无前例的加密世界 NFT 拍卖纪元。随后无数加密领域之外的艺术家和名人纷至沓来，锡安·拉提夫·威廉森、村上隆、史努比·狗狗（小卡尔文·科多扎尔·布罗德斯）、埃米纳姆、杰克·多西、爱德华·斯诺登、帕丽斯·希尔顿、姚明等人纷纷通过各种 NFT 平台发布了 NFT，同时因大量资金的进入，加密 NFT 艺术品领域终于在 2021 年上半年迎来大爆发。

佳士得的这次拍卖是一次可以载入史册的事件，开创了主流社会接纳加密艺术以及加密 NFT 走向主流的新时代，并产生了深远影响。同时也给传统艺术创作带来了新思路，即艺术家可以借助数字技术直接创作加密形态的艺术品，并不一定非要以实物形态存在。从创作到交易流转全程在区块链和网络上完成，并被全世界所知道和共识，一样具备公信力和防伪属性，只是艺术品的形态发生了质的改变，因此这也是对传统艺术创作的一次革命性冲击。随着越来越多的艺术家加入数字和加密艺术创作领域，还会有更多的世界知名艺术 NFT 资产被传世珍藏。对这些新兴艺术家来说，NFT 艺术会比传统市场更加公平。借助网络技术，艺术家只需进行线上操作，作品的价值便会被迅速传播。NFT、区块链、智能合约等技术可以完成艺术品流转过程中任何所需的环节。

有人会质疑如此形式的艺术品仅仅是一张网络上的图片而已，任何人都可以下载并重新制作同样的艺术品。虽然你可以再发行一份携带此艺术品原图的NFT，但区块链上不存在两份一模一样的NFT，你的NFT所代表的所有权是不会被全网所认可的，大家依然只认可艺术家所创作的NFT资产，这些都将被永久记录在区块链网络上，并可以被便捷地查询验证。同样的，购买了艺术家的NFT艺术品资产时，人们也不是单纯地为数字内容付费，而是为向整个区块链网络共识此次所有权变更而付费，从而得到所有人的认可和见证。这的确是一场颠覆性的所有权模式的革新，让有价值的事物可以脱离实物而定义所有权。在区块链的世界里，似乎并不存在以法律来维持秩序的情况，一切都依赖最为基本的合约和共识。一种资产一旦被创造出来，只有拥有者有权进行支配，人们也不必担心交易过程的安全性，一切都由"上帝视角"的智能合约控制，人们也不必担心资产的价值问题，只要它具备足够的全网共识，它的价值就是永恒的，且不会被轻易复制。

再来看另外一大领域，游戏是目前加密NFT最为触及元宇宙核心概念的领域，目前存在的多种多样的游戏，往往都是各自封闭的，但是在元宇宙的定义下，一切都是开放和相通的，由NFT在其中充当桥梁的角色。将来各家游戏开发商所开发的游戏仅仅是在定义局部规则，而任何游戏都需要依赖底层资产，底层资产NFT在元宇宙大背景下是一致的，不存在封闭和垄断。

除了艺术和游戏，NFT还可以形成新型在线社区和独特的文化圈层。在加密领域有个项目叫 Bored Ape（无聊猿），用户只要拥有 10 000 个 Ape 角色中的 1 个，就可以访问专属社区，包括进入 Discord 频道以及获得新 NFT 空投和商品的权利。NBA 运动员库里便是这个特殊俱乐部的一员。这也是一种 NFT 衍生出来的身份证明，并能自发地形成社交关系，带来建立关系的新思路。例如，还可以通过 NFT 建立明星和粉丝之间的直接联系，Catalog 便允许艺术家以 NFT 的形式直接向粉丝出售独特的曲目，让粉丝可以直接从源头购买音乐支持他们喜欢的艺术家。体育领域最为知名的便是 NBA Top Shots 项目，它将 NBA 时刻（如扣篮）变成可以交易的数字卡片。

3. 加密 NFT 发展脉络

下面列出一个更为清晰的 NFT 发展脉络以帮助大家更好地理解加密 NFT 的由来、发展和使命。

（1）彩色币（2012 年 3 月 27 日）

尽管彩色币严格来说并不是 NFT，但被人们广泛认为是 NFT 技术的最初构想。这是一种旨在使用比特币表示和管理现实世界资产的方法。

（2）Counterparty（2014 年）

真正推动 NFT 出现的是 2014 年创立的 Counterparty，其创建的 Rare Pepes 将热门 meme（被译为模因，可以是表情包、图片、话语、视频、动图等）悲伤蛙做成了 NFT 的应用。

（3）TEST（2014年1月13日）、TESTER（2014年1月19日）、THING（2014年4月7日）

这些是使用协议 Counterparty 在比特币上最早以头衔形式出现的代币化资产。大约在同一时期，一系列其他头衔也被类似地代币化。这些早期的名字没有任何进一步的文字、图像或音频等与之相关。

（4）Quantum（2014年5月）、Blockheads（2014—2015年）、Comic-Cons（2014—2015年）、CryptoEggs（2014—2017年）

它们都是基于另外一大底层 Namecoin 创造出来的早期 NFT 资产。Quantum 被认为是最早的加密艺术 NFT，由凯文·麦考伊制作完成。后来这幅作品在以太坊区块链上重新 NFT 化，并于 2021 年 6 月在苏富比拍卖会上以 140 万美元的价格售出。

Blockheads 是已知的最早创建的 NFT 和最早的 PFP（个人资料图片）。创建它不是为了让其成为收藏品，而是为了将个人数字身份代币化，用独一无二的头像来表示。这与后来的 ComicCons 极为相似。Blockheads 的设计采用了极为简约的像素化外观，总量估计只有 35~45 个。

ComicCons NFT 也是一类头像资产，但与 Blockheads 的像素风相比其更偏漫画风一些。该头像是使用"FaceYourManga"程序创建的。

推特蛋（CryptoEggs）是推特在 2014—2017 年为新用户自动发布的。它们会默认出现在头像的位置，直到用户添加自己的自定义头像。后来人们通过在 Namecoin 上代币化它们，将这些蛋永远地留存下来，目前大约有 200~220 个，从最常见到最稀有的排序为：紫色、绿色、浅橙色、红色、灰色、深橙色、绿蓝色、蓝色、霓虹色、绿色和浅蓝色。

（5）FDCARD（2015 年 3 月 11 日）和 SATOSHICARD（2015 年 6 月 24 日）——卡牌游戏 *Spells of Genesis*

它们是游戏类 NFT 资产的"始祖"。FDCARD 是 *Spells of Genesis* 游戏中的第一个代币化资产，而 *Spells of Genesis* 是第一个基于区块链的游戏，因此 FDCARD 也是所有区块链游戏的第一个代币化资产。2015 年 3 月 11 日，有 300 个 FDCARD 被代币化。它们最初被分发给 FoldingCoin 项目的参与者，作为他们贡献闲置计算能力的奖励，参与斯坦福大学的团队工作，寻找治愈疾病的方法。大约在同一时期，许多其他 *Spells of Genesis* 中的资产也被代币化，例如备受推崇的 SATOSHICARD，最初发行了 1 000 个，但随后有 800 个被烧毁，因此只剩下 200 个供收藏家寻找。

更为有趣的是，通过 *Spells of Genesis* 与 *SaruTobi Island* 之间的合作，SATOSHICARD 被公认为有史以来第一个代币化的元宇宙资产。相同的 NFT 资产由不同的开发人员集成到两个游戏中，在每个游戏中提供不同的效用，这便是元宇宙不起眼的诞生，也是我们今天所倡导和追求的目标。*Spells of Genesis* 在 2015—2019 年发布了 400 多个区块链资产，所有资产都具有不同的图像、含义和稀有性。为了增加 *Spells of Genesis* 中的资产的独特价值，还将早期区块链中丰富的、具有代表性的历史事件纳入它们的代币化卡牌。因此，游戏资产及其相关艺术作品为后代保留了这一重要时期的历史叙述。其中的一些例子包括：SATOSHILITE——"The Imitator"、GOXCARD——"The Stealing of Mountain Gox"、BLOCKSIZECD——"Battle for Block Size"、

ETHERERUMCARD——"Sir of the Ether"等。

（6）Etheria（2015 年 10 月 29 日）

该项目具有非常重要的历史意义，因为它在以太坊上创建了第一个 NFT 实例。以太坊上线仅 3 个月 Etheria 就诞生了。Etheria 是以太坊中第一个去中心化的世界，也是第一个可以作为 NFT 拥有的虚拟房地产项目（是许多代币化虚拟世界中的第一个，也是第一个在许多游戏中拥有蓬勃发展的市场的虚拟房地产项目）。在 Etheria 中，玩家可以拥有地块，并可以进行耕种从而获得区块，建造东西。Etheria v1.1 和 v1.2 分别由 420 个具有不同稀有性的 NFT 资产组成，即冰山和岛屿类型的 NFT 明显比丘陵、草地和沙地类型的 NFT 稀少。

（7）Rare Pepes（2016 年 9 月 9 日）

这个独特而创新的项目在很大程度上定义了我们今天所理解的代币化加密艺术的概念，并被认为催生了全球加密艺术运动。Rare Pepe 项目超越了在 Namecoin 上代币化艺术品的早期个人实验，并吸引了世界各地的艺术家、爱好者和收藏家进入社区，发挥自己的想象力。此外，与 Spells of Genesis 和其他新兴项目不同的是，Rare Pepe 第一次向公众展示了对区块链的使用，让爱好者可以对艺术品进行简单创作、拥有和交易。总共存在超过 1 700 个 Rare Pepe，被分为 36 个不同的系列。Rare Pepe 还因在 2018 年 1 月举办了第一场现场加密艺术拍卖而受到人们的赞誉。据说在这次拍卖中，HomerPepe 被以 3.98 万美元的价格售出，开启了加密艺术市场和加密运动的第一场比赛。HomerPepe 在 2021 年以 32 万美元的价格被转售。

（8）Curio Cards（2017 年 5 月 9 日）和 ENS Domains（2017 年 5 月 7 日）

Curio Cards 是一个在线艺术展和永久性画廊，于 2017 年 5 月 9 日上线。该项目的目标是使用以太坊加密数字艺术品的新模型，该模型允许出售和收集独特的数字艺术作品，但并不会减少艺术家的收入。今天，它是以太坊上最早的加密艺术示例，拥有来自七位不同艺术家的 30 种独特的 NFT 卡系列。Curio Cards 在 ERC-721 中被引用，在 ERC-721 NFT 标准提出之前就已经被开发并发布。Curio Cards 有许多被包含在 ERC-721 和其他 NFT 标准中的功能和概念。

以太坊基金会的尼克·约翰逊和亚历克斯·冯·桑德领导了 ENS Domains 的初步开发工作。ENS（以太坊域名解析服务）是"一个基于以太坊区块链的分布式、开放和可扩展的命名系统"。该服务提供诸如与 DNS（域名系统）一样的操作，以及与所有者的钱包地址连接等用途。ENS 被一些人认为是 NFT 的早期形式，2019 年被转移到 ERC-721 NFT 代币标准。

（9）加密朋克（2017 年 6 月 22 日）

由 Larva Labs 开发的加密朋克已经成为目前 NFT 市场最为人所熟悉的"面孔"。加密朋克有 10 000 个独一无二的人物，并且每个都可以由以太坊区块链上的一个人正式拥有。最初，任何拥有以太坊钱包的人都可以免费领取它们。加密朋克被认为是 ERC-721 NFT 标准的灵感之源，但实际上这是一种早期标准。加密朋克在技术和文化上具有很大的意义，并且在很大程度上激发了随后出现的大量"PFP"（个人资料图片）项目。

（10）Digital Zones（2017 年 8 月 30 日）

Digital Zones of Immaterial Pictorial Sensibility 是由米切尔·尚开发并于 2017 年 8 月 30 日在多伦多 InterAccess 首次铸造的 NFT 艺术品。这件艺术品不仅是最早在传统艺术画廊展出的 NFT 艺术品之一，而且探讨了这种分离如何改变收藏家与艺术品之间的关系。Digital Zones 讲述了不同的所有权概念如何成为艺术品体验的基础。如果在未来的某个时候，艺术品是通过非物质的区块链代币来拥有和交易的，那么艺术品商品形式的转变也可能促使艺术品的物质形式（或非物质形式）发生转变。

（11）Lunar Token（2017 年 10 月 20 日）

Lunar Token 是一个早期的 NFT 项目，允许用户在月球上购买房地产。Lunar Token 团队受到无数"登月"meme 的启发，加上对 20 世纪 90 年代在线明星注册的怀旧情绪，因此决定建立第一个去中心化的房地产市场，项目从月球上的 400 个地块开始。加密猫通常被认为是首次在以太坊上使用的 ERC-721 标准。但是 Lunar Token 项目的时间更早一些，并且该合约也是基于 ERC-721 以太坊提案的早期草案。当时还推出了一个月球市场，包括一张交互式 3D 地图，其中包含 1994 年 NASA Clementine（美国航空航天局克莱门汀号）的任务收集图像和激光深度图。在最初的 400 个地块被认领后不久，以太币的价格在 2017—2018 年暴跌。那时团队报告说"月亮随后陷入黑暗，被遗忘，并离线近四年"。该项目最近被重新开发，并被许多早期的收藏家和爱好者重新带入市场。

（12）MoonCatRescue（2017 年 8 月 9 日）

受到加密朋克的启发，MoonCatRescue 是以太坊上可收藏 NFT 的早期部署项目之一，实际上它早于著名的加密猫项目和 CryptoCats 项目。该项目由 Ponderware 于 2017 年开发，曾被遗弃了几年，然后在 2021 年被"重新发现"。

（13）CryptoCats（2017 年 11 月 12 日）

受 Larva Labs 的马特和约翰及其加密朋克的启发，从最小的 MVP 开始，最初的版本是 12 只猫，然后将其扩大到 625 只猫。这些资产之所以重要，是因为在项目的早期阶段可用资产的数量有限。在标志性的加密猫项目启动之前，这些猫实际上已经被部署到了以太坊主网上。然而，在此之前，MoonCats 被公认为是以太坊上的第一只猫（原因很明显，加密社区无法获得足够的猫）。

（14）加密猫（2017 年 11 月 23 日）

加密猫由加拿大工作室 Dapper Labs 开发，允许玩家购买、收集、繁殖和出售虚拟猫，并有助于定义 ERC-721 早期 NFT 标准。加密猫激发了加密社区对区块链数字收藏品的想象力。由于项目中的高水平活动导致以太坊在速度、拥堵程度和费用方面陷入困境，该项目也获得了极大的关注。用户为购买和饲养小猫而支付的高价也在当时成为头条新闻。项目至今仍在运行，新的小猫还在继续被繁殖。虽然小猫源源不断地供应可能导致收藏家的兴趣和其收藏价值下降，但是仍然存在许多具有稀有属性的小猫以及保留了重要价值的创世小猫。

（15）EtherRocks（2017年12月25日）

EtherRocks于2017年推出，是以太坊区块链上早期的加密收藏NFT类项目之一，仅存在100块颜色深浅不一的岩石。该项目在启动后不久就被人们遗忘了，直到最近才被重新想起。该网站建议，这些石头除了可以进行买卖别无其他用途，"并让您对成为游戏中仅有的100块岩石中的1块的拥有者感到自豪"。这些无用的岩石市价疯狂上涨，曾一度超过50万美元/块。这除了是一个古董项目，似乎还存在一些对加密货币市场非常有吸引力的东西，即能够拥有这些昂贵的资产之一。而这样的简单性完全冒犯了"前NFT"世界的敏感性。

（16）NBA Top Shot（2019年7月）

这是一个由Dapper Labs与美国国家篮球协会合作创建的篮球时刻交易卡平台。2021年4月，勒布朗·詹姆斯模仿球星科比·布莱恩特在NBA比赛中的最佳投篮动作以387 600美元的价格被售出。

2018—2019年开始出现一些围绕NFT的底层平台、协议以及工具，如Opensea、SuperRare、Known Origin、MakersPlace和Rare Art Labs都建立了用于发布和发现数字艺术的平台，Mintbase和Mintable还建立了一些工具，帮助普通人轻松地创建自己的NFT。此外，虚拟世界扩展、交易纸牌游戏、去中心化域名服务等实验也逐渐兴起。

2020年至今，NFT迎来了爆发期。

这些加密领域的NFT也在影响着人们对中心化世界的探索动力。除了前面提到的佳士得等拍卖行，国际奢侈品古驰、普拉达等也已经躬身入局，试图抢占NFT在中心化世界的先机。脸书表示即将推出数字钱包Novi，以期有朝一日可以用于存储NFT资产。在主流世界的元宇宙中，此类资产会更加庞大且无处不在。届时《堡垒之夜》可以完全将游戏皮肤 NFT 化，也将自己彻底变成一种拥有虚拟资产体系的深度元宇宙平台。

4. 加密 NFT 的意义

在加密世界中，NFT 从最初的"纯粹好玩"，到承担起游戏中的虚拟形象和虚拟资产，再到靠艺术和收藏领域成功出圈，几乎覆盖了所有具有资产属性的领域，大到佳士得拍卖品，小到大会门票，实到一幅画，虚到一张赛博朋克风的头像图片，都是 NFT 大展身手的领域。2018—2020 年，NFT 市场规模增长了 825%。真正的爆炸式增长还要从 2021 年 2 月开始，中心化元宇宙之风吹来，加密艺术被引爆，出圈效应凸显，开始真正让加密行业外的人群和媒体关注到这个新兴的领域。截至 5 月，在不到三个月的时间里，大型 NFT 项目的总市值增长高达 2 000%。NFT 也已经超越了其最初的技术意义，似乎现在"非同质化资产"的技术定义太过乏力，不足以描述 NFT 所带来的重大经济意义。

最初的 NFT 确实并不确定自己可以被应用到何处，也不清楚会发展到哪种规模，甚至在加密行业内部，其一度以小众资产的形式存在。真正确定 NFT 革命性意义的力量不仅来自加密世界内部，也在很大程度上得益于中心化世界的推动。加密行业方面，在比特币、以太坊和智能合约等底层基础设施和可编程范式的推动下，NFT 一直未停止自己改变万物的初衷，开发者在以太坊上尝试过各种服务的构建，试图通过区块链技术改进和改造现有的世界与互联网服务。虽然很多变革都以失败告终，但最终在去中心化金融、区块链游戏等为数不多的几个垂直领域，证明了区块链、以太坊、比特币等的实际价值，它们不只是"投机"，也存在改变行业的意义。在这些领域获得成功后，也产生了更大的资本效应，随之而来的就是资产效益。人们发现这些场景最终都会衍生出很多有价值的资产，比如在著名的去中心化协议 Uniswap（基于以太坊的协议）中便存在一些衍生出来的 NFT 资产，游戏中更是普遍存在 NFT 类资产。协议的价值最终都会回归资产本身，于是 NFT 也获得了实际价值支撑，且越来越大。这是加密行业视角下 NFT 兴起的必然性。而为 NFT 打开更大空间的力量其实来自中心化世界。

　　加密行业本身处于发展的早期阶段，开发者和用户数在全球范围内属于比较小的群体，因此无法为 NFT 带来更大的关注度和结合场景。NFT 可以脱离备受争议的公有区块链，独立进入中心化主流社会，在它们所倡导的联盟链等环境中再次生长。随着中心化世界对数字所有权和资产确权关注度的增加，NFT 开始成为最佳解决方案。很多互联网巨头都开始了 NFT 实践，比如支付宝与敦煌美术研究所联合发布了"敦煌飞天"和"九色鹿皮肤"，这两款 NFT 皮肤资产一时间吸引了大量国内从业者的关注。与此同时，很多具有前瞻性的艺术家或者名人也都将流量注入 NFT。渐渐地，赋予了 NFT 在艺术、数字经济等领域重要地位。最大的催化剂来自中心化世界的元宇宙风暴，让全世界开始重新思考垄断互联网下的资产、数据、自主权、所有权、数字经济、虚拟经济等超前话题，试图用一种数字资产权帮助元宇宙用户获得公平、民主和自由的互联网服务。这一切都能在加密行业找到影子，NFT 也就成为这次跨界交流的"使者"，为全世界的元宇宙奋斗者插上了想象的翅膀。加密行业第一时间感知到了这股元宇宙之风所赋予 NFT 的重大意义，于是开始重新审视自身已经实践和正在实践的方向，发现很多领域都是元宇宙的一角，比如区块链游戏、虚拟资产、去中心化身份等。无论中心化元宇宙之风有多大，加密世界的元宇宙之风都比其更盛，NFT 也就彻底插上了飞翔的翅膀，第一次被整个行业捧上资本和舆论的高地，燃爆了 2021 年的整个夏天，迎来了高光时刻。NFT 热潮也反过来促使加密行业重新审视自己在未来的使命，开始以元宇宙为未来发展方向，重新建设资产体系、技术体系和产品体系，从而推动新一轮的基础设施进步，给行业带来新的发展。

3.2 链游元宇宙

1. 加密行业对元宇宙构建的两个方向

第一个正是我们前面所述的以 NFT 为主导的元宇宙资产体系的构建，可以将万事万物以 NFT 资产的形式映射到加密元宇宙中；第二个便是区块链游戏（简称链游）所打造的更具沉浸式体验的加密游戏元宇宙，也跟古典元宇宙的实践保持着相同的步伐，是当前加密行业中呼声最高的细分方向。加密 NFT 本身也在区块链游戏中占据核心位置且拥有资产属性，游戏类 NFT 资产大多需要进入链游当中产生实用价值，这两个方向既独立又统一。

链游可以让游戏与经济系统相结合，从而产生娱乐之外的沉浸感。在古典元宇宙所倡导的游戏中，玩家更多地关注娱乐性的沉浸感，在游戏引擎的渲染和 VR 设备的带动下，享受极致的视听感觉。在加密元宇宙中，玩家更关注数字化身所带来的身份认同感、虚拟资产的价值与链游经济系统的运行。玩家可以通过游戏赚钱、形成社会纽带，并参与更开放的协作和创作。全球的玩家聚集在一个永不停机的去中心化游戏世界中，强大的经济纽带不断激励着所有角色各司其职，不断激发更优质内容的出现，从而形成正反馈效应。

这一切只是因为游戏发生在区块链上，一个去中心化控制的游戏世界本身就是一种游戏，而此刻加密元宇宙更赋予了游戏一种"经济之翼"，将金融和经济系统完美地插入游戏世界，使得游戏脱离了本身的娱乐性，兼具了很多社会和民生属性。

2. 当下最火热的一些链游

（1）*Axie Infinity*

Axie Infinity 是一款极为简单的游戏，如果它不加"链"，就是无数传统游戏中非常不起眼的一款小型游戏。但它的特殊之处便是加了"链"，这使它成功打破了虚拟与现实的界限，让游戏可以为现实服务，融入现实社会发展和民生当中，给发展中国家的许多人提供了相当可观的月收入。在菲律宾，部分民众全职打这款游戏，每个月最高可获得数百美元的收入，是当地平均工资的好几倍。*Axie Infinity* 已经在菲律宾、委内瑞拉等地带动了超过 15 万人就业，当前他们的收入水平甚至高于新冠肺炎疫情蔓延之前。

Axie Infinity 发布于 2017 年，是一个建立在以太坊区块链上的、受《神奇宝贝》启发的数字宠物世界。任何人都可以通过参与游戏和对游戏世界做出贡献来获得代币奖励。主要功能包括：

对战：平台内的宠物（被称为 Axie）可以通过对战升级进化。

繁殖：Axie 通过使用游戏发行的经济代币生育下一代宠物。

土地：Axie 的家园与活动基地。土地可以利用一系列游戏资源进行升级。

市场：一个内置的 Axie 交易市场。

链游最大的特征就是具备非常契合加密世界的经济模型，而经济模型正是让这款不起眼的 2D 小游戏成为日均收入超越《王者荣耀》的全球性游戏的根本推动力。在 *Axie Infinity* 的经济模型设定中，玩家参与游戏首先需要购置三个及以上的 Axie 精灵，这也是项目方的主要收入来源。用户购置精灵后可以进行对战，对战可以升级和获得精灵繁殖所需的经济代币，精灵繁殖需要销毁代币，每个精灵最多繁殖七次，每往后多繁殖一次，繁殖所需的代币数量几乎是成倍增长的。用户可以购买土地构建家园，并在这个过程中联合打怪获得代币奖励。

Axie Infinity 会被部分机构纳入元宇宙的相关项目，主要是因为其推出了土地市场，玩家可以基于土地构建自己的家园。游戏中 Lunacia 大陆上的每一块土地均由一枚 NFT 代表，这些土地节点上随机散布着各类资源、装备和升级道具，可用于对土地或宠物 Axies 进行升级，升级后的土地和宠物将在市场上获得更好的价格。土地所有者拥有对自有区域的优先采集权，一旦该土地上的资源超过 24 小时未被收割，将对持有人之外的其他玩家开放，不过土地持有者仍可获得一定比例的分成。

2021 年 7 月 *Axie Infinity* 的平均日活用户数超过 30 万，8 月初则突破 100 万，全球玩家中有 60% 来自菲律宾。CryptoSlam（NFT 收藏品数据统计网站）的数据显示，截至 8 月 6 日，*Axie Infinity* 累计交易额突破 10 亿美元，在 NFT 市场中按成交额计算居于首位。2021 年 4 月，*Axie Infinity* 产生的收益约为 67 万美元；5 月，其收益为 300 万美元；6 月，其收益为 1 220 万美元；7 月，其收益已经达到了 1.66 亿美元。在社区用户规模上，*Axie Infinity* 拥有 76 万用户的 Discord 服务器，是世界上为数不多的拥有超过 50 万用户的 Discord 服务器之一。《堡垒之夜》的 Discord 社区成员数约为 80 万。

Axie Infinity 拥有极高的社会价值，这也是我们想重点介绍的内容，对于指导元宇宙建设意义非凡。*Axie Infinity* 已经持续运转了三年，新冠肺炎疫情的暴发给了它一个展现价值的机会，在一部名为 *Play-to-Earn*（边玩边赚）的纪录片中，展示了玩这款游戏如何意外地成为菲律宾低收入群体在疫情防控期间维持生计的方式。

（2）*Decentraland*

Decentraland 发布于 2017 年 9 月，是基于以太坊构建的虚拟现实平台，也是第一个完全去中心化、由用户拥有的虚拟世界。在这个平台上，用户可以浏览和创造内容，并与其他人和实体互动。创世城（Genesis City）是 *Decentraland* 中的城市，一共包含 90 000（300×300，含道路）个地块，其中有 36 041 个地块专门用于建设社区（District），这些区域是开发团队设定的城市基础设施，不可用于拍卖，剩余地块已经通过两次公开拍卖被全部售出，拍卖获得的经济代币也被燃烧掉了。

Decentraland 在技术架构上分三个层次搭建了去中心化的虚拟空间，自下而上分别是共识层、内容层和交互层。

共识层：土地的信息包括所有权和流转记录被全部记录在共识层上，即区块链的智能合约。

内容层：内容层中存储了土地的全部资料，并且采用了分布式存储方式。具体文件包括土地的三维位置、音频、脚本、质地结构等。

交互层：交互层的重要作用在于实现用户与用户之间的交流和位

置的协调，包括语音聊天、定位、发送消息等。

用户可以选择在 *Decentraland* 中塑造人物形象并进入内容丰富的场馆，包括中心广场、大型赌场、展览馆、拍卖行，以及具有东方独特文化元素的建筑等。

（3）*The Sandbox*

The Sandbox 是知名游戏公司 Animoca 旗下的子公司，主要开发了一款可以使玩家利用其代币自行构建虚拟世界并获得收益的游戏。目前 *The Sandbox* 有超过 50 个合作伙伴，包括雅达利（Atari）、加密猫和小羊肖恩（Shaun The Sheep）等知名 IP，这些合作伙伴多数在 *The Sandbox* 中投资了土地或拥有自己的角色。*The Sandbox* 同样拥有极具元宇宙特色的土地市场，共有 166 464（408×408）块土地，每一块都是一个 ERC-721 代币，拥有一块土地就意味着玩家拥有了 *The Sandbox* 元宇宙的一部分。*The Sandbox* 提供了开放构建，玩家可以利用 Game Maker 组件创建游戏、开发土地，也可以用 VoxEdit 软件自行创建 3D 虚拟物品，并且在其中的集市里进行交易以获得经济效益。*The Sandbox* 也是一个由社区驱动的 UGC 平台，可以让用户拥有自己的数字土地以及创作内容的所有权，并进行自由交易。

除此之外，链游分为宠物养成类、明星粉丝经济类、沙盒类、卡牌对战类、探索冒险类等众多细分类型。这类充满经济激励的区块链游戏有一个更为专业的名词——GameFi，将游戏与金融相结合，玩家在体验游戏的过程中也能够赚到现实的金钱，这些代表了一类元宇宙经济系统的雏形。*Decentraland* 和 *The Sandbox* 更是直接设定了元宇宙土地建设的基本经济模型，人们可以自由交易虚拟土地，也可以参与建造世界。日后如果可以与古典元宇宙中的顶级游戏大作相结合，体验感将会更具震撼力。

随着越来越多的消费支出转向虚拟商品、服务和体验，游戏经济比重不断提升，由此诞生了"职业打金者"（Gold Farming）。这部分玩家通常来自低收入国家，受雇于大型公司或者组织，职业化参与游戏任务，边玩边赚钱，依靠变现所获得的游戏资产维持生计。"职业打金者"代表了元宇宙社会职业的雏形，预示着有越来越多的人将在元宇宙中寻求谋生机会，如建筑师会选择成为元宇宙的建造商，负责专业的元宇宙的建设工作。

在更加精细化的发展过程中，出现了游戏公会。玩家在玩游戏之前往往需要先拥有 NFT 资产（比如土地、人物、道具等），因此在开启游戏之前就需要投入不少沉没成本。于是便诞生了很多与玩家有着共同利益追求的游戏公会，例如 Yield Guild Games（YGG）。这些公会充当着玩家和区块链游戏的桥梁，集中采购进入游戏所需的 NFT 资产，并分配给玩家，这便免去了普通玩家采购 NFT 资产的成本，但玩家参与游戏获得的收益需要与公会按固定比例分成。公会存在的重要意义在于，它可以更大范围地迅速吸引玩家参与游戏，为他们带来维持生计所需的金钱。*Axie Infinity* 正是在这种业务模式的支撑下，在新冠肺炎疫情暴发期间养活了一大批菲律宾玩家，"只需要通过线上兼职游戏就可以赚取比现实工作更高的工资，这是一件神奇的事情"。菲律宾的最低月工资水平为 200 美元，在一段时期内每个业余 *Axie Infinity* 玩家平均每个月可以赚超过 1 200 美元，是他们平时收入的六倍。当然，游戏中的经济代币存在巨大的波动，但长期以来一直保持着高于最低工资的水平。

传统互联网游戏是"Free-to-Play"，鼓励玩家免费参与游戏，而链游开创了"Play-to-Earn"模式，旨在量化玩家在游戏中所付出的时间和虚拟劳动，并将之定义为一种虚拟资产。让虚拟劳动产生实际的价值，变成一种个人财富，也就是元宇宙所追求的现实感。NFT 成为一种生产力工具，不仅生产价值，也承载了凝结在劳动之上的价值，并通过链上流动，改变多方的生产关系（游戏开发商、公会和玩家等）。

在传统中心化的游戏规则中，没有透明的经济系统，游戏中的道具也不属于持有者，如果游戏停运或关闭，游戏中的道具将不复存在，而且道具只能在它所在的游戏中使用。但在区块链的逻辑下，一旦游戏内的资产上链，玩家将对这个地址以及其下面的资产（积分、道具、武器、角色等）拥有所有权，不再受制于游戏平台本身的管理，并且可以在其他不同生态游戏中使用这些资产。

区块链游戏所带来的变革意义绝不是加密行业的一厢情愿，更不是纯粹为了炒作投机而披上游戏的外衣，很多顶级的游戏制作商都开始正视并热衷于这种以"边玩边赚"和"虚拟资产"为核心的新游戏范式。例如，游戏巨头育碧的首席执行官伊夫·吉勒莫特证实，育碧既想投资使用区块链的公司，也想创造自己的区块链游戏。育碧还是区块链游戏联盟的创始成员，并且从开发早期就一直在探索这项技术。育碧首席财务官弗雷德里克·杜盖表示，玩家可能会看到区块链以某种形式的新货币化策略出现在育碧游戏中，并称："（区块链）将实现更多的边玩边赚，这将使更多的玩家能够真正获得内容、拥有内容，我们认为这将大大促进该行业的发展。我们一直在与许多使用区块链的小公司合作，我们为它将来影响行业累积了很好的专业知识，我们希望成为这里的主要参与者。"

3.3 NFT 之夏与加密朋克

1. NFT 之夏

"NFT 之夏"（NFT Summer）真正反映了加密 NFT 的鼎盛全貌，这也是加密行业对元宇宙概念进行的第一次估值。NFT 之夏的余光可以照耀加密元宇宙继续前行，它也撕开了一个口子，展现出区块链未来更多的可能性和机遇，使众多从业者开启了新的征程。

2020 年，NFT 交易额超过 2 亿美元。2021 年 2 月仅两个月的交易额便超过了 2020 年全年，达到 3.4 亿美元。紧接着，交易市场如洪水般势不可当，8 月打破了所有纪录，头部交易市场 OpenSea 的 NFT 总交易额超过 40 亿美元。整个第三季度的交易额超过了 100 亿美元，行业内将之称为 "NFT之夏"，以记录这一属于NFT的 "巅峰盛世",2020 年 NFT 交易市场月交易量如图 3.1 所示。这种曾经特别小众的资产迎来的指数级增长确实令行业大跌眼镜，但这也从另一个角度说明 NFT 正在扮演越来越重要的角色，很有可能成为建设元宇宙过程中极为关键的一环，而且 NFT 不再只属于加密世界，它也已被主流社会所接纳，承担了融合两大世界的重任。

引爆"NFT 之夏"的事件从 2021 年 1 月著名收藏类 NFT 项目 NBA Top Shot 交易量陡增开始，其 2 月的交易量突破 2 亿美元，引起了行业的广泛关注，大家开始思索此类资产及其背后所蕴藏的深层含义。3 月，Beeple 创造了 6 025 万美元的佳士得天价拍卖纪录，彻底将 NFT 带入舆论中心。此时恰逢主流社会因受 Roblox 公司上市影响而吹起了元宇宙之风，无数新的、旧的、尘封的 NFT 项目开始借助 NFT 风势以及元宇宙大概念引爆资本市场，这个过程就包括了"旧代表"加密朋克、*Axie Infinity* 和"新代表"Bored Ape Yacht Club（无聊猿游艇俱乐部），它们扛起了后面几个月"NFT 之夏"的大旗。

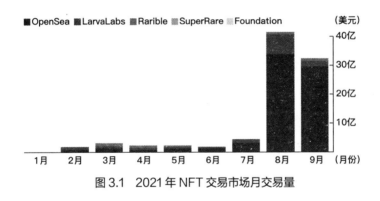

图 3.1　2021 年 NFT 交易市场月交易量

在它们背后还有一个极为重要的"功臣"——NFT 拍卖平台 OpenSea。2021 年 7 月 20 日，OpenSea 拿下了 1 亿美元融资。8 月，OpenSea 取得了有史以来最好的 NFT 销售业绩，展示了 NFT 生态增长的态势。Dune Analytics 数据显示，8 月前半个月，OpenSea 的累计交易量便达到了 8.8 亿美元，是 7 月总交易量的 2.7 倍。另外，8 月 OpenSea 上累计销售了 62.4 万件 NFT，活跃交易者数量突破 10 万。

根据 CoinGecko 网站的资料，现在全球 NFT 总市值接近 245 亿美元，占全球加密货币市值的 1.2%。NFT 的市场总值在过去三年里得到飞速发展，从 2018 年的 4 000 万美元增长到 2020 年的 3.4 亿美元。2021 年上半年爆炸性地增长到了 127 亿美元，更夸张的是，截至 2021 年 8 月 12 日，市场总值增长到 245 亿美元，增幅达到 192%。整体市场规模的增长也吸引了大量风险资本对优秀项目进行投资，初步估算，2021 年上半年有超过 10 亿美元的资金流入加密 NFT 行业。

2. 加密朋克

关于这个夏天，我们最想谈论的一个项目便是加密朋克，它是这次"NFT 之夏"最耀眼的明珠。前面也提到，这是一个诞生于 2017 年的"老人"，直到 2021 年才焕发"青年"的活力。它的成功首先反映在了对价格、估值和资本的追捧上，不断上升的价格使它在普通用户阶层变得越来越稀有，有能力入局的如信用卡巨头 Visa，于 2021 年 8 月 23 日宣布以 15 万美元购买了"加密朋克 7610"。而在此之前的 3 月 11 日，"CryptoPunk 7804"以更夸张的 4 200 枚 ETH（当时约折合 757 万美元）的天价被售出，成为历史成交价最高的 NFT 加密艺术品。加密朋克一时间成为"高等加密人"的身份象征。即便是现在我们也很难完全弄清楚为什么时代选择了它，而不是其他类似的项目，难道它的头像图片有什么特殊之处，还是它的内在文化影响到了资本决策？

同很多头像类 NFT 项目一样，加密朋克的总量只有 1 万个 24×24 像素的头像图片及与之对应的 NFT 资产编码，这些图片都是由人工智能随机挑选出的特征生成的，且各不相同。也许是经济学意义上的稀缺性决定了加密朋克如此高的估值和资本追捧，而这种稀缺性包含了分布、数量、时间、文化特征、行业意义等综合方面。例如，加密朋克中最稀缺的当属外星人、Ape 和僵尸系列，它们的售价也是最高的。再例如，赛博朋克风似乎更契合元宇宙的时代潮流，而加密朋克是第一个能够以较高水准诠释赛博朋克精神的头像类项目，也是目前为止最为"精致"的项目。同时配合加密朋克历史悠久的"优良血统"和分散、有限的供应量，在加密艺术之风和元宇宙之风的共同推动下，资本便毫不犹豫地抓住了这颗唯一的"明珠"。资本效应和头部效应的双重加持，使得加密朋克在交易市场上供不应求，价格失控般地疯长，客观地讲，这其中肯定也存在非常多的炒作成分。

本书重点谈论加密朋克，不仅因为它是加密 NFT 的代表，还因为它集中表达了加密世界对朋克精神的致敬。朋克精神其实有两层含义：第一层是密码朋克教父蒂姆·梅在 20 世纪 90 年代初参与开创的密码朋克运动，这一运动也被认为是比特币等第一代去中心化加密货币的启蒙运动，同时也奠定了新时代开放开源密码学的基础，将密码权归还于民、归还于互联网，极大地保障了人民安全参与互联网的伟大权益；第二层也有赛博朋克的含义，是人类对科技反乌托邦的崇高理想，赛博朋克很大程度上源自 20 世纪 60—70 年代的新浪潮科幻运动，20 世纪 80 年代开始融入黑客文化，到了今天，赛博朋克也逐渐近似于元宇宙。所以，加密朋克对朋克精神的致敬，与今天的元宇宙大潮十分契合。

在具体表现上，加密朋克看似是构建了 10 000 张具有浓厚赛博风的像素写意头像图片，其实更像是为人类提供了一种进入赛博朋克空间（也就是元宇宙）的虚拟身份、虚拟社交头像和虚拟通行证。它的底气便来自区块链和 NFT，其植根于去中心化的区块链，无人可以控制，抗审查，能够将朋克精神演绎到底。NFT 则完美诠释了虚拟资产的唯一性、稀缺性和可验证性，也正是这种资产属性，赋予了虚拟身份唯一性和可验证性，即任何持有该 NFT 的用户都可以被所有人承认。拥有者并不只是拥有一张图片，而是拥有底层证明，这个证明便是虚拟身份，得到全网共识的也是这一证明，图片仅仅是其表达层，人们可以在意，也可以选择忽略。图片可以被升级或者更改，但最底层的资产凭证编码和交易记录将被永久记录在区块链上。在过去和未来，这都将是唯一的一笔记录，多年后人们依然会记得这笔交易，并承认它的稀缺价值和历史价值。

朋克文化也可以表达为"追求自由，用自己的声音说自己的话"，代表了新一代人鲜明的个性，对独一无二的向往，以及强烈的表达欲。而所拥有的加密朋克资产使他们在加密世界中获得了这种前所未有的个性表达和自我认同，并乐此不疲地传播这种文化。加密朋克俨然成为一种从以太坊新兴起的文化层代表。在过去，以太坊等去中心化区块链上只存在价值层，也就是"资产＋交易＋结算"，随着NFT、加密艺术、游戏、元宇宙、赛博朋克精神等文化概念的兴起，以太坊文化层逐渐得到共识，也可以用一个范式来表达，"NFT＋交易＋创作"。没错，加密朋克并不是一个独立的、静止的项目，它的叙事性极强，可以吸引加密社区对其进行二次去中心化再创作、再继承，因此也可以被称为加密元宇宙UGC的代表。例如，在一个个冰冷的头像背后是否有着它们独特的故事。加密朋克的创作者Larva Labs在创作它们时肯定没有这方面的设计和考虑，但这并不代表去中心化的加密社区不会赋予这些头像故事性，因为这是一个去中心化的世界，只要能够得到大多数人的共识，它便具有了新的属性和意义，这一切早已脱离了Larva Labs的设定和控制。PUNKS Comic便基于加密朋克为每一个头像角色赋予了漫画情节，并且"每个PUNK都有自己的故事"，就像模仿漫威构建加密超级英雄一样。

这就是去中心化的加密行业对NFT进行UGC的经典范式，也是加密元宇宙 UGC 的范式之一，具有浓厚的去中心化协作属性。这种协作也会创造强烈的社交需求，进一步将加密朋克的资产属性赋予社交价值和表达。所以从 NFT 可以代表虚拟身份，进入独特圈层，以及 NFT 可以带来社交协作等多方面看，NFT 也是一种社交资产，是构建元宇宙社交的底层逻辑和出发点，也是一切元宇宙社交产品的核心需求点。

加密艺术的兴起不仅吸引了非常多的供应方和创作者，同时也在不断催生越来越多的收藏家和投资者，供需关系不断加强，交易市场逐渐兴盛。知名的交易平台有 OpenSea、Rarible、SuperRare、Nifty Gateway、Foundation、Known Origin 和 MakersPlace 等。其中，OpenSea 是最早也是目前最大的 NFT 交易平台，占交易市场份额的 90% 以上。这些平台在某些细节方面也存在不同，有的是完全无许可的自由主义平台，有的实行艺术家邀请制以提高准入门槛，还有的需要艺术家上传视频来解释他们的经历和动机。另外，作品的转售版税问题也值得探究，转售版税是指创作者从其艺术品的二次销售中获得的百分比。不同市场对版税的处理方式不同，在 SuperRare 和 MakersPlace 上，设定艺术家可以获得 10% 的版税，而在 Rarible、Foundation 和 Nifty Gateway 上的艺术家可以自己设定版税比例。

NFT 之夏的火热由 NFT 资产和 NFT 交易平台两大部分同时推动形成，前面我们讲述了 NFT 资产的文化和精神价值，但要实现这些价值的表达、发现、传播、升值、流通，还需要借助一种交易平台，或者借助一种交换市场。在加密行业，可以直接表达为拍卖或者买卖交易，如同交易加密货币一样。NFT 交易平台的代表项目是 OpenSea，可以说它是以一己之力在这个夏天将 NFT 资产的总体价值推上了百亿美元量级，接近了去中心化金融的市场规模。NFT 交易平台的成功也给出了加密元宇宙中虚拟资产交易体系的雏形。

3.4　自下而上：去中心化自治 DAO

1. 去中心化与开放自治的 DAO

　　维基百科对 DAO（去中心化自治组织）的定义是：一个以公开透明的计算机代码来体现的组织，它的金融交易记录和程序规则均被保存在区块链上。DAO 理念要早于区块链和比特币，最早见于奥瑞·布莱福曼和罗德·贝克斯特朗在 2006 年出版的 *The Starfish and the Spider*（《海星式组织》）一书。这本书深刻探讨了 Grokster 和 Wikipedia 等分散组织兴起的影响，并提到了去中心化组织的主题。哈佛法学院教授尤查·本科勒于 2006 年 4 月出版了 *The Wealth of Networks: How Social Production Transforms Markets and Freedom*（《网络财富：社会生产如何改变市场和自由》），这本书让他几年前提出的概念"基于共同对等生产"为人们所熟知，其中也涉及 DAO 的基础理念。直到加密货币诞生以后，2013 年丹尼尔·拉瑞莫首次提出类似 DAO 的概念——DAC 去中心化自组织企业，可见那个时候人们更多地想将这种思想与传统企业管理相结合，以改变企业管理模式。紧接着，以太坊创始人维塔利克·布特林发现了 DAC 背后的真正的革命性意义，并正式提出了基于区块链的DAO。

以太坊最伟大的创新成就是智能合约，其把定义世界的权力交给了图灵完备的代码。人们可以将任何想做的事情通过可编程的方式抽象为合约逻辑，合约代码和数据是透明的，一经发布便不可修改；随后逻辑的合理性和目的性还要经过全网的共识验证，一旦获得大多数人的认可，达成一致，就意味着正式投入运行，开始影响世界机器的运转；而且合约一经运转便没有人可以随意中止、篡改和摧毁，脱离了中心化操控和创建者的主观意志，一切都受"神秘"的去中心化力量保护。智能合约改变了信任范式，去除了"中间人"和主观不确定性，让代码成为规则，受算力、共识和密码学保护，由此彻底改变了加密经济体系。

在以太坊的发展进程中，带来的最大创新形态并不是定义了ICO（首次发行加密货币）的新模式，而是定义了整个加密经济协作的新范式——DAO。所谓组织，就是指代一群有着共同事业、目的、准则、约束、行动的人，他们是人类社会进步的重要推动力，完全受领导者或顶层权力的影响。可以在区块链上建立去中心化的组织，这些组织有着共同的愿景，但并没有中心化的领导者和执行者，组织的规模可以无限大，也不存在层级；组织的秩序和管理都是自发的，像绝对民主一样，一切都通过投票或由大多数民意来决策并执行；平常组织成员并不活跃在链上，一旦需要就某件提案达成一致，便自发形成"委员会"，决定所在项目或生态的发展大计。过去，加密经济一直处于离散、孤立、封闭、低效，甚至带有中心化色彩的建设状态，比如一条公链在做任何重大升级时，并没有去征得大多数社区利益人的同意，只由项目方全权代表并执行；在建设一种生态时，权力的过度集中无法吸引更多的开发者和项目方；中心化项目方无力承担对协议长久运转所需的持续性投入，对协议的中心化控制权也无法吸引更多开发者和投资者的支持。DAO 的出现彻底改变了这种状况，既然在去中心化架构上创造了资产、应用、协议和底层系统，那么这些去中心化的产物理应受到去中心化的协作和治理，DAO 便是对这一思想的技术实现，让人们真正可以通过智能合约在区块链上"治理世界"。

DAO 将组织逻辑和规则像编纂宪法一样写进代码中，由智能合约自动执行组织的决策和提案，其中最关键的环节是需要所有利益人投票决定是否执行，这里的投票特指持有相关加密货币的投资者通过质押一定的经济成本以获得无法肆意复制的投票权，而未持有加密货币的人群无法成为共同利益者，没有行使投票决策的权利。这里的经济成本就是常说的通证，行业内称之为加密资产，它是 DAO 实现治理功能所依赖的最重要的激励手段，围绕经济激励可以形成组织的强纽带——所有参与者都为了获取激励或者让资产升值而不遗余力地贡献自己的力量。所以 DAO 其实是建立在经济成本的基础之上，每一次 DAO 提案的决策和执行，都是一次经济上的大协作，所有加密资产利益人为社区做出积极贡献，也是在为自己持有的资产带来价值回馈。在这种共同愿景的支配下，所有利益人以 DAO 为组织模式，形成强大的凝聚力和群体智慧，指引着项目或者生态朝着正确的方向发展。此外，在协作效率和成本上，DAO 也远远优于传统组织模式。人们所有的交流和组织都是通过简单的智能合约来完成的，不需要配备更多的工具和人力，也不需要亲临现场，真正实现了全流程自动化，同时链条极短，只有发布提案、各自投票、统计结果、是否执行等几个简单明了的环节，而且都有着非常明确的做法和结论，传导效率极高。

DAO 最显著的特点是去中心化与开放自治。DAO 的强大源于不受制于任何人和中心化组织，一切交给民主和投票。在 DAO 中，没有对投票者身份的限制，人人自由平等，只要你是相关加密资产利益人，便与社区有着共同的利益诉求，在利益的驱动下，DAO 中不存在作恶，否则个人的权益也将大受损害。DAO 是一种开放的、无国界的、不受政府审查的组织，它将民主、自由、平等、公平等人类崇高精神发挥到了极致，让一切作恶在去中心化的形式下无计可施。

DAO 的发展也不是一帆风顺的，世界上第一个 DAO 是诞生于 2016 年的 The DAO，当时因为遭到黑客攻击损失了高达 7 000 万美元的利益人资产，最终宣告失败。以太坊在这次事件中试图通过分叉挽救危机，这次分叉也充分体现了去中心化协作的重要性，面对如此大额的资金损失，当时以太坊社区存在两种解决方案：一是分叉被盗之前的区块，从而将资金原样返还给受害者，被称为"回滚"，这会导致对当下以太坊链的弃用，需要重新来过，回到过去，改变历史，但从那以后以太坊也不是现在的以太坊了；二是不改变历史，继续运转以太坊世界机器，因为从去中心化信仰角度来看，如果可以随意更改历史，信任的基石将变得不再牢固，去中心化的精髓便是一旦交易获得全网共识，便不可修改和回滚，其造成的影响将被永久留存在"世界状态"中。这两种提案分别满足了两种利益群体的诉求，相当于两个组织间的较量，即便是以太坊开发团队也无权随便决定以太坊的下一步发展。最终，以太坊通过民主治理的形式做出决策，有 89% 的投票赞成分叉出新的链并返还资金，新链依然被称为"以太坊"（ETH），原来的链则是今天的"以太坊经典"（ETC）。这次投票治理当然大受争议，是 DAO 发展史上重要的转折点，从那以后 DAO 开始走向成熟，并逐渐被更多的底层、协议、应用、生态所使用。

2019—2020 年兴起的 DeFi（去中心化金融）浪潮也是对 DAO 的

正式大规模投入生产应用。通过 DAO 管理的资产规模达数百亿美元，几乎所有头部金融协议都是采取 DAO 的形式完成协议的关键参数设定、产品改进提案达成、资金分配、流动性挖矿方案等重大事件的治理。例如，MakerDAO 便是最典型的 DAO，在 DAO 中实现了去中心化的中央银行，发行了数十亿美元规模的稳定币；著名的去中心化交易协议 Uniswap 十分青睐 DAO，并为此发行了平台治理代币 UNI，任何持有 UNI 的人都可以参与到对 Uniswap 全方位的治理中来，例如费用更改和拨款批准，任何持有人也可以主动发布一些自己想出来的有价值的改进提案，向社区传达自己的智慧和理念，如果该提案被大多数人投票认可，则会被 Uniswap 所吸收。

逐渐地，DAO 也开始成为一种独立的大领域，吸引加密人纷至沓来，将 DAO 的潜能发挥到了极致，改造了更多的领域。比如 NFT 和加密元宇宙中，DAO 的比重越来越大，尤其是在协作建设内容方面，DAO 形成的去中心化自发协作，不仅充满了秩序性，还极具目的性，在资产激励和共同愿景的指引下，无数加密人用了短短半年时间便将 NFT 和链游这两大加密元宇宙代表领域推向顶峰，创造出了百亿美元的市场规模。再例如在与传统技术领域的结合中，人们将区块链用于物联网场景，无数物联网终端设备都变成了区块链的分布式节点，而物联网所产生的有价值数据也都自动转化为数字资产，流转于区块链价值网络中，为了更好地管理这些"背后无人"的物联网节点并保障数字资产的安全，研究人员提出通过 DAO 来管理设备之间的协作和交易，逐步迈向智能化互操作。

也有人在研究人工智能与 DAO 相结合的形态，这也被称为"分布式人工智能"或者"智能化 DAO"。论文 Decentralized Autonomous Organizations：The State of the Art，Analysis Framework and Future

Trends（《分权自治组织：现状、分析框架与未来趋势》）中指出："分布式人工智能主要研究在逻辑或物理上，分散的智能系统如何并行、相互协作地求解问题，在一个分布式系统中，既没有全局控制，也没有全局的数据存储，系统中的各路径和节点既能并发地完成信息处理，又能并行地求解问题，因此分布式人工智能系统比集中式系统更具开放性和灵活性。此外，分布式人工智能系统并非一个封闭的系统，其可以与互联网、区块链等相连接，实现系统规模的指数级扩大。这样不仅提高了系统的灵活性、降低了问题的求解代价，同时也为智能化管理提供了实现手段。面向未来，DAO 必然与人工智能相结合，从自动化走向智能化。未来 DAO 中的每个个体都将是具备感知、推理、决策功能的智能代理，能够部分或全部替代人类个体参与组织的运营、管理和决策，从而解决传统的委托—代理问题。"这种智能化 DAO 也代表了一种元宇宙 DAO 的终极形态，虚拟化身与智能 NPC 形成智能化 DAO，共同参与元宇宙的运营、管理和决策。

在元宇宙构建过程中，DAO 是最好的协作组织方式，并且提供了细致可行的技术落地实现，有着成熟的参考范式和经验，非常适用于调动大范围的、跨领域的元宇宙内容创作。DAO 不仅带来了去中心化协作的顶层架构，还催生了一种 NFT 自下而上构建元宇宙的模式，更具现实指导意义。

2. Loot 引领自下而上的构建范式

迄今为止加密世界 NFT 的发展总共经历过六类主要的里程碑事件，分别是加密猫的开创性、链游的集大成性、加密艺术的出圈性、头像类的稀缺性、交易拍卖平台的市场性以及加密元宇宙构建的自下而上性。从前面所谈的加密朋克在社区自组织下被进行了二次创作和衍生，就可以初步感知加密社区的去中心化精神，以及开放和自由。但真正标志着加密元宇宙独特构建范式形成的是另外一个著名项目——Loot，也是"NFT之夏"的尾声留给加密人最大的惊喜。从那以后，加密元宇宙的呼声越来越高，时至今日，已经成为加密行业主流的发展理念之一，引发了业内人士对新一轮资产配置、产品体系和文化现象的再思考。

Loot到底是什么？它与加密朋克相比特殊在哪里？它也是一种图片NFT吗？什么是自下而上？它能代表加密元宇宙吗？其实，相比加密艺术和加密朋克，Loot尚未出圈，只不过是加密人在它身上寄予了无限希望，当然也包括初期的炒作。在表达形式上，Loot更为夸张。加密朋克起码还是一张张精心设计的朋克头像，可以当作推特或者微信头像，以彰显认知和身份。而Loot则是一组非常抽象的英文单词，比如Loot #6969就包括八个单词——Chain Mail（锁子甲）、Holy Greaves of Giants（巨人的神圣胫甲）、Silk Gloves（丝绸手套）、Dragon's Crown（龙之冠）、Pendant of Perfection（完美吊坠）、Titanium Ring of Giants（巨人钛戒指）、Heavy Belt（重腰带）、Bone Wand（骨魔杖）。

从文字意义上看，这八个单词对应着八种类似于在游戏中会使用到的英雄装备，涉及武器（Weapons）、胸甲（Chest Armor）、头甲（Head Armor）、腰甲（Waist Armor）、脚甲（Foot Armor）、手甲（Hand Armor）、项链（Necklaces）、戒指（Rings）八大类核心属性。Loot #6969只展示了其中一种组合。这些组合是在链上通过智能合约和随机数算法的控制下公平随机产生的。同时为了让不同组合拥有稀缺性的区分，且稀缺性也是随机分配的，智能合约会向Loot的所有者随机分配一个ID，然后根据ID哈希值来增加每一个装备的前缀或者后缀的内容，当有了前缀或者后缀，也就形成了不同的稀缺度。设定里有 42% 的概率出现后缀，8.7% 的概率出现前缀，以此来进一步评价稀缺性。因此 Loot 也被戏称为"文字类 NFT"或者"TXT-NFT"，以对标加密朋克所代表的"图片类 NFT"或者"JPG-NFT"。

在起源上，Loot 也是一个十足加密范儿的极客项目。最初它没有官网，没有任何产品体系，单纯依托于只有开发者和资深行业投资者才能玩转的纯智能合约交互。总发行量为 8 000 个 NFT 资产，开发者为自己预留了 200 多个，其余的 7 000 多个通过初次铸造分配和后续的市场交易行为全部被分散到了加密社区，约有 2 000 多名持有人，其中很多是从加密艺术和加密朋克转战而来的持续投资者。

不论从哪个方面来看，Loot 都透露着一股浓浓的"可编程性"文化。玩家会通过 Loot 的八个装备单词，联想到自己心目中的虚拟超级英雄，如果你是该资产的拥有者，这个英雄的定义权和演绎权将完全由你来控制和发挥。也会有社区自组织来为持所有者做好更精致的具象化处理。比如加密艺术家会根据 Loot 的世界观和八个单词，以漫画的形式将英雄呈现在图片或者动画中。也许会有很多艺术家和社区创作者在同时为一个 Loot NFT 资产进行创作，这是被允许的自由创作模式，但最后真正可以得到全加密网络认可的可能只有最为突出的那一个或者几个，这会直接反映在交易市场的行为表现上，也会得到持有者的采纳和支持。优秀的故事演说家或者小说家还会为 Loot 资产创作鲜活洒脱的故事情节，并呼应前面加密艺术家创作的人物形象。再后来，游戏开发者在看到这个精彩的故事和人物后，决定为其设定一个游戏世界观，让它们出现在一个去中心化的"魔兽世界"或者"绿洲"中，完成从虚拟到更虚拟的映射。最终，便是加密元宇宙世界的形成，人们通过这种方式构建了元宇宙中的人、物、事，而这一切都是以去中心化的方式自下而上逐层构建出来的。

　　与自下而上相对立的便是自上而下。不论是曾经在互联网的构建上还是在今天古典元宇宙的构建上，一直采用的都是自上而下的模式。例如，有一家公司主导了一个伟大的产品或者平台，然后开始慢慢向下生长自己的生态，让更多的开发者和用户在这个大平台的设定内开发、创作、体验和使用。这也是一种开放的大生态，但是一种自上而下构建的开放生态。最初的大框架已经被设定好了，随后所有的丰富、继承与创新都是在大框架下出现的产物和理念。即便是在加密世界中，如我们前面所提到的加密朋克二次 UGC 和衍生品，也是一种自上而下的构建模式，都是在加密朋克已经设定好的基础框架下衍生和进化的，因而不能推翻加密朋克所明确表达出的那些图片模样和核心精神。而且加密朋克的发展趋势似乎在走 IP 授权变现之路，比如项目方签约好莱坞，不断出售昂贵的 IP 衍生品。

　　由 Loot 引领的自下而上，则是一场完全开放的共创共赢浪潮，这也是加密行业为之疯狂的根本原因，人们似乎通过自下而上的方式看到了一个更加广袤的宇宙和未来，给本来就极具想象力的加密行业以更大的想象空间（如图 3.2 所示）。Loot 并没有就自己的资产给出非常明确的含义和文字表达，甚至没有媒介表达。其一，在文字的默认设定下，其可以是任何媒介形态，如果时代从图片类 NFT 跃迁到了视频类 NFT，它可以随时更迭自己的形态以适应时代的发展；其二，从文字上只能简单获取一些装备的名称，项目方并没有透露为什么是这些单词，而不是"飞机""大炮""外星人"等其他具有画面感的单词。也许这只是项目方在最初构建时的天马行空，也许只是项目创始人喜欢一种中土世界的游戏而已，但这些都不重要，之后所有的解释权已经交给了全网加密社区，即便是创始人站出来说出自己的"权威身份"，似乎也不会有很多人在意这一点。

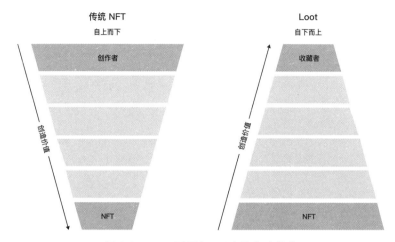

图3.2　Loot引领自下而上的构建范式

当整个社区都认同了NFT本身的价值后，就不会再关注它最初的表达形式，如果文字表达已经被人们所厌倦，则完全可以根据文字创造新的时代内容，尤其是可以将其融入元宇宙游戏中，这有助于激发人们无穷的想象力。设想一下，一款加密游戏的世界、人物、剧情、玩法等完全是根据这些单词和文字慢慢被打磨出来的，是全体加密人以去中心化协作的形式不断为这款游戏增添的模块，而促进这一默契协作的只有那些单词，所有人在文字的指引下创建出了游戏中的文明。于是加密世界形成了这般自下而上的元宇宙构建哲学，只要出现一种所有人都共识的NFT资产，便可以从资产出发，调动起全加密社区的力量对资产进行演绎，在资产的基础上构建出文化、虚拟世界和元宇宙雏形。加密世界可以形成这种自下而上的自组织构建模式，也与其十年来形成的去中心化形态和加密经济激励体系密不可分。所有参与者并不是公益参与，也不是为了单纯的娱乐，由于参与者的创作本身就是一种资产形式，当这种资产形式获得了市场认可，其便可以直接获得市场给予的经济激励，甚至可以成为社区的"精神领袖"。加密社区多年来形成的这样一种自组织的激励体系可以调动起更大的能动性和社会生产力。

元宇宙可以不断进化，从最初的一个游戏空间慢慢发展到多个游戏空间，再到对现实世界的完全映射。不论发展到何种文明程度，Loot 资产永远都是创世之初的那些数量，Loot NFT 的价值也会随着元宇宙的不断进化获得永恒式的增长，而且波澜壮阔的元宇宙中万事万物的起源大多能够追溯到曾经的 Loot 文字，因为它们有着共同的"造物主"。或许我们地球文明的起源也只是更高级文明在地球上留下的一些"元数据"或者"矩阵代码"。最初的元数据和代码创造了基本的生命规则、DNA（脱氧核糖核酸）编码、躯体和精神，最终进化到人类文明。这种自下而上的方法论仿佛营造出了一种共同空间，能够供所有创作者自组织编辑，同时产生强烈的天然激励，给予我们关于建设真正的元宇宙以深深的思考。改变历史进程的往往正是这样一种简单的哲学观和方法论，然后它再不断影响、蔓延、改变、催化一切。

协作是永恒的主题，协作诞生了 DAO，且与元宇宙形影不离。正如 Loot 的创始人多姆·霍夫曼所认为的，元宇宙是跨越不同人群建立的不同游戏的虚拟世界，允许更广泛的冒险者参与其中。以太坊创始人维塔利克·布特林也在推特上表达了对 Loot 引领的共同建设理念的认同："我认为 Loot 项目的哲学是对的，任何人创造的任何东西都是一种存在，造成不同结局的是人们怎样在上面继续建设。"著名的去中心化资产协议 Aave 创始人斯坦尼·库莱霍夫还提出了 Loot-verse（Loot 宇宙）理念："整个 Web 3.0 社群都在建设 Loot-verse，你在干什么？"Loot 彻底改变了对 NFT 的传统定义，开放了 NFT 的创作和进化模式，将 NFT 从一种资产协议带到元宇宙构建范式的高度，也标志着加密元宇宙哲学体系的初步形成。

3. DAO 赋予人们建设元宇宙的能力

再回到 DAO 的主题，正是 DAO 赋予了任何人随时随地参与自下而上建设元宇宙的能力，有些人喜欢当"政客"参与治理，有些人喜欢当"法官"参与奖惩评判，有些人喜欢当"工人阶级"参与元宇宙内容建设……DAO 也在逐渐形成社会分工，并形成了薪酬体系。

目前已经出现了成熟的金融协议 DAO（如 MakerDAO 和 Uniswap）、媒体与社交 DAO（如 Bankless）、NFT 构建 DAO（如 Loot），不同人群在不同 DAO 中都找到了更为细致的分工，比如在 Uniswap DAO 中，人们主要负责产品改进和经济提案，而在 Loot DAO 中，人们更需要发挥自己的艺术创造力和想象力，去建设丰富的内容。投入越多，获得的回报就越大，这是 DAO 薪酬体系最具保障的公平准则。

当然并不是所有人一开始就能够融入 DAO，在加密世界中，人们往往通过线上论坛和加密社交工具先进行前期的了解和讨论，可以先从旁观者的角度分析一个正在通过的治理提案，或者在提案留言板上留下自己的一段见解，如果有很多人为你点赞，预示着你开始成为专家，慢慢地便可以正式加入 DAO 的建设中来。在 DAO 中，你的先见之明和深刻思想都是你获得社区认可的资本，人们会越来越信任你，希望你能够一针见血地评论技术和产品，你也能够在链上世界获得巨大的成就感，这种成就感不单单是心理上的，还有物质上的，你还能因此获得与你才华相匹配的加密经济激励。

4. DAO 助力元宇宙形成一系列紧密配合的分工

（1）开发者

区块链和加密行业技术建设多年来的成功经验证明，DAO 是组织全球开发者、天才、研究员、审计师、测试用户等众多技术力量为一个目标开展大规模自组织协作的最好也是最高效的方式。技术人员的每一份代码和贡献都会获得公平的加密货币薪酬，比如一位安全工程师在不遗余力地审核每一项智能合约代码，最终找到了一处可能导致用户巨额资产损失的 Bug（漏洞），他会因此项贡献收到由全体 DAO 投票通过的价值 50 万美元的加密资产奖金。

（2）社区经理

除了技术力量，一款成熟的产品还需要强大的运营，而且不论是加密货币还是元宇宙，都是全球性、跨语种的超复杂运营，即便是传统中心化公司要建成这样一个全球运营体系，也需要耗费大量的人力、财力、精力以及经验去摸索。而在 DAO 的组织下，全球各地的爱好者可以自发扮演该产品在各地的"社区经理"的角色，负责解答所在地区出现的用户问题，或者负责传播产品或文档内容、组织线下活动等。针对这些社群经理，DAO 也有一套非常明确的薪酬方案，而且一定会符合社区经理的预期，有突出贡献的社区经理还会获得 DAO 通过的一份奖金。

（3）内容创作者

这是在 NFT、游戏和元宇宙中非常重要的角色。例如，在加密 NFT 行业中，最开始只有区块链技术人员和加密资产投资者两大群体，虽然 NFT 风口形成，但这两部分人都不擅长艺术创作和游戏设计，为此需要吸引更多能够从事专业内容创作的细分人才加入。吸引人才的关键在于可以将其所做的贡献量化并给予相应的报酬，当艺术家发现自己的才华在加密世界和元宇宙中被广泛认可时，他也能够获得社区和 DAO 给予的高额回报。元宇宙内容建设远比 Loot 和 NFT 呈现的更为复杂多样，即便是脸书这样的超级公司，也无法胜任所有领域的内容建设。此时便可以借鉴加密世界形成数百 DAO 的经验，将元宇宙内容建设划分出众多细分方向，以吸引全球创作者自主加入，每位创作者的劳动所得都将由所在的 DAO 负责管理和分发。DAO 本身也存在优胜劣汰，如果一个细分领域 DAO 的效率不高，或者所定薪酬结构不合理，它也会迅速被社区成员抛弃，转而发展更为合理的 DAO。

（4）社会工作者

这应该是元宇宙特有的工种。加密行业的人只关心一个个项目本身的发展，从来没有出现过一个超级 DAO 来负责整个加密大行业的发展和治理。但在元宇宙中，似乎应该存在一种社会工作者，或者类似现实世界的"政府人员"，他们不涉足具体项目和领域的建设，只关心整个虚拟社会的秩序是否高效和安全，尤其是在人们遇到无法裁定的纠纷时，需要由"政府角色"出面协调。

（5）经济工作者

元宇宙与现实世界一样，存在自己的货币和经济系统，维持经济体系的运转需要极为专业的金融人士。

5. DAO 的薪酬模式

DAO的薪酬体系可以参照加密行业已有的成功经验，如Bankless的卢卡斯·坎贝尔在《如何成为 DAO 工作者并获取报酬?》一文中提到的几种薪酬模式。

（1）全职工作

很多资金充足的 DAO（即协议 DAO）已经采用了初创公司的标准薪酬模型。像 Yearn 和 Sushi 这样的协议即基于稳定币支付工资，并提供协议的原生代币（如 YFI 和 SUSHI）作为丰厚的奖金。值得注意的是，获得一份 DAO 全职工作可能需要大量的前期工作，但那些能够证明其价值的人可以获得很丰厚的薪酬，例如核心贡献者的薪酬每年高达数百万美元。

（2）Coordinape

Coordinape 是一种 Web 3.0 原生的薪酬工具，它从 Yearn 生态系统中被分离出来。这是一种基于同行评估机制的工具，贡献者可以根据其同行在一段时间内完成的工作量将原生项目代币在同行间进行分配。在一轮结束后，用户根据他们从同行那里收到的项目代币数量按比例分配资金池。总的来说，Coordinape 是我们在 Bankless DAO 中看到的最独特和最有趣的薪酬发放方式之一。我们推动了一轮贡献者数量最多（使用邓巴数[①]进行了压力测试）的 Coordinape，显示出最终

---

① 英国牛津大学人类学家罗宾·邓巴根据猿猴智力实验和人类社交关系提出了邓巴数，即一个人拥有稳定社交的上限人数大约是 150 人。

报酬在很大程度上代表了个人所做的实际工作（即最活跃的贡献者往往会上升到图表的顶部）。

（3）资助基金

几乎每个主要的DAO都会有一个资助计划。资助基金通常由小社区选举的贡献者运营，运营者负责审查拨款申请并相应地分配资金。Compound、Uniswap、Aave等协议DAO拥有大量资金池，它们将这些资金分配给那些可以在协议之上构建独特产品或提供有价值服务的人。如果你是一名建设者，提交一份有意义的提案，就可以获得资助。

（4）赏金计划

在加密生态系统中，赏金计划已经不是什么新鲜事了。但由于DAO数字工作的出现，使得它一再受到关注。赏金计划的一个特点是其任务较为离散、不连续，允许个人尤其是新社区成员参与并为DAO新增价值，以换取原生代币作为薪酬补偿。

（5）SourceCred

这是另一种Web 3.0原生工具，提供了一种有趣的方式来激励社区成员参与Discord讨论以及在论坛上提出治理方案。类似Coordinape，SourceCred软件跟踪用户发布的消息和参与度KPI（例如统计论坛回复中的点赞数、消息下面的回复数、GitHub提交数等），依据这些数据给用户分配信誉值（CRED）。每段时期结束后，池中的代币会根据该时期每个人累积的信誉值进行分配。

（6）收益共享

社区非常强大，如果你创造了社区想要的东西，它们就会根据大家对产品或服务的需求情况给你相应的奖励。足以让你从它们的产品收入中分得一杯羹，同时还会分配一部分资产给社区的财政部。

3.5 乐高组合：元宇宙经济基础 DeFi

1. 去中心化金融

在加密 NFT 热潮兴起前的一年，加密行业刚刚经历了另外一大热潮——去中心化金融，也被称为 DeFi。目前的 DeFi 协议有稳定币、交易、借贷、合成资产、衍生品等，这些资产和协议能像乐高一样被自由组合，也因此被称为"DeFi 乐高"。

以太坊于 2017 年被第一次大规模用于资产发行领域，毁誉参半，在经历短暂牛市之后立即迎来了漫长的熊市冷静期，引发行业人的焦虑、质疑甚至退出。随后经过三年多埋头探索，在充分反思区块链应用的窘境并汲取现代金融体系的精髓后，区块链开发者尝试在以以太坊为代表的去中心化架构上实现了可大规模实际生产的全栈去中心化金融体系，将整套闭环的货币和金融协议搬到了区块链上，以去中心化的方式再获新的活力。金融协议的到来彻底盘活了过去区块链所发行的各种虚拟货币和资产，获得了丰富的使用场景和流动性，并开始让加密资产延展到现实金融体系中，被主流社会所接纳，同时现实世界的货币也在逐渐融入加密资产体系，为加密行业带来极大的增量推动力。DeFi 让区块链首次拥有了真正具有革命性意义的大规模场景落地，正面触动了华尔街的规则和利益，引起主流金融界的积极参与，美元体系和金融监管体系也感受到了前所未有的压力，一场轰轰烈烈的颠覆性金融变革席卷了加密和现实两大世界。

NFT 是将现实世界有价值的事物映射为去中心化数字世界的虚拟资产，DeFi 则是将现实世界的有价值货币和金融体系映射为去中心化数字世界的开放金融体系，而元宇宙是将现实世界的一切事物和社会机制映射为去中心化数字世界的虚拟社会。虚拟社会当然也包含对现实世界金融体系的映射，以支撑虚拟社会中复杂的货币、金融和经济活动。同时，在加密世界中，NFT 的资产管理、流动性、价值发现、场景扩充、金融衍生都离不开 DeFi 的支撑，DeFi 和 NFT 也会在资本、投资、技术建设、新场景开辟、监管、出圈方面互为补充、互相合作、共同发展壮大，让区块链技术距离成为被主流世界认可的去中心化架构更近了一步。所以 DeFi 与 NFT 一样将成为元宇宙基础经济建设的底层逻辑支撑，也是加密元宇宙为人类的元宇宙伟大事业贡献的两大最有价值的技术体系和理念。区块链技术在建设点对点电子现金、世界计算机、加密资产发行、去中心化应用（DApp）、去中心化金融体系、NFT 等方面取得的成功，也让世界更加意识到其对于构建人类元宇宙的可能性和技术必要性，是一种不可忽略的体系架构和理念，所以下一步区块链极有可能在元宇宙方面再次取得举世瞩目的成就。

加密世界本身就如同一种细分的元宇宙，最初在这个宇宙中只有比特币一条链宇宙，同时也只有比特币一种虚拟资产。初代加密人来到比特币链宇宙中，成为最早的"居民"，并拥有一串难以记忆的密码学字符串（公私钥）作为唯一的化身，通过 UTXO 和 Transaction 的世界原语与其他从未碰面的化身交互，所有的交互痕迹也都被永久留在了区块链网络上，我们称之为"文明"的记录和延续。这群化身不借助任何外部支撑，硬是在链宇宙中通过信仰的力量（或者文明的力量）将比特币的价值不断放大再放大，最终成长为一种即将超越黄金的世界级资产，而所有"居民"也都以比特币为核心经济纽带，形成自组织的虚拟社会协作模式。

在第一条比特币链宇宙的影响下，无数采取类似架构和理念的规模较小的链宇宙纷纷出现，据不完全统计，截至目前大概有 1 000 条链宇宙出现在加密历史长河里，形成了庞大的链宇宙星云，在优胜劣汰的宇宙法则作用下，至少有数百条正常维系的链宇宙存活至今。今天我们看到的加密元宇宙的全貌正是由众多平行链空间组成的，即便比特币占据了龙头地位，但它依然不能控制其他链宇宙的产生和湮灭，众多的平行空间以去中心化的形态存在于一个更大的空间之内，吸引了全球数百万（也可能到达了千万量级）"居民"在这些空间常驻，甚至一天中的大部分时间都在其上进行着交流、交互、交易等活动，即便不参与活动，也默默地看着这些链宇宙中的文明演进。"居民"可以同时在所有链宇宙中拥有化身，甚至在某一个链宇宙中拥有多个化身，除了自己，没有人知道这些化身映射的真人是谁。"居民"可以根据文明的演进程度，在跨链桥或跨链协议构建的"虫洞"的帮助下自由穿梭在不同的宇宙中，选择高价值的空间，拥有高价值的资产，实现高价值的活动。

加密元宇宙并未停止对自己的规模和形态的演进，在一个叫作ETH 的第二大链宇宙中，人们发现可以以 ETH 链宇宙为根空间继续向下衍生第二级平行空间，于是诞生了众多以协议和 Layer2 为代表的宇宙中的宇宙，我们称之为"协议宇宙"。它们依然是由去中心化形成和组织的，不受所依附的 ETH 链宇宙控制，也不受任何其他一级链宇宙的控制。在这些数量更多、面貌更多样的协议元宇宙中，人们建成了一整套金融体系，包括稳定币、货币协议、交易协议、借贷协议、衍生品协议、预言机等，"居民"携带着众多链宇宙资产自由来到这些协议宇宙中，开展繁荣的跨宇宙经济和金融活动，获得高价值共识的链宇宙资产，这些将进一步促使所在链宇宙规模的膨胀，带来那个空间下的二级空间的繁荣扩张。一个不断双向（横向和纵向）自生长的加密元宇宙就形成了，而且这种形态的本质不正是人类对元宇宙的期待吗？

DeFi 引领的协议宇宙群开启了加密元宇宙纵向自生长的大门，扩展了加密人的活动空间，也带来更为丰富的宇宙资产，极大地推动了加密元宇宙经济文明形态的演进。下面我们将从各大具有代表性的基础协议的角度出发介绍 DeFi 协议宇宙群的全貌，以便让大家更清晰地认知其与整个加密元宇宙的关系，深刻思考其对人类元宇宙建设带来的启示。中心化金融与去中心化金融的映射关系，如图 3.3 所示。

图 3.3　中心化传统金融与去中心化金融的映射关系

2. DeFi 的五大基础协议

DeFi 是由一些充满秩序的金融协议簇构成的有机整体，自下而上依次为：区块链底层协议、货币协议、流动性协议、衍生品协议、资产管理协议五大基础门类。

区块链底层协议指承载 DeFi 运转的底层链系统，如以太坊，广义上也包括与底层链近乎同级的辅助性底层技术基础设施，如跨链系统、Layer2 和侧链架构等。

货币协议是 DeFi 革命浪潮的启蒙运动，在 DeFi 协议栈中位于最底层，是最基础的支撑性协议，也是最早在机制上成功面世的 DeFi 协议，货币协议具体分为去中心化稳定币协议和去中心化借贷协议两大部分。

去中心化稳定币协议如同现实金融体系的最顶层——中央银行，如美联储，负责统一铸造、发行、赎回具有稳定价值的原生货币，即稳定币，其具有价值尺度、流通手段、贮藏手段、支付手段等基本货币职能，是一切去中心化金融体系的流动性源头之一。其上便是借贷协议，相当于现实金融体系中的商业银行，负责承接来自"央行"的"放水"（稳定币的一级流通），并提供基于算法调控利率的存贷市场，因此也被称为利率协议，是去中心化金融体系中利率的源头，与稳定币协议中的利率共同形成基准利率，指引着更上层金融协议和应用中的利率设定，具有高效的利率传导效应。

基于健全的货币（稳定币）体系和加密世界已有的资产（高波动的虚拟货币）体系，强大的去中心化交易市场随之而来，以满足人们的投资和交易需求。于是在货币协议之上出现了市场规模、用户规模、流动性规模、交易活动规模以及触达面更为广泛的流动性协议，其中又以去中心化交易协议最为宏大和重要。

去中心化交易协议，即人们常说的 DEX（去中心化交易所），是以智能合约为技术实现手段在区块链上构建的一种去中心化虚拟资产交易平台，交易双方可以都是资产（各种虚拟货币），也可以一边是资产一边是货币（稳定币），还可以两边都是货币，以满足人们所有的交易需求。去中心化交易协议进一步细分为 AMM 和 orderbook（订单簿）两种，其中以 AMM 协议最为高效，规模也最为庞大，是一切链上流动性最好的地方。

当具备了基础的货币市场和交易市场时，衍生品市场紧随其后，人们可以在稳定币、借贷、交易的基础上将虚拟资产和货币进行衍生设计，例如合成现实世界的股票资产，合成指数，创建链上期权和永续合约，还有保险市场、预测市场、利率衍生品、分级衍生品等诸多门类，几乎是整个华尔街的完全映射和去中心化实现。

面对如此多的金融协议，如何使所有普通用户携带自己的资产便捷地进入这些不同层级的协议中进行理财、投资、交易等活动，而不需要去关心协议的细节和复杂交互，便需要一种直接面向用户的资产管理协议来连接用户和 DeFi 体系。资产管理协议最知名的实现形态就是去中心化的加密钱包。用户登录到钱包后，可以根据入口指引进入不同协议，位于钱包中的资产和货币也可以通过钱包协议的支持便捷地进入 DeFi 协议，甚至有的钱包资产管理协议还会帮助用户屏蔽众多 DeFi 协议，封装出一个去中心化的资产管理层，智能化地帮助用户将资产投入不同协议中进行流通和运转，而具体流程是用户无感的，用户只需关心自己的交易结果和收益情况。

3. DeFi 乐高

通过这层层衔接、互相传导的五大层，DeFi 完成了货币发行、借贷供需市场、利率设定与传导、完备的交易与衍生品市场、专业的资产管理体系等核心金融体系的乐高式搭建，即 DeFi 乐高，逐渐具备现代化金融的雏形，初步完成从央行、商业银行到交易所、券商、保险、支付、资产管理等自上而下全体系的借鉴加创新，甚至创造出了现代金融体系中从未有过的产物，如具备极高交易效率的 AMM 去中心化交易所，这是数学与智能合约完美合作的一次伟大创新。任何虚拟资产和虚拟货币进入这个体系，都可以发挥出最大的流动性潜能，或参与稳定币的生成，或进入借贷市场产生利率，或一键交易兑换为任何链上资产，或成为做市商产生较为稳定的利率收益，或参与杠杆市场……

即便是 NFT 这种特殊资产，也可以在 DeFi 中释放出巨大的流动性，比如进行碎片化、抵押、AMM 交易等，就如同现实世界中的黄金、大宗商品、房地产等实体资产往往与华尔街等金融体系息息相关，借助金融的力量获得流动性。

时至今日，经过短短四年的发展，DeFi 已从最初几亿美元的市场规模呈指数级增长为一个千亿美元规模的大中型市场，即便放到现代金融体系当中，也占据着举足轻重的位置。从最初只支持少数几种主流加密资产到如今几乎所有的加密资产都被吸引进去，如同黑洞一般，不断吞噬、吸收无尽的流动性。

尤其是对新兴资产的影响更为深刻，今天的大多数新项目（尤其是协议级项目）都会首选在 DeFi 体系中完成从资产生成、一级发行、定价、做市、二级交易再到参与借贷、杠杆、衍生品等全生命周期的操作。因为 DeFi 不但提供了巨大的流动性资源，可以让新项目直接与资本、用户相接触，从而极大地降低了成本，省去了传统模式中的诸多摩擦和高昂费用，一切都在链上以完全去中心化的形式开展，不会遭受中心化的区别对待，不会被审查，让更具潜力和技术含量更高的新项目有机会获得市场的支持和肯定。

DeFi 不仅复刻并创新了现代金融体系，为区块链世界带来了金融的力量，加快了加密货币市场规模的扩张，更深刻践行了去中心化理念的伟大，人类也第一次拥有了不受任何国家政府和顶层精英阶级控制的超主权货币与金融体系。今天的华尔街不仅无法阻挡 DeFi 浪潮向万亿美元大型市场的迈进，更是在积极学习、研究、接纳、合作。例如，在美元的基准利率方面，DeFi 比美元金融体系更有优势，可以使上百亿现实美元转化为一种区块链上的 USDC（离岸数字美元），并进入 DeFi 借贷和资产管理市场中。这个趋势也证明了去中心化金融在某些方面要优于传统金融，并有望在以后的发展中，在更多方面超越传统金融的效率和收益。

4. 去中心化稳定币协议

哈耶克曾系统阐述了私人可以竞争性发行货币的理论（货币非国家化），但由于受到时代发展的限制他并没有给出具有可行性的实践。数字稳定币让私人铸币成本和流通损耗大幅度降低（接近为零），同时得益于数字资产交易市场十余年的繁荣发展和价值积累效应，使得专注链上世界的私人稳定币发行和崛起具备先决条件和流通基础，在近几年随着场景扩大化也逐步开始形成多样化竞争的格局。

常见的数字稳定币大多基于数字抵押品，建立完全链上的资产负债表和风险分散机制，也有著名的 USDT 直接嵌套现实金融体系资产负债表的离岸数字稳定币，许诺足额的现实货币流动性准备和百分百准备金机制，甚至存在一些尚在理论阶段的稳定币项目致力于建设基于货币数量论的算法央行（铸币税份额），在遵循规则和自由裁量间摇摆不定。前两种不论是在发行机制、稳定控制方面还是在场景归属上都远远优于第三种，而它们也在各自擅长的早期领域内不断竞争着向前发展，彼此间的边界正在逐渐模糊。归纳起来，稳定币机制的设计需要考虑资产负债表、合格抵押品、负债和权益、稳定机制和风险转移、独特的生态场景等核心要素。

去中心化稳定币协议是一种借鉴现实世界央行货币理论在区块链上发行具有稳定价值货币的协议，基于智能合约编程以完全去中心化的形式实现各项逻辑功能，包括抵押、铸造、赎回、清算、参数设定、风险控制、流通等。去中心化稳定币协议可以根据理论派系的不同分为算法稳定币和抵押型稳定币。

算法稳定币崇尚哈耶克理论和货币数量论（也是现实世界央行赖以运转的核心法则），试图通过捕捉市场供需以算法形式宏观调控总体稳定币的数量，当稳定币市场价格高于锚定价值时，意味着市场流通的稳定币供不应求，便需要算法进行宏观调控，向市场增发稳定币，以让价格回到锚定；当稳定币市场价格低于锚定时，意味着稳定币供大于求，此时需要算法通缩稳定币，减少供应以使价格回升。所以这类稳定币的背后其实并没有有价值的实际资产作为支撑，而是建立在人们对市场供需和宏观调控的信心之上。但此类稳定币远没有抵押型稳定币成功，抵押型稳定币也是规模最大、建设时间最长、传播范围最广、经受风险考验最多、最可广泛应用于实际生产和其他协议中的 DeFi 核心稳定币。

抵押型稳定币最早的成功案例便是建立在以太坊上的 MakerDAO 协议及其发行的去中心化美元稳定币 DAI。此类稳定币所依托的理论更像是传统的当铺理论，与借贷市场更为相似，即稳定币发行者需要向协议超额抵押有价值的主流资产作为支撑，才能铸造生成稳定币。比如任何人都可以在 MakerDAO 协议中以价值 150 美元的比特币资产为抵押品铸造生成价值 100 美元的 DAI 稳定币。铸造者可以获得对稳定币的自由支配和流通权，但其抵押资产将被一直留在协议中，作为这部分流通稳定币背后的超额价值担保，铸造者也可以向系统归还等额的稳定币以赎回自己的抵押资产。一旦市场出现下行风险，导致抵押品价值不足以覆盖对应的流通稳定币，协议便会及时开启自动清算模式，将抵押品抛向市场进行公开拍卖，以换得足额的稳定币，在系统上消除该笔债务，避免坏账和风险累积。由于抵押资产的拥有者没能及时控制风险归还稳定币或者追加抵押品，他的抵押品被强制清算，再与其无关。

抵押型稳定币靠着对每一笔稳定币债务的超额抵押担保和精细化风险控制，做到了对每一笔债务的风险隔离和生命周期管理，最后从整体上实现了稳定币系统的安全、稳定和抗风险，也是其可以被大规模应用的根本保障。截至 2021 年 10 月 22 日，龙头项目 MakerDAO 上便承载了超过 160 亿美元的抵押品资产并发行流通了价值超过 70 亿美元的 DAI，是规模最为庞大的去中心化稳定币，有着丰富的应用场景，被其他 DeFi 协议广泛集成。

值得注意的是，这些稳定币协议都在以完全去中心化的形式永不停歇地运转。所有业务逻辑完全是通过智能合约在区块链上实现的，不必依赖于传统中心化架构，即维持一个稳定币协议不需要配备机房和服务器，以太坊便是服务器，协议开发者只需要专注协议本身的功能开发即可，不需要关心算力、带宽、存储等资源配备，一旦被成功部署到以太坊上便可以永不停止地运行下去；用户的所有操作都是以交易的形式与智能合约的业务逻辑进行交互，因此不需要通过任何中心化的入口来访问服务器，所有业务逻辑和参数都是全网公开可见的，不存在暗箱操作；所有的加密资产都是由智能合约托管，而不必依赖任何中心化的第三方，极大地保障了用户资产安全。在这种去中心化的框架下，稳定币成为真正意义上的超主权货币，越来越多的投资者开始大量配置去中心化稳定币以对抗中心化风险。

去中心化稳定币让多元化资产在稳定金融框架的合成下形成价值共识，将波动性资产转化成为"稳定地转移支撑经济交易的债务"，带来更多链上的"信用"扩张。未来公链可能会存在一种吞吐效应：广泛地吸纳多元化资产并对外输出稳定"信用"。每个公链生态都有其自身的资产壁垒，链与链之间的互通往往是彼此间资产的流转，去中心化稳定币因其广泛的使用场景和极高的链上"信用"背书，已经成为跨链生态中十分重要的价值载体，例如，DAI 已经渗透到以太坊之外几乎所有正在进行 DeFi 改造的公链生态中，并且随着稳定币的更广泛流通和被接受，相应资产端的供给也将迎来更大程度的扩张。

5. 去中心化借贷协议

链上金融世界是割裂和自由的，而且无统一的央行／主权信用发行机构，在金融层级上也是基于最朴素的数字资产置换需求直接创造了借贷市场。借贷协议确定的利率既是链上金融体系的顶层利率也是终端利率，是流动性的源头。

借贷市场历来都是金融行业的必争之地，尤其是在 DeFi 领域，随着更多链上金融场景的开辟热点迭起，一来它可以抵押万物以发债，二来它是一切链上利率衍生市场的锚和传导核心，是最为客观的套利市场。链上借贷协议几乎可以容纳所有类型的链上资产，并能自动精确定义每种资产的存贷利率以及市场供需，借助区块链上协议间可自由组合的特点，借贷协议自身的利率可以瞬时而轻易地传导至其他存在套利空间的衍生利率市场。

当去中心化稳定币从去中心化"央行"流出，以及中心化稳定币从现实世界体系流进来后，它们都有着共同的目标，便是进入一个可以反映稳定币供需关系的市场——借贷市场。如同现实的金融体系，央行放水后，货币会流入各级商业银行，商业银行掌握了整个社会的供需关系，知道该把资金继续导向何方，完成货币的流通和利率的传导。借贷市场是一个存在明显双边网络效应的市场，对加密资产和稳定币有借款需求的用户是需求侧，而愿意将流动性资产存入借贷协议中以赚取利息的用户是供给侧，有多大的需求便会带动多大的供给，供给的强大也会刺激需求的增长，从而形成一种良性、稳定、合理的借款利率和存款利率市场。在去中心化借贷协议中，利率的设定完全根据借款量和存款量的比例——存借比，通过智能合约中已经设定好的数学公式自动完成计算。从直观上，当借款量越来越多，即需求侧的需求旺盛，会让借款利率不断上升，相应地存款人的收益也会越来越多，存款利率也会上升；如果没有人愿意借款，即需求侧冷淡，也就没有了借款利率的支撑，存款利率也会非常低。这一切都是在区块链上通过精确地捕捉供需关系并配备高超的数学调控公式来自动实现的，不需要中心化的人为干预。

借贷协议和市场让加密资产和稳定币获得了供需发现，也获得了利率发现，为存款人带来较为稳定、可观的年化收益，为借款人带来巨大的资金流，当前主流借贷协议所支持的资产规模均超过了百亿美元，凝聚着大量的流动性资产。

DeFi 借贷协议也经历了从完全模仿传统的中心化平台借贷到去中心化的点对点撮合借贷，再到如今高资本效率的点对池自动化借贷协议的迭代。点对池模式是指，所有存款方无须逐一等待匹配借款方，而是将资产都存入协议托管的同一个流动性资金池中，聚集起流动性资金，借款人面对的只有这一个流动性资金池，任何有借款需求的用户都可以随时从池子中借出资产，而所有存款人将按照各自资产所占的比重分得借款人支付的利息。这种只能基于智能合约和区块链实现的去中心化金融所独有的创新模式大大提升了借贷市场匹配的效率，吸引了规模庞大的流动性资金，进一步增强了用户效应。

6. 去中心化交易协议

去中心化交易协议一般特指 AMM 类型的 DEX 协议，是一种完全基于数学算法的高效交易协议，具有吸引规模庞大流动性资金和用户群的特殊能力，最具代表性的项目是 Uniswap，资金规模在 70 亿美元左右，日交易额超过 10 亿美元，是目前全球最大的去中心化交易平台。

AMM 常见于传统金融和量化做市范畴，主打算法和策略，是一种对人工的辅助，其定位也跟我们现在所讲的 AMM DEX 有所不同。了解传统金融理论的人会知道一个名词——对数市场评分规则（LMSR），对其进行数学变形，其实就是现在常见的 Uniswap 恒定乘积曲线（$xy=k$），传统金融的秩序决定了这种纯数学规则可以颠覆的场景有限，而区块链底层技术的日益成熟和区块链人对金融工程的关注，让这种数学与智能合约产生了奇妙的化学反应，可以说是"天造地设的一对"。

AMM 最大的特征便是基于最简单的数学法则，简单即是美。在数学上不能过于复杂，这也是早期发展提出的必然要求，是支撑金融系统安全运行的必备条件。Uniswap 是恒定乘积的典型，这种模型最大的特征就是无尽的流动性，它将资产价格跟数量的关系用 $xy=k$ 的简单公式表示。例如，建立起资产 A 和资产 B 的交易对，并设置初始流动性：设资产 A 的数量为 x，资产 B 的数量为 y，两者有个初始的乘积 k，此时对应汇率为 y/x，单位资产 A 可以换得 y/x 数量的资产 B；当兑换者希望用手里 a 数量的资产 A 换取资产 B 时，协议会重新设定资产 A 新的总量为 $x+a$，由于需要始终满足乘积恒定，即（$x+a$）（$y-b$）$=k$，便可以直接通过公式算出兑换到的 b 数量的资产 B，此时汇率变为（$y-b$）/（$x+a$），即单位资产 A 可以换得（$y-b$）/（$x+a$）数量的资产 B，使得资产 A 价格降低了。

更直观的理解是，恒定乘积曲线定义了供需关系对于价格的量化，当人们越来越多地用资产 A 来兑换资产 B 时，会导致资产 A 过剩，资产 B 需求不足，数量变少，相应地，资产 B 价格变得越来越高。AMM 正是通过这种简单的数学模型建立了交易供需市场的平衡。由于 $xy=k$ 在曲线上具有无限逼近坐标轴而永不相交的特性，因此会保障不论如何兑换，始终不会出现交易对一边资产数量变为零的流动性枯竭状态，可以不必进行人工干预而全天候地提供兑换服务，我们称之为"无尽的流动性"。

任何涉及资产的市场一定是通过交易来聚集流动性的，让流动性加强，让资产价值获得共识和增长。在传统金融领域，这一切都靠各国的股票、大宗商品、期货交易市场来支撑，并受国家和监管部门的统一监管。在比特币和以太坊刚兴起的时候，人们也曾试图在区块链上以完全去中心化的形式搭建并运营一个可以交易所有加密资产的"纳斯达克",并选择了模仿传统金融的模式——带有中心化特征的订单簿模式,这个模仿出来的市场需要在区块链上为每一笔用户交易寻找对手方,事实证明,这样做不仅效率低下、体验糟糕,而且根本不具备虹吸资产规模和用户网络效应的能力,模仿最终也是以失败告终。

直到 2018 年,区块链人在深刻反思流动性交易现状后,从区块链第一性原理和交易的本质出发,结合传统金融中那些未被广泛应用和认可的"理想"理论,最终让 Uniswap 横空出世。它的简单数学之美,以及对智能合约和区块链的完美依托,使得仅靠几千行代码和几十位全职员工便在去中心化世界中造就了一个市值 150 亿美元的公司组织,作为对比,纳斯达克用了几十年时间,5 000 多名员工才达到 200 亿美元的市值。这就是去中心化的力量,整个世界的金融逻辑正在逐渐发生变化,新的模式将会对旧的模式产生无法想象的冲击力。

在 Uniswap 开创了 AMM 纪元之后,精通数学的 DeFi 科学家还创造出了更多优美的数学曲线,以带来更多样的交易体验。比如针对大额稳定币之间的交易,Uniswap 的简单恒定乘积曲线会出现非常大的滑点问题(即交易会产生很大的折扣磨损),于是以 Curve.fi 为代表的新一代 AMM 协议创造了一种特殊曲线:既能够比 Uniswap 曲线在一段区间里更加无曲率变化(即交易价格较为稳定),又保留了 Uniswap 曲线可以提供无尽流动性的优势。Curve 混合曲线如图 3.4 所示。

这一创新的口子被撕开后,引发了更大的 AMM 创新洪流,在短短一年时间内,便成就了一个规模庞大的 AMM 交易市场,整体日交易额稳定在 20 亿美元左右,吸引了近 500 亿美元的加密资产,也是目前吸引用户数最多的去中心化金融市场,全球每天都有几十万人匿名参与互信的交易体验。

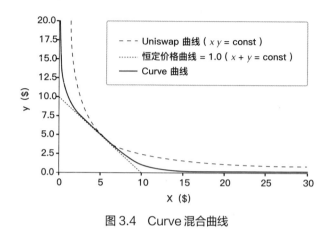

图 3.4　Curve 混合曲线

AMM 也被称为继比特币和以太坊之后，加密人所取得的第三大区块链发明或成就。AMM 金融市场也是去中心化世界独有的创新，拥有跟传统交易市场分庭抗礼，甚至即将超越的巨大能力。AMM 的成功也增强了区块链和去中心化加密世界继续"征服"世界的信心，在向传统世界借鉴学习的同时，也能够利用去中心化的技术和理念获得革命性的创新创造。金融的本质是交易，而交易的本质是数学和信任。在元宇宙的伟大发展进程中，金融也是不可或缺的一环，元宇宙的金融也应该是由一系列优美的数学曲线勾勒而来的，在这个新的金融秩序里，人们只相信数学和去中心化的力量，不再被华尔街等精英金融阶级的规则牵着走，真正让金融成为普惠的阳光，人人都可以沐浴其中，感受光明和力量。

7. 去中心化衍生品协议

衍生品市场种类异常多样，包罗万象，这里我们只简单介绍 DeFi 指数基金，它也代表了衍生品协议中最大的门类——合成资产。

首先需要解释一下指数、指数基金、指数 ETF（交易所交易基金）三者本来的样子。在传统证券市场中，为了反映整体大盘或者各个细分行业下的综合股票行情，会选取具有代表性的、市值较高的几种股票标的组成股票篮子，并根据市值占比来设置每种股票在篮子里的权重比例，即资产配置。每种股票都有当前的市场价格，结合各自的权重，通过加权平均的方法便可计算出一个综合数值，即指数，例如标普 500、中证 500 等，窥一指数可知大盘。随后这篮子里的股票有的会大涨，其市值占比就会变大；有的会大跌，其市值占比就会大大减少，甚至跌出篮子、让位于新股票。因此在一定周期后，需要对指数进行新一轮的配置，包括重新确定资产标的（剔除与新增）、重新根据市值占比调整各股票标的的权重（可能会强者愈强，市值越大、涨幅越大的股票每轮调整后的权重就会越来越大）。

指数可谓大盘与行业的晴雨表，围绕这一纯数字形态，证券市场的基金经理会建立一种能够跟踪指数的基金，即指数基金。如果大盘或者某个行业的指数一路上行，该指数便存在一个正向的收益率。指数基金的本质便是希望通过配置跟指数篮子一样的资产获得一种正向的收益率，即指数涨则基金涨，并保持幅度基本一致。再进一步，人们又发明了更为高效、入场成本更为低廉的指数 ETF，这是一种集开放式基金和封闭式基金特征于一体的双重交易市场，一级市场为基金份额的申购和赎回，对机构开放，形成的 ETF 份额会在二级市场交易，向散户开放，两个市场会不断地出现溢价与套利操作，这使得 ETF 在跟踪指数上效果更为显著。

指数基金和指数 ETF 是股民入场配置资产最简便的方式，股民只管投钱，剩下的交给大盘和指数基金经理。再回到 DeFi 上来，尤其是近几年 DeFi 概念代币板块的崛起，似乎让我们看到了所谓"行业指数"的雏形，而在这之前可能只存在一个以主流币为篮子的"大盘指数"，而且往往大盘篮子里的主流币是全联动的，基本上只看比特币的情绪。DeFi的兴盛还带动了稳健型资产的出现，比如各种链上稳定币、去中心化稳定币、以LP Token（Uniswap/Curve）和cToken（cDAI）为代表的收益率型低风险资产，使得在链上建立传统指数基金实现"股债平衡"成为可能。例如，成立于2020年10月的DEFI+L指数产品包含七种市值超过2亿美元的DeFi代币：LINK、YFI、AAVE、UNI、SNX、COMP、MKR。用户购买时可以存入对应比例的七种代币铸造DEFI+L指数代币；成立于2020年7月的USD++包含四种稳定币：USDC、TUSD、DAI和sUSD，USDC权重为47.22%，TUSD权重为28.58%，DAI权重为20.42%，sUSD权重为3.78%。

从目前的行情来看，主流币、稳健型资产、DeFi概念币之间的联动性正大为减弱，DeFi概念币在一定程度上甚至可以存在独立行情，其代币背后的价值支撑也更为丰富，当然这都是相对而言的，在压倒性的熊市面前，整个行业都会显得非常脆弱。然而历经多年低迷后重新崛起的加密货币大行情还是为我们的勇于尝试提供了非常有利的条件和基础假设。因此在尝试建立链上指数基金产品时，我们不妨多思考该如何划分加密代币的"行业"，思考资产间风险的分散和权重的配比，思考可纳入指数的代币应该具备的条件，如均值回归。

遗憾的是，截至目前，虽然形形色色的指数产品层出不穷，却没能向市场共识出一种甚至几种被公允的指数，尤其是可以反映整体市场行情的大盘指数（似乎大家还只认比特币的情绪效应）。而且形态单一，基本上都是以几种头部的DeFi概念币为篮子被动跟随。DeFi天然无门槛以及处处可交易的优势决定了传统指数基金的优势可能并不是链上建立指数基金的优势，任何人都可以轻松购买DeFi概念币，而且大多数人往往会购买多种 DeFi 币。因此我们想传达的另外一层意思是，DeFi 建立的指数基金可能并不是为了帮助用户解决入场门槛和购买便捷性方面的需求，链上指数基金也不应当完全复刻传统指数基金的模式。

此处我们也给出一种初步思考。DeFi 指数基金吸引用户的优势应该在于自己独特的配置和择时，而且需要用收益率来说话，尤其是当前还未形成公允的链上指数，这就意味着百舸争流，任何竞争者都可能将自己所拥有的指数发展成为行业风向标。而要达成这一目标，便如我们前面所讲，不能仅仅是添加头部几种 DeFi 概念币，而应当配置出更为新颖的篮子，并选择适当的建立时机（例如在牛市启动前建立和在牛市顶点建立将是截然不同的结果），以达到极具竞争性的收益率，甚至不亚于某一热门币的涨幅。所以做正确的资产配置和择时才是今后众多链上指数产品在建立自身初期壁垒和用户选择效应时所应采取的正确方式。在加密市场，用户永远会以收益率作为评判与选择的重要指标。正如灰度可以引领主流币的选择配置一样，链上指数基金应该也存在灰度模式。与此同时，我们主张先建立起种类繁荣的指数，然后让彼此竞争，争相做大规模，市场和用户优胜劣汰，形成优质的复合型资产市场，最好能够出现某些重要指数成为一种崭新的基础性资源被其他场景和协议广泛集成的现象，指数只有成为一种独特的代币形态才符合 DeFi 的宗旨，可以被组合性才是在 DeFi 上建立指数基金有别于传统指数基金的优势所在。

在传统指数基金市场，基金经理的职责所在便是进行再平衡操作。假设在基金启动时，基金经理将所拥有的 100 元中的 50 元用来购买资产 A（权重为 50%）、30 元用来购买资产 B（30%）、20 元用来购买资产 C（20%）。在随后的日子里，资产 A 出现了大涨，资产 B 和资产 C 则稳定不动，则此时实际上资产 A 的权重已经远远超过了 50%，所谓的再平衡，便是此时将资产 A 部分卖出并变成资产 B 和资产 C，使得 A、B、C 三项资产的价值占比重新回到 5：3：2 的初始状态。这是一种"高抛低吸"的提倡性操作，可以有效降低随后的回落风险，保持住收益。在传统的指数基金里，再平衡并不是一个频繁的操作，一方面源自基金经理在证券市场不断买卖资产形成的摩擦成本，另一方面是指数基金往往追求长期性的收益，不会对短时的波动性做出剧烈反应，期望可以收获市场的平均收益。

再回到 DeFi 建立指数基金上，从 Balancer 的提出到已经上线的几个知名指数产品，似乎大家已经找到了取代传统基金经理达到再平衡的绝佳方式，即 AMM 自动再平衡。Balancer 引以为豪的几何加权平均函数表达式可以轻松地将多种代币纳入自动交易公式，且可以为每种代币分配不同的权重，使得每种代币在池子中的价值占比不尽相同，这就非常类似于传统指数中的市值加权（不等权）模式，且因为本质是 AMM 交易池，因此可以通过自动套利交易来维持每种代币的价值占比永恒不变，例如在 Uniswap ETH/DAI 中，不论 ETH 如何上涨，几乎每时每刻 ETH 的价值占比都恒等于 DAI。这似乎就是所谓的再平衡，Balancer 也是这么主张的，它认为可以通过 AMM 自动交易的模式取代基金经理的人工操作，只要是在套利机制的作用下，不论代币涨跌，池子中的 N 种代币资产总能维持恒定的权重比例。其他已经推出指数的项目也集成了 AMM 做再平衡。这是 DeFi 给予指数基金最精彩的一笔。AMM 做再平衡的优点是，效率极高，且可以将交易手续费变作额外收益，真正实现被动基金，以算法取代人工的主观操作，从长期来看更为正确；缺点是，需要经受 AMM 独有的无常损失，且在某些情况下 AMM 会限制篮子的增长。

3.6　元宇宙引发区块链技术更迭

过去一年，当人们还在为去中心化金融的到来而欢欣鼓舞时，元宇宙紧接着降临加密行业，使区块链技术不仅可以改变金融格局，更获得了塑造元宇宙的潜力和想象力。一块比去中心化金融更新、更大的区块链新大陆开始浮现。

元宇宙的大框架也对区块链技术提出了新的架构思考和发展诉求。著名的加密数据分析商和研究机构 Messari 已经从 NFT 的角度给出了一份详尽的元宇宙区块链技术堆栈。下面我们详细谈一谈 NFT 和元宇宙给予区块链技术建设的新启迪和新方向。

1. 基础设施层

包括底层公链、可扩展网络（Layer2 和跨链）、智能合约、存储这四种已经产生实际应用价值的基础设施。

首先来了解一个新名词——FT（同质化资产）。FT 是与 NFT 相对的一种规模更为庞大的资产统称，是当前加密世界最核心资产，包括比特币、ETH、稳定币以及在以太坊上发行的 ERC-20 代币等。在元宇宙出现之前，这些底层基础设施几乎都将焦点聚集于 FT 资产的处理上。比如，FT 资产的火热交易给底层公链的性能提出了新的诉求，传统的 PoW 以太坊已经越来越跟不上时代发展的步伐，开始加速向 PoS 以太坊转变，同时也开始开放接纳和支持 Layer2 网络的架起。所有的努力和快速落地都是为了更好地支持 FT 资产。

随着本轮 NFT 的崛起和元宇宙的宏大加持，或许在不久的将来 NFT 资产在整个加密世界所占据的比重将会逐渐追上 FT 资产。而 NFT 资产的处理逻辑与 FT 资产相比还存在较大的差异，比如在后面章节我们会重点介绍的激进交易市场，再比如对 GAS（以太坊费用）的需求。现在正在建设的底层基础设施或者正在提出的技术架构模式可能缺乏对 NFT 的原生支撑，比如很多跨链网络解决方案尚不足以支持 NFT 的跨链互操作。而且某些方案如果加入对 NFT 的支持，涉及的改动还是比较大的，这说明很多基础设施在建设之初所定下的架构并不能方便地扩展对 NFT 的支持。对于用于提升交易性能的可扩展性网络而言，应当从现在开始就将 NFT 资产的处理逻辑考虑到技术架构中，比如基于零知识证明的 Layer2 方案 zk-Rollup，现在便可以开始着手建设支持 NFT 资产的密码学组件。

基础设施方面另外一大更为迫切的需求便是存储。NFT 的不断壮大也会伴随着原生链上信息的增多。当前很多 NFT 项目都选择了以中心化或者半中心化的方式应对元数据中大量的存储和验证问题。受限于底层基础设施的拥堵和高昂的成本费用，大多数 NFT 项目都没有完全在链上和智能合约里存储丰富的元数据和多媒体数据，比如音频、高清晰图片、视频等。它们依然借助了传统互联网的成熟架构，将大部分数据上云，仅在区块链上保存一个对应的索引编号。但这种模式其实存在非常大的隐患，一旦区块链和互联网之间出现"断层"，相关 NFT 将失去数据的支撑，也就失去了现实意义的表达，仅留存一串没有任何指向的链上索引编码。

多年前为了应对交易爆炸，底层公链便开启了寻找可扩展性网络方案的漫漫道路，一开始也是五花八门，互不统一，但随着区块链场景的明确化和技术的不断发展，才慢慢走出一条以 Layer2 和跨链为核心架构的可扩展性之路。而在存储领域，在最初去中心化存储的场景设定中，NFT 可能并未被考虑进去，或者只占很少的一部分。很多去中心化存储协议更像是独立的体系，是一种像云盘一样对所有媒体数据进行去中心化形式的再存储，也未能过多地考虑与以太坊等公链的结合与联动。

当 NFT 出现后，这种联动模式开始出现。这种特殊的资产类型需要在两种去中心化底层间拥有状态和操作，在底层公链上记录"灵魂"，而在去中心化存储上记录"躯体"。由于过去并未做好这方面的衔接工作，导致当下很多 NFT 项目并未全面采用去中心化存储的方式。加密朋克便选择了将"宝贵"的图片存储在互联网服务器中，而再将对图片提取的加密哈希值记录到以太坊智能合约中，形成一个跨越体系的键值对。作为拥有者，当你想向社区成员炫耀自己拥有的某个稀缺朋克头像时，可以提供自己资产中的哈希值和原版头像图片，社区成员便会对该图片进行哈希值提取，如果与你资产中的哈希值一致，则可认定该头像确实属于你。但如果互联网服务器出现问题，你就无法向社区提供这种验证了。

我们一直在谈的去中心化存储，最知名的开放协议是 IPFS（星际文件系统）。IPFS 的发展初衷其实是对 HTTP 协议的扩展，希望为互联网数据提供去中心化的存储和寻址方案。在 IPFS 的推动下，也产生了一些加密原生的去中心化存储基础设施，例如 Filecoin。但对其的使用和访问大多受制于这些平台推出的底层代币，提高了使用和集成的门槛。IPFS 及其造就的更为成熟的商业存储平台有望成为 NFT 和元宇宙底层存储的最佳解决方案。

2. 协议与应用层

协议与应用层包括 NFT 铸造协议、交易市场协议、虚拟身份协议、金融与流动性工具、钱包、数据工具、NFT 社交协议、域名协议、展览协议等。这仅仅是当前发展阶段出现的几种强需求的协议和工具，在进入元宇宙发展阶段，NFT 需要不断丰富自己的协议层。从 DeFi 的发展脉络看，最初只有去中心化稳定币（如 MakerDAO），在逐渐获得模式成功和市场规模后，人们才开始进行抽象总结，希望构建更具规模的金融体系，货币之下便是流通、借贷和衍生品。于是，去中心化交易协议和去中心化借贷协议的雏形也因此产生。在获得巨大成功后，加密人有了越来越多的底气和协议层支持，便开启了对金融衍生品等更庞大体系的构建，也因此引爆了 2020 年的"DeFi 之夏"——个千亿美元规模的庞大市场。NFT 成为加密元宇宙的第一个核心协议层，有望在接下来的五年，不断催生出更多的与之息息相关的其他协议层。

另外，对 DAO 的关注也是加密行业的使命。在 DeFi 时代，DAO 便展示出了其在治理方面的极大价值，很多头部 DeFi 协议，如 Uniswap、MakerDAO 等，都已经脱离了中心化控制，完全由社区以 DAO 的形式投票决定项目的发展方向。MakerDAO 货币协议中涉及很多关键货币参数，这些参数的设定也是来自去中心化的集体智慧和决策。因此才能撑起这些协议庞大的市值，而不被中心化垄断所控制。DAO 的理念会一直传递到 NFT 和元宇宙中，我们相信在真正由社会治理的元宇宙中，DAO 的价值将会被发挥到极致。

第 4 章

融合，元宇宙大爆炸

飞速发展的技术必须要有无法无天的地方才能发挥功用。

——威廉·吉布森，《神经漫游者》

4.1 二元归一，Web 3.0 新时代

从中心化古典元宇宙中，我们看到了游戏元宇宙、社交元宇宙、娱乐元宇宙、数字孪生元宇宙、工业元宇宙、VR 元宇宙等众多巨头引领的新一轮互联网改革浪潮。在这些元宇宙实践中，不仅存在明确的商业模式，也包含近乎所有前沿性信息技术的融合。古典元宇宙可以调动世界范围内的用户、资本、政策、技术、研究等的力量，是当前元宇宙建设的主力军团。

我们从去中心化加密元宇宙，见证了现实世界中很多有价值的事物可以通过资产数字化映射到虚拟世界中，见证了人们自主掌控资产和治理的伟大实践，见证了 NFT 与元宇宙千丝万缕的联系，见证了加密游戏如何赋予元宇宙强大的经济系统，以及如何自下而上地构建元宇宙范式的新启发。其实加密世界一直在致力于以去中心化的方式重塑货币与金融，加密货币与 DeFi 的阶段性成功也深刻影响了美元体系和华尔街金融。今天的元宇宙对去中心化的底层逻辑和虚拟资产有着更为明确的需求，区块链和加密技术已当之无愧地成为必备的核心技术。

古典元宇宙和加密元宇宙之间也存在很多渊源。互联网因为遇到

自身发展瓶颈，创新的边际成本不断上升，而创新的边际效用则不断下降，所以不得不探寻一种更加开放和去中心化的新型网络服务模式。元宇宙的诞生适逢其时，几乎将"新基建"的各个领域都囊括其中，区块链、脑机接口、虚拟现实、云计算、5G、物联网、人工智能等一系列技术如今都在元宇宙中找到了用武之地。加密行业近十年来一直以去中心化建设为使命，在此方面不断进行探索，并取得了累累硕果，这也让去中心化的理想慢慢照进了现实。随着对加密行业的探索从金融领域转向更广阔的社会范围，尤其是NFT的大获成功，让人们看到了在区块链上映射万事万物的可能性。

如果说古典元宇宙凭借全方位的技术创新与计算力的爆炸而率先引发了元宇宙的生产力革命，那么，加密元宇宙则是凭借对去中心化的探索经验主导了元宇宙的生产关系革命。两大理念终将走向和解并展开合作，将合二为一而尽归元宇宙，下面从一些微观角度详细分析其中的必然性。

1. 加密元宇宙的不可替代性

资产是当前元宇宙发展所共识出的一大基本要素，也是基本的元宇宙生产资料。资产决定经济系统的基本形态，在互联网时代，中心化的资产带来了中心化的经济系统，而在元宇宙时代，人们对资产的诉求将是去中心化、可自主掌控的，这也决定了元宇宙经济系统的去中心化特征。从古典元宇宙的实践——Roblox来看，它虽然也在努力建设新型的经济系统，并进行了很多大胆尝试，比如打通虚拟货币与现实货币在一定条件下的双向互兑机制，但仅此而已。中心化的经济模式决定了其经济规模不能过于庞大，否则极易失控，或遭到严格的金融监管。这种中心化和封闭的经济模式难以用于指导元宇宙的经济系统建设，于是人们将目光转向了加密世界，在这里去中心化的资产无处不在，所有围绕资产形成的经济体系也都是去中心化的模式，整个市场的经济效率和规模都远远超越了古典元宇宙。以两边都在追捧的 NFT 为例，这种不同于传统货币的资产具有天然的流动性缺陷，当 NFT 进入古典元宇宙时，在中心化经济系统的支配下，其将会失去流动性，最终变成一潭死水；当它进入加密元宇宙时，则会引爆"NFT 之夏"，也能像传统货币一样获得极大的交易量和换手率。所以加密元宇宙在支持元宇宙资产体系和经济系统建设方面意义重大。

内容是另外一大基本要素和生产资料。古典元宇宙为了让开放的游戏世界实现自生长，一方面借助 AI 技术来创造 NPC 和场景，但受限于 AI 现实发展尚未成熟，此模式目前也仅仅是辅助性手段；另一方面则是依赖去中心化的 UGC 模式，这需要找到一种高效的分布式协作模式，并且形成一套自组织的新理念，才能吸引全民创作。与此同时，如果没有经济激励的加持，全民创作终究难以维持，内容质量更是无法保障。在寻找这种前所未有的协作范式的道路上，Roblox、短视频平台以及自媒体平台等给出了部分答案，但也仅限于自己的产品体系内，依托类似积分的经济系统实现局部的去中心化协作，威力有限，难以直接复制到更加开放包容的元宇宙上。

去中心化协作始于去中心化的经济激励系统，并最终表现为一种去中心化的自治组织。每一位参与者都有各自的分工，贡献着不同的内容，在这个协作系统里将自己的虚拟劳动转化成虚拟报酬。经济激励体系首先需要能够公平地量化每一位劳动者的所得，将价值定义过程交给完全自由的市场，而非采取类似计划经济的手段（因为这在去中心化协作中很难奏效）。并且建立虚拟资产的自由交换市场，劳动者所得的虚拟报酬可以自由转换为具有实际意义的物品、资产、服务和体验等。更重要的是，激励体系也必须是去中心化的，这是其与古典元宇宙所建立的虚拟经济系统最本质的不同。这个市场不能由某个巨头公司主导，否则它便可以随意增发，进而严重挫伤劳动者的生产积极性。而且由单一中心来决定这个市场的价格和价值流通，也未必是高效且合理的。随着元宇宙的内容不断丰富和爆炸，不同内容对应的劳动所得皆不同，中心系统难以对所有经济活动进行定价和管理。最高效的方式依然是交给自由市场，让市场本身去调控。元宇宙只需要从根本上建立一种世界性货币来完成统一定价即可，这跟现实社会的体系是基本一致的。统一货币体系可以对物品、资产、劳动力定价，是建立高效元宇宙经济活动的根本。

以上一切都是我们在加密世界积极探索的产物，多年的实践也让人们逐渐摸索出了一种具有积极意义的建设范式。例如，加密世界通过建立比特币和稳定币实现了资产定价和价值传导，通过建立交易体系实现了价值交换，通过 DAO 完成了很多巨型协议的去中心化协作和治理，通过去中心化的奖惩机制让所有的链上行为在没有法律等的约束下也可以健康运转、自我愈合。

从元宇宙资产和内容的角度来看，古典元宇宙存在的不足和难以实现的突破正是加密元宇宙所擅长的，并取得了一定的成果，因此对元宇宙建设具有更为重大的意义，是绝对不可以忽略的一环。下一个阶段的难点是两大元宇宙如何在资产体系和经济系统上实现融合，能够让两个世界彼此接受，而非相互排斥。

在主流世界对元宇宙特征的定义中，有一点也获得了较大范围的认可——永续性、永不停机或无限游戏。即一个真正的元宇宙平台不会像游戏和传统互联网服务一样出现"中断""拒绝服务""宕机""消失"等情况。什么样的技术架构可以撑起完全摆脱现实社会阻力和自然界阻力的世界级平台？云计算做不到，物联网技术也做不到，当前只有公有区块链技术可以做到。这得益于人们对区块链技术的深入建设，做到了无重大技术问题持续运行，而且是在去中心化经济模型的控制下，让一切恶意行为无处下手、无利可图，并激励全球范围的专业人员为软件持续升级做出贡献。

区块链正是这样一种可以永不停机的世界计算机架构，计算资源来自全世界成千上万的分布式节点。即便某个国家遭遇了战乱，或者出现了监管过严的情况，区块链依然可以依托其他国家和地区的节点正常运转，不存在单点故障。而且这些节点是任何人、任何组织、任何匿名群体都可以自由建立和运行的。即便遭遇了全球范围的阻力，只要还存在最后几个"信仰者"，分别运行一个节点，都可以持续地、不间断地让区块链系统和构建于其上的文明运行下去。区块链所引领的全新分布式系统是人类社会迄今为止最超越现代文明的一大技术成就，即便是与人工智能技术进行对比，它直接指引了未来 20 年的发展光辉。

2. 元宇宙与 Web 3.0

古典元宇宙和加密元宇宙两者的渊源，还可以追溯到一个长久以来都争论不休的技术演进概念——Web 3.0。在元宇宙出现之前，互联网世界最热衷的演进方向其实是 Web 3.0。下面先介绍一下各个发展阶段的情况。

Web 1.0：最早期的互联网门户网站和 PC 浏览器时代，信息是单向展示和传递的，是一个由网络到用户的过程，用户只能看，而不能进行交互操作。

Web 2.0：动态网站兴起，用户可以通过互联网进行更多的交互和连接，这是一个从用户到用户的过程，特别是打通了互联网社交属性，让现实生活可以映射到互联网，带来了优步、脸书、推特等巨头。移动互联网也属于 Web 2.0 的范畴。

Web 3.0：一个终极、开放、无须信任、无须权限的理想网络架构，集所有前沿信息技术于一身，消除巨头垄断，创造自由市场，一切以普通用户为核心，自主掌控数据，建设了一个民主的互联网。但至今尚未形成较为具体的存在形式和技术架构。

Web 的演变过程如图 4.1 所示。

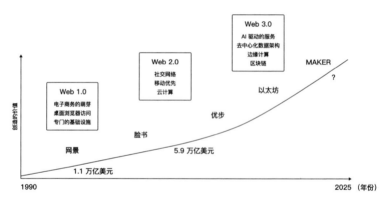

图 4.1　Web 的演变过程

图片来源：普拉盖蒂·维尔马撰写的博文《Web 的进化》。

Web 2.0 成就了中心化互联网平台和巨头。以最能代表 Web 2.0 用户规模和价值的电商、新媒体和社交平台为例，它们凝聚着巨大的流量和商业模式，但也存在着备受诟病的垄断问题和不公平问题，2021 年更是引发了各国政府的强烈监管。巨额的罚款、严厉的批评、增长的停滞，彻底暴露了当今互联网发展的瓶颈和不足。

硅谷投资巨头 A16z 公司的合伙人克里斯·狄克逊认为，中心化平台遵循可预测的生命周期，起初它们竭尽所能地招募用户和第三方来进行补充，如创作者、开发者和企业，这么做是为了加强它们的网络效应；随着平台呈现 S 形曲线发展，它们对用户和第三方的影响力稳步提升；当它们到达 S 形曲线的顶部时，它们与网络参与者的关系将从正和变为零和，若要继续提升影响力，则需要从用户那里提取数据并与（之前的）合作伙伴竞争（如图 4.2 所示）。这段见解一针见血地指出了当前 Web 2.0 下，互联网平台和巨头所面临的发展窘境。互联网巨头为了巩固自身利益或者抢占其他领域的商业利益，而放弃了对新技术的追求，不再投入，更是互建壁垒，自我阻碍时代发展的步伐，形成商业气息浓厚的传统竞争格局。

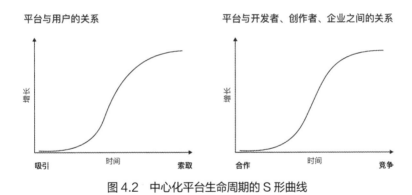

图 4.2　中心化平台生命周期的 S 形曲线

图片来源：克里斯·狄克逊撰写的博文《去中心化为何意义重大》。

人类的进步也是技术革命的进步，如果放弃了技术革命，一味地追求商业利润，终究是一种社会退步。2021 年 10 月 16 日，全球最大的综合性数字发行平台 Steam（蒸汽平台）宣布清除所有涉及 NFT 的游戏，更是在新手入门页面中更新指出，用户不能在 Steam 上发布的应用程序包括：基于区块链技术构建的可发行或允许交换加密货

币 / NFT 的应用程序。作为一个引领时代发展的超级平台竟然随意封杀了一种崭新的游戏模式，只因为这种带有数字资产的游戏可能会对 Steam 原有的商业模式带来冲击，进而影响到自身的利益。当然也有观点认为 Steam 之所以会下架所有区块链游戏是因为 Steam 认为这些游戏内的物品具有现实价值，而 Steam 不允许其平台上存在具有现实价值的物品，或者也是在预防炒作。不论怎样，即便是加密行业从业者也不能轻易给 NFT 游戏定性，因为它具有革命性意义，值得被不断探索，而中心化巨头在没有对此类创新技术和模式进行积极探索的情况下，便妄下结论，随意宣判新事物"死刑"，违背了很多用户的意愿。

于是，开放和互通开始成为新的启蒙思想。即便某个巨头拥有着非常多的垄断资源，涉及几乎所有的互联网服务，它自身的体系也存在一种互通的建设需求，希望可以通过一个更高层次的超级平台对自有的商业体系形成凝聚并升级，以创造更高的效率和增量。最终，Web 3.0 被提上日程。为了解决中心化发展的弊端和瓶颈，Web 3.0 倡导去中心化理念，但尚未对该理念进行明确的技术定义和实践，只是从最顶层认为应该将互联网的所有权和控制权重新交给用户，让用户可以自主掌控数据、资产、服务，这是对 Web 3.0 的基本认知。正如资深加密人 Ki Chong Tran（金崇德兰）所说："在 Web 3.0 下，网络是去中心化的，因此没有任何实体可以控制它，建立在其上的 DApps 也是开放的。去中心化 Web 的开放性意味着没有任何一方可以控制数据或者限制访问。任何人都能在不经过中心化公司允许的情况下构建和连接不同的 DApps。"

在 Web 2.0 时代，用户已经被迫习惯了将内容、数据、账户都存储在中心化的应用和平台中，用户不会轻易转移平台，否则需要重新进行一套烦琐的操作，这便从根本上形成了互联网应用服务间的壁垒，且用户权限也是孤立的。例如，应用程序之间的互访需要经过烦琐的申请、审批流程，大型应用之间甚至还存在互相禁止访问的情况。此外，Web 2.0 时代诞生的巨头牢牢地将商业利润攥在自己手中，而不是与所有平台用户分享。例如，Roblox 社区的开发者只能分得系统收入 27% 的份额，其余大部分都归平台所有。Roblox 仅在 2021 年第二季度就赚了约 5 亿美元，相比之下，在 120 万开发者中，只有 1 000 名开发者能够获得 3 万美元以上的年收入。Web 2.0 时代造就的公司与传统商业模式一样，不断从生态系统中榨取越来越多的价值，而不会将全部或者大部分利益反馈给平台的用户。今天，Web 2.0 已经呈现出全貌，虽然是互联网"万物互联"精神的产物，但终究还是发展成了一个个大型孤岛，所谓的万物互联也仅限于大型孤岛内部。

Web 3.0 希望为数据、内容、身份账户甚至是资产创造一个公共的开放空间或者平台，不论存在多少独立发展的应用程序，它们也不会再独自拥有用户的一切资源（用户也不会再被迫通过选择它们来留存资源）。在提供服务时，应用层需要接入这样一种专属于用户的公共空间，并在征得用户同意的基础上，获取相关的生产资料和数据，为用户提供互联网服务。但最终不能留存用户的数据和资产，需要做到公开透明。应用程序之间在没有了数据和用户壁垒之后，会自然地相互开放，互通有无，这便是对 Web 3.0 的一种终极构想或者博弈设计。当消除了中心化商业平台，生态系统所产生的价值也都会以去中心化的形式分发给所有用户，让真正的建设者享受到生态系统发展的红利。

与此同时，以太坊世界计算机和其他更加超前的底层公链也在引领区块链世界的 Web 3.0 进程，与互联网世界稍有不同，加密行业对

Web 3.0 的构想更为具体。基于 Web 3.0 对去中心化的核心诉求，以太坊等公有区块链上的基于智能合约的应用都可以称得上是 Web 3.0 的雏形。但其中大多是未获得商业成功和市场规模验证的，并不足以代表 Web 3.0。直到 DeFi 的兴起和壮大，才让真正可以实现去中心化运转的产品照进现实。在区块链之上完全按照金融和数学理论建立起一个数千亿美元规模的新型虚拟经济体系，并将权利归还于所有用户，这也极大地保障了用户的隐私、数据、资产等权益。例如，用户可以在 Uniswap 上享受到完全去中心化的资产交易服务，自主掌控账户、自主托管资产，不存在平台挪用用户资产的问题。当用户想进行交易的时候，可以随时将自己的钱包连接到 Uniswap，完成即时交易；用户还可以将自己的流动性资产交换为一种去中心化的稳定币，它不会被任何中心化平台以各种缘由没收、冻结和转移，是真正属于用户自己的有价值支撑的虚拟资产，代表了人类对自主权利的最高掌控。

目前仅限于在金融方面的成功实施，而且 Web 3.0 的范畴和定义其实涉及整个互联网，只有在区块链上建立起超越金融的、更加广泛的去中心化互联网服务体系，才能真正实现区块链所定义的 Web 3.0 技术范式。因此，加密行业从未停止这个追求，试图让区块链在 Web 3.0 时代拥有核心的地位。今天，当元宇宙席卷两大世界时，人们惊讶地发现元宇宙正是对 Web 3.0 理念的继承和发扬，正如全球最大的会计师事务所德勤在 The Spatial Web and Web 3.0（《智慧空间网和 Web 3.0》）报告中所指出的：在 Web 3.0 时代，与 3D 空间中的现实世界交互的虚拟空间形式将会得到扩展。只不过相较于 Web 3.0，元宇宙更为具象，也有了更多实践。

3. Web 3.0 的构建范式

区块链投资机构 Outlier Ventures 创始人兼首席执行官杰米·伯克在 What is the operating system leading to Metaverse（《通向元宇宙的操作系统是什么》）一文中将 Web 3.0 的详细技术构建归纳为 Web 3.0 工具箱。站在区块链和去中心化的视角，Web 3.0 工具箱自下而上依次包括点对点网络、交易层、可编程层、去中心化应用层、代理层、钱包层。

点对点网络：即 P2P 网络，是当今区块链架构中的底层网络，具有去中心化属性，全分布 P2P 节点可以自由进入、退出，并且没有中心节点。

交易层：区块链网络的所有活动都是以交易的形式发送、共识和最终确认的，交易是一切事件表达的最基础原语。

可编程层：以智能合约为核心，让通过交易表达事件具有可编程性，图灵完备的智能合约编程语言几乎可以将任何服务变为链上程序。

去中心化应用层：可以进一步细分为 DeFi、NFT、DAO、Staking（权益质押）、去中心化云服务［存储、计算、数据库、查询 &API（应用程序编程接口）］、DID（去中心化身份）。

代理层：为钱包和应用之间架起桥梁，方便钱包对各种去中心化应用的集成。

钱包层：对于用户来说，面对如此庞杂的 Web 3.0 工具箱，仅需要知道如何使用钱包层即可。

通过 Web 3.0 工具箱可以进一步构造出一种开放元宇宙操作系统，架构自下而上分别为：硬件基础设施（计算和存储）、软件后端

（计算和存储）、世界原语和规则、虚拟资产、终端硬件、终端软件。我们尝试去理解这种完全基于去中心化技术构建的开放元宇宙操作系统的核心构成。这里的硬件基础设施和软件后端都特指去中心化技术，如区块链核心系统、分布式存储等。核心要素聚集在中间的世界原语和规则、虚拟资产两层，负责连接数字世界和物理世界，主要通过 NFT 来映射物理世界。在世界原语和规则这一层，有对用户身份、所有权和声誉的集成，有对可编程性智能合约的集成，定义了构建一切去中心化活动的基础原语，在其上便可以进行虚拟资产层的构建。虚拟资产层大致可分为三类：物理与虚拟的映射（如空间建模、虚拟化身）、经济（如数字货币、金融基础设施、交易市场）、内容（如媒体、数据资产）。

不论是 Web 3.0 还是元宇宙，最重要的是要明确建立一种什么样的开放体系，可以调动起全球的开发者力量，像建设曾经的 Linux 系统和今天的以太坊世界计算机一样，也像今日中国在建的鸿蒙 OS 技术体系和相关生态的步伐一样。

Linux 操作系统诞生于互联网时代的初期，改变了 Web 2.0 的开发范式，提供了一个全球范围协作的清晰案例。如果说微软代表了中心化阵营，那么 Linux 则代表了那个时代的去中心化阵营，最初的 Linux 是由一群利用网络协作的志愿者程序员、极客、黑客、天才、爱好者开发的。这群自由人士充满了理想和激情，不需要通过中心化组织保持联系，他们之间最直接的语言便是 Git（分布式版本控制系统）和代码。

埃里克·史蒂文·雷蒙德在 *The Cathedral and The Bazaar*（《大教堂与集市》）一书中提到，早期操作系统发展产生的不合理性与今天的互联网似乎一脉相承：在那时，以传统的企业和金融机构为代表的"大教堂"控制着操作系统的话语权，喜欢按照自己的商业意图开发复杂和封闭的 OS，而且将产品发布周期掌控在自己手中；全球范围内掌握顶级信息技术能力的极客群体不满于被压迫，开始联合起来，形成开源社区，摸索制定出了一套公平高效的去中心化代码协作体系，通过协作将创新扩展到与用户复杂性相匹配的程度。正如作者在书中所描写的："代码质量的保证不是通过严格的标准或独裁，而是通过每周发布并在几天内从数百名用户那里获得反馈的原生简单策略，对于开发者引入的突变，创造出一种达尔文式的物竞天择现象。令几乎所有人感到惊讶的是，这种策略非常有效。"这种新型的协作也被称作"集市模型"。

这个体系一运行便是几十年，最终将 Linux 送上王者地位，让全世界享受到了没有商业垄断的开源之光，这是全人类共同的财富。今天的 Web 3.0 也是以类似的"集市模型"向根深蒂固的 Web 2.0"大教堂"发起冲击，借助更为广阔的去中心化运动彻底实现网络民权自由。

同样的传奇也在区块链世界精彩上演。比特币便是这种对抗"大教堂"世界并以去中心化协作形式诞生的革命性技术，不过它在原有的协作体系上引入了两层意义更为深远的创新——加密协作和加密资产激励。

比特币带来的区块链协作范式更加注重通过开源密码学保障开发群体在网络上的自由和权益，在密码学的保障下，去中心化协作变得更加去中心化，不会被任何中心组织通过垄断网络资源实施线上审查、线下打击所中止，极客首次在网络空间中享受到了一种极致的自由，开始酣畅淋漓地进行天才创造。

加密资产的到来真正让去中心化协作摆脱了来自现实世界经济的

束缚，而在这之前，任何开源协作的开发者都需要在现实世界中赚钱以维持生计。因此，很多人只是兼职进行开源运动，无法全身心投入，开源组织也被迫引入中心化世界的薪酬体系和收入方案以给核心开发者支付工资，使得去中心化的协作在经济上被中心化世界所制约。

加密资产诞生于去中心化的世界，并在去中心化世界得到价值认同，所有开发者都可以将自己的劳动和创造转化为远超现实世界薪资水准的报酬，也可以在现实世界有需求时将其转换为货币，以维持和改善生活水平。随着区块链 PoS（权益证明）经济模型的普及，不仅是开发者，所有网络参与用户都可以通过持有加密货币来运行特定网络的验证者节点，去中心化协作从代码开发逐渐扩展到网络实体的构建和运转上。所有协作者都被激励通过锁定资产来保护网络，并以网络原生资产的形式获得奖励。良好的行为会获得奖励，而恶意的行为会遭到去中心化的惩罚。网络因此可以安全地蓬勃发展，不断扩大自己的规模，而不被中心化所控制。

只有在更为具体的技术框架和更为确定的技术标准下，而不是只有一个口号或者精神，才能集所有力量于一点，建立初代的底层平台。全球也将以此平台和技术架构为核心纽带，开启更上层的全生态级别的繁荣生长，相关规律可以参考以太坊推动去中心化金融体系繁荣的案例。最终才能逐渐把元宇宙的真正面貌和定义呈现在世人面前。

Web 3.0 和元宇宙都在追求去中心化的开放性特征，去中心化潮流是大势所趋。即便是在 Web 2.0 的背景下，在一些中心化的巨头平台上也曾经出现过局部性的去中心化变革，例如内容的去中心化。微信、今日头条、抖音等自媒体平台拥有今天的繁荣便是去中心化

UGC 的成果，全民参与去中心化的内容创作与发布，中心平台只起到监管、审查和引导正确价值观的作用。其实在早期的互联网进程中，也存在类似特征，如维基百科和 GitHub（代码托管平台）。在互联网发展的任何阶段，人们从未停止对去中心化、分布式协作的探索与实践，而这一伟大的改革将在 Web 3.0 和元宇宙中彻底爆发。不论是古典元宇宙还是加密元宇宙，它们都有在去中心化方面的建树和独特的优势，这符合 Web 3.0 开放性的大趋势。

最后再来总结一下，不论是以互联网技术为支撑的古典元宇宙还是以区块链技术为支撑的加密元宇宙，其根本目的都是通过技术手段将现实世界的物质、资产、感官、体验、协作、内容投射到一个虚拟出来的平行宇宙空间，用户可以沉浸其中，参与社交、游戏、创作、经济交易，形成一套自组织的、闭环的虚拟社会体系。

在当前的发展阶段，游戏技术和图形技术是古典元宇宙最为依赖的核心构建能力，而区块链技术则是支持加密元宇宙勇往直前的"核武器"。游戏中也存在虚拟身份、虚拟账户、虚拟货币和虚拟经济，在元宇宙中，传统游戏需要进一步开放和壮大自己的虚拟经济系统，以支撑跨边界的大规模交互，如《堡垒之夜》。正如现实世界最主要的社会活动永远是以经济活动为纽带，在投射出的元宇宙空间里，只有具备了高效的经济系统才能向真正的虚拟社会进化。

在古典元宇宙建设者不断寻找解决方案的过程中，会逐渐发现加密元宇宙的建设者已经默默建立并践行起一套基于区块链的、去中心化的、可扩展的虚拟经济体系。在这个以虚拟货币和虚拟资产为核心的经济系统中，元宇宙中的任何价值交换都在以公开透明的方式执行，且能够保障用户的虚拟资产、虚拟身份安全。从微观角度，中心化世界的元宇宙游戏也在逐步试水 NFT 游戏资产，而加密世界也在不断吸纳可以制作顶级大型游戏的团队直接参与原生加密游戏的制作。以 Game—NFT 作为桥梁，实现了古典元宇宙和加密元宇宙两大时空的第一次交流与合作。

元宇宙既是一个宏大的哲学命题，也是一个宏大的技术命题。任何先进的技术架构和技术理念也都有理由进入元宇宙范畴，实现融合性创新和发展。区块链是传统尖端信息技术（如密码学、分布式系统、智能合约等）的集大成之迭代产物，元宇宙技术架构的复杂程度将比区块链高出好几个量级。面对有史以来最大规模的信息技术协作，需要互联网世界和加密世界更加紧密地配合，只有尽快确定好元宇宙的基本架构，才能调动起全球力量不断为其发展添砖加瓦，迎来协议层和应用层的最终爆发，展现元宇宙真正的价值，并带来极致的体验。

4.2　元宇宙七大技术基建

　　每一次新技术革命的出现都是对之前已经存在的各项成熟技术的一次组合创新。例如，对区块链技术而言，便包含了哈希算法、非对称加密、数据结构、工作量证明、拜占庭容错算法、分布式系统、点对点网络、数据库、图灵完备智能合约、编程语言等众多不同领域的计算机科学与技术。其中一些是直接采用已经非常成熟的开源技术和标准（密码学的开源实现，以及密码学的标准，比如椭圆曲线）来创新实现区块链的关键组件，比如密码学保障了区块链账户体系的安全。也有一些是区块链独有的伟大创新，比如比特币创造的PoW，这既是比特币大获成功的关键，也是人类第一次在实战环境中实现了大规模的、拜占庭容错的、完全开放和去中心化的分布式系统，并在无重大故障的情况下持续运行了十年之久，承载了万亿美元的资产，是计算机分布式系统领域几十年来最为耀眼的创新之一，而在这之前最大的一次创新则是云计算底层架构所带来的中心化网络环境下的分布式系统。

　　比特币以及后来的公有区块链创新引领了去中心化的共识算法，给予了区块链最具标志性的特征，让系统真正实现分散化。然而这种技术创新其实可以一直追溯到20世纪末第一批加密人对PoW的探索，虽然这些内容最终都无法被实践所证明，但却留下了宝贵的理论和经验。与此同时，分布式系统科学领域在互联网和云计算的大规模实践下，不断完善理论，贡献经验，这也给比特币选择用PoW来解决拜占庭问题提供了一种指引。所以每一项伟大的技术创新背后都有几代人的艰难探索。

同样的例子也包括智能合约。以太坊带来的智能合约技术拉开了世界计算机发展的序幕，让区块链具备了图灵完备的可编程性，任何事物和服务都可以在智能合约上被重新建立，为区块链打开了价值上万亿美元市场的大门。这项看似在传统信息技术领域中根本找不到对标的技术，其实也是加密人将传统的虚拟化、容器和编程语言技术从操作系统领域剥离，在区块链和去中心化操作系统的大语境下重新实现，再借助去中心化特征最终呈现出一种极具想象力的技术范式和可编程革命。

客观地讲，区块链虽然从正统技术领域汲取了很多经验，但单纯地将这些技术组合在一起，不论架构如何精致，始终都无法发挥其真正的效用。从联盟链等主流社会区块链技术方案的现实探索和接受程度便可窥知一二，即便是巨头推动也难以在主流社会落地。技术完全一样，技术组合也十分相似，由于缺少了一种特殊的"原料"或者机制，为世界带来的变革意义就大为不同了，也就无法让去中心化的信任机器运转起来。这种"原料"并非来自传统世界，也没有任何可以借鉴的雏形，在传统世界中是根本不敢想象的，是区块链和加密行业"敢为天下先"的伟大创新，即加密货币或加密经济系统。它赋予了所有技术组件实现完美运转的动力，也吸引了全球的开发者为之不懈努力。否则一切都会在比特币诞生之时就结束了，更不会有后来的以太坊、智能合约、去中心化金融、NFT 和今天的加密元宇宙。

　　类比预测法是指根据事物的类似性原理，采用与预测对象类似的某一事物过去的变化规律，来类推和预测该对象即将出现的一系列发展趋势的方法。在人们尚未对元宇宙有清晰认知的时候，类比推理是把握未来技术演进的最好的方法之一。通过对区块链技术发展所进行的描述，元宇宙也存在类似的技术构建进程。一定也是从现已存在的各项成熟技术开始，展露雏形，只不过需要技术人员进行筛选和再次创新，而且一定会出现由元宇宙开发者所带来的划时代的单项重大技术创新。最终对已有技术和重大创新技术进行大融合，发展成一代又一代的元宇宙底层平台，并不断催生出更为新奇的协议层、应用层、展示层。

　　通过对古典元宇宙和加密元宇宙的深入挖掘，我们认为构成最终元宇宙的核心技术包括：区块链技术、虚拟引擎技术（游戏与图形）、数字孪生技术、人工智能技术、扩展现实技术、新型超级算力平台、连接技术（5G 以及未来的网络传输技术）这七大类。

1. 区块链技术

　　区块链技术会在元宇宙建设中继续发挥去中心化、不可篡改、可追溯、开放性、匿名性、民主性的特征优势，而且很有可能成为元宇宙技术架构中最底层的技术。在制定发展路线时，可以先从建设元宇宙资产体系、去中心化计算和分布式协作三方面开始。元宇宙中一定存在虚拟资产，不论是 Roblox 系统内的虚拟代币，还是互联网和加密行业都在积极探索的 NFT，在现实向虚拟映射的过程中，往往都伴随着资产的生成，区块链无疑是承载这些虚拟资产最好的价值网络。元宇宙的去中心化一定也涉及计算的去中心化，很多细分的应用服务不再由单一巨头或者中心化互联网公司主导，比如元宇宙居民的"身份证"、隐私数据管理等，这就需要参照去中心化金融在区块链上的成功构建范式，以智能合约为载体重新建立元宇宙应用程序的去中心化计算。不论是古典元宇宙还是加密元宇宙，都已经表现出了大量的对去中心化协作的需求，涉及内容创作、资产演变、技术开发、标准形成、协议治理、产品运营等多个方面，基于区块链的 DAO 模式将会为其提供最佳解决方案。

2. 虚拟引擎技术（游戏与图形）

这是当前阶段互联网世界给予元宇宙建设最为明确也是最为重要的核心技术。《堡垒之夜》展现了游戏引擎在塑造沉浸式虚拟空间方面的强大优势。开放、可自由搭建、可自由组合和极具沉浸感的虚拟世界也吸引了众多游戏外的场景融入。例如可以在游戏世界开一场奇幻的演唱会，利用引擎技术构建音乐家脑海中幻想的转场方式，使重金属音乐配合夸张的色彩变换；公司员工可以化身一个个超级英雄在虚拟世界中参与远程会议，一边倾听同事的发言一边在山川间自由飞翔，等等。3D 虚拟空间是目前为止最能让人直观了解元宇宙表现形态的雏形，具有十足的震撼感和沉浸感，会带动很多领域的软硬件技术协同参与，比如 VR 设备和技术。人类完全有可能在开放理念的指引下，有体系、有组织、有目的地慢慢构建出一个不断自我生长、自我进化的虚拟化空间，这是其有区别于纯游戏场景的重要特征。

除游戏引擎外，还包括英伟达公司推出的 Omniverse 引擎（能够彻底模拟物理学规律的图形学引擎），这是一种更为强大和通用的虚拟空间引擎技术，可以在塑造极为真实的 3D 场景的同时，赋予这个虚拟世界完备的现实物理学规律，以满足人们对虚拟空间各种各样的需求。人们已经开始利用 Omniverse 引擎辅助现实世界的建筑设计和工程建设，利用它可以完全模拟出未来实体建筑内的光照情况，并反馈到前期的工程设计中。因此，不论是从游戏娱乐的角度，还是从完全映射现实世界的角度，虚拟引擎技术都在重新定义虚拟空间，这是实现元宇宙"所思即所得"的核心技术支撑。

3. 数字孪生技术

Omniverse 引擎实现了对现实世界的完全建模，数字孪生技术则将这个虚拟世界的现实作用发挥到了极致。在虚拟引擎、数据分析、人工智能、传感器等综合技术的加持下，数字孪生技术可以在虚拟空间中为现实世界的对象建造一个一模一样的数字孪生体，而且这个数字孪生体在虚拟世界中也是可以"动"的，并且拥有跟现实对象一样的生命周期。这种极具现实意义的技术被用来建造虚拟工厂，并通过虚拟工厂的反馈来改进现实工厂的生产流程。还可以对自动驾驶建立虚拟映射，模拟出很多现实世界无法实现的场景，大大加快自动驾驶算法的商业化。几乎世间万物都可以找到虚拟构建，并完成现实世界中难以做到的行为和训练。将虚拟世界的进化反馈到现实世界，以真正改变人们的生活方式。数字孪生技术是目前元宇宙发展阶段最具现实意义的核心技术，可以真正服务于社会生产，对元宇宙的大范围普及来说至关重要。

4. 人工智能技术

人们对人工智能技术并不陌生，如果需要完成超越人类现有思维和能力的生产建设，那么人们通常首先想到的就是深度学习、强化学习、认知计算等前沿性人工智能技术。人工智能也代表了人类对未来无限可能的崇高期望，希望可以借此实现人类基因无法达到的文明高度。在元宇宙中，人类将这份理想付诸实践，从零构建虚拟文明或者硅基文明。仅凭人类自身的生产力根本无法做到宇宙级别的虚拟内容生产，终极的解决办法便是让人工智能主导元宇宙的社会建设和扩张。正如电影《失控玩家》所描绘的由人工智能担任 NPC 的虚拟世界，在这个世界中，人工智能跟人类一样拥有思想，人类也无法预知它们的行为，人工智能会不断地进行生产和劳动，建立社会关系，建立新的文明，给这个虚拟世界增添了无尽的未知性。虽然今天的人工智能技术尚未达到如此高度的智能化，但也已经被应用到了很多游戏制作场景中进行自生长，给原本设定好的游戏世界带来了极大的未知感。人工智能技术还会在元宇宙建设的其他方面帮助人类解放生产力，例如在数字孪生中加入高效的数据分析，以及帮助引擎技术更好地攻克动作捕捉的难题，构建元宇宙中的虚拟人（如头像）等。人工智能技术是元宇宙建设过程中极具"魔法性"的技术。

5. 扩展现实技术

以 VR 为代表的扩展现实技术成熟的那一刻，将真正打开进入元宇宙世界的大门，并且在原本已经极具沉浸感的 3D 画面（本质依然是在二维平面，而人类的想象赋予了其三维感知）之上再加入实际的一维，让用户沉浸在一个真正的三维空间里，完成类似《头号玩家》里的各种奇幻体验。扩展现实技术的成熟会推动人们对虚拟空间进行更深入的探索，也许现在进入虚拟世界更多是短暂性的娱乐，但当人们通过 XR 设备沉浸到元宇宙中，将深刻体会到自己拥有了化身，并愿意享受这种极致的虚拟人生，感官上的全方位刺激甚至会让人忘记现实生活。在这样的理想场景中，可以创造出无穷无尽的应用程序以满足人们全面的虚拟生活需求。扩展现实技术会给元宇宙的体验带来革命性的影响，在未来也将成为人类进入元宇宙空间的"虫洞"，甚至可以由此诞生超越智能手机的新一代智能平台。

6. 新型超级算力平台

在具备了上述极其耗费算力的多项核心技术后，元宇宙需要一种类似互联网时代云计算架构的新型超级算力平台，为区块链技术提供节点算力安全保障，为引擎技术提供强大的渲染，为数字孪生技术提供数据处理，为人工智能技术提供大规模训练，为扩展现实技术提供物理计算，等等。

元宇宙是一个整体，最终也会抽象成一个信息系统。任何信息系统都有最为底层的计算平台，能够为其提供算力支撑。时至今日，元宇宙建设者对此项架构尚未清晰，目前最为接近的雏形还是以 Omniverse 引擎为代表的超级算力平台。互联网建设者也在尝试基于现有的互联网计算架构和云计算融入更多核心技术，例如今天的一些公有区块链也在使用云服务作为全球节点，云计算是人工智能技术的基础平台，这些已经实现融合的都是最好的实践经验。今天的以太坊只能支撑弱算力的应用，并不能支持大规模的存储，为此加密行业曾试图建立一种具备更大计算能力的超级世界计算机，比如近些年一直在研究的可以支撑起互联网规模服务的具备上百万 TPS（事务处理系统）处理性能的交易网络，并建立起对通用计算的支持。这些了不起的终极设想和探索都会一步步照进现实，携手推动云、边、区、端全融合计算体系的形成。也许在不久的将来，在元宇宙的驱动下，人类的最高计算能力将从互联网时代的云计算和加密世界的区块链计算升级为元宇宙时代的"元计算"。

7. 连接技术

以网络传输技术为代表的连接技术自互联网诞生起便从未缺席信息技术变革进程的任何一环，且是处于核心位置的支撑技术，比如操作系统对网络技术的集成，云计算对网络技术的依赖，以及区块链技术建立在点对点网络之上，等等。在元宇宙已经表现出的场景中，以最先进的 5G 网络为代表的网络技术有助于提升 XR 设备的传输速率，加强沉浸体验；引擎构建的 3D 虚拟世界建立在规模巨大的数据之上，当人们通过移动设备对其进行访问时，高效的网络传输是首要保障，正如今天的游戏行业正在建设的"云游戏"一样。元宇宙主张万物互联，这就更离不开先进网络技术的支撑，有人也因此提出了"5G 元宇宙"的概念。

在上述七大技术中，新型超级算力平台处于最底层的位置，为上层提供所需的一切基础算力和可扩展性支持；区块链技术居于其上，甚至可能会有一部分与之重叠，但整体处于更上一层，主要作为元宇宙的去中心化基础设施。这两大技术都是元宇宙用户感知不到的"水下"部分，相当于"冷媒介"。在区块链技术之上便是用户可以直接感知到的虚拟引擎技术和数字孪生技术，相当于"热媒介"，它们处于自下而上的第三层，负责搭建起元宇宙的基础形态；人工智能技术、扩展现实技术、5G 以及未来的网络传输技术处于第四层，用于辅助建设元宇宙。Power、Blockchain、Engine、DT、AI、XR、5G 将成为元宇宙技术的"助记词"。

4.3　元宇宙的货币与经济

在更深层次的认知和展望中，元宇宙是一次建立人类虚拟文明的进程。这一虚拟文明也被认为是对工业文明的继承，核心逻辑是元宇宙技术带来了生产力（劳动者和生产资料）的根本性改变。工业文明时代，生产力建立在人和机器的基础之上，在后来的信息技术革命中，计算机和互联网强势入局，成为核心生产资料，但本质依然是由人驱动的。到了元宇宙时代，生产力将建立在虚拟物种和虚拟资产的基础上，如果未来人工智能技术发展壮大，还将产生智能物种，人的本体将逐渐退出元宇宙的生产力范畴。这一思潮将会催生元宇宙主义经济学。

从信息技术发展的必然性看，在互联网时代，一切信息技术首先需要服务于社会生产力的提升，服务于商业模式，服务于商业社会，因此更是一种商业文明、商业化进程。当人类商业进化过程走到阶段性终局时，一场更为宏大的思想运动便开始了——建设虚拟的社会体系。与现实世界建立社会体系和全人类协作生产关系一样，元宇宙也需要从一开始就深入思考虚拟社会中的经济体系应该采用哪种思想或者主义，是否跟现代社会一样拥有世界性的统一货币，否则该如何建立虚拟世界的价值尺度、流通手段和价值贮藏。Roblox 公司在招股书中定义了元宇宙的八大要素：身份、朋友、沉浸感、低时延、多元化、随时随地、文明和经济系统。其中便明确指出了元宇宙经济系统。从经济学角度来讲，经济系统由相互联系、相互作用的若干经济元素结合而成，是具有特定功能的有机整体。广义的经济系统指物质生产系统和非物质生产系统中相互联系、相互作用的若干经济元素组成的有机整体。例如，一个国家的国民经济系统是这个国家最具有代表性、重要性，并且规模宏大的有机统一体。狭义的经济系统指社会再生产过程中的生产、交换、分配、消费环节的相互联系和相互作用，并由若干经济元素所组成的有机整体。这四个环节分别承担着若干部分的工作，分别完成其特定的功能。经济系统通常以货币为媒介，以提供商品或服务为结果。

区块链和加密行业在建立自身闭环的虚拟经济体系时所探索出的经验和形成的模式或许对元宇宙有所启迪。在加密行业最早期的阶段，只有比特币、狗狗币等少数虚拟货币被创造出来，接受范围也仅限于早期参与者和极客群体。人们更多的是将比特币看作一种文化交流和新奇体验，偶尔购入一些，当作初期信仰或者研究动力，就像很多人宁愿花两万个比特币也要享受一顿好吃的比萨。但人们越来越发现这里面潜藏的巨大未来，似乎并不简单，慢慢地开始涌入各式各样擅长交易、投资、投机、炒作等的新人群，从那以后他们便开始主导比特币等虚拟货币市场的价值走势，不断打造便捷的新的资产发行模式，成百上千的新资产被建立起来，市场瞬间扩大。此外人们还为虚拟资产建立了专业的交易平台和钱包系统，聚集全球交易者和持币者，开启了一条轰轰烈烈的价格博弈之路。比特币也因此水涨船高，获得了价值周期属性，在交易体系的传播下，获得了更大范围的用户群，全球用户从数以万计发展为数以百万计。在这个发展阶段，也成就了很多早期的比特币富豪，拥有早期认知的和拥有成熟交易经验的人群都获得了不少原始资本积累。

随着虚拟货币整体市场规模和用户群的扩大，投资需求也变得更为多样化。原本的交易体系和资产体系已经无法满足人们的需求，比如面对存在巨大波动的虚拟货币，投资者希望将其转化为一种低波动或者能储蓄的资产，与现实世界一样，行情好时投资股票，行情坏时留存现金。逐渐地，加密世界也模仿起现实货币原理，结合区块链特征，创造出了区块链稳定币资产，例如 USDT、USDC 等。它们也被称为离岸数字美元，是现实美元体系在闭环的加密经济体系中的一种数字映射，它承担起了加密交易体系的价值度量功能并发挥了交易媒介的重大作用。甚至在某种意义上，USDT 等大规模的数字稳定币也深刻影响了比特币的走势和价值周期。再后来随着加密经济的越发成熟，也出现了完全基于区块链的链上数字货币央行，比如 MakerDAO 基于货币理论创建了完全独立于现实货币体系的去中心化稳定币 DAI，也因此大大加速了 2020 年的去中心化金融浪潮，将整个加密经济体系推上了现代金融的高度，比肩华尔街金融体系。

在区块链等去中心化技术的强力支撑下，加密世界用了十年时间，终于将一个较为成熟的闭环经济体系呈现在世人面前。在这个虚拟的经济体系中，人们可以不关心现实世界的因素，自主参与去中心化协作，进行开发、劳动、贡献，获得初始虚拟资本，也可以继续参与资产交易，投资新的资产，甚至自主发行有价值的资产，进一步扩大自己的资产规模。当具备了一定的经济基础后，还可以收藏加密艺术、NFT 等文化资产。在虚拟资产合法化的国家，还可以通过通兑体系，将虚拟资产兑换为现实世界的货币，改善自己的现实生活，完成跨越现实和虚拟的资产配置。随着区块链建立起越来越多具有实际意义的场景后，人们的经济活动也越发丰富多样，已经从单一的交易活动扩展到游戏、消费、拍卖、社交等全方位的经济交流。但不论去中心化应用和场景如何多样，甚至将大多数互联网主流领域都纳入进来，在最基础的资产和经济体系运作下，一切都万变不离其宗，用户都可以在需要的时候便捷地使用到加密经济系统提供的各种便利。

加密世界的成果是否会给元宇宙的建设者带来更为明确的启迪？为了建立更客观的认知，我们再来看互联网对元宇宙在经济系统层面的探索。Roblox 通过创造开放的协作模式，吸引了数百万名创作者来此交流和创造，开发出了包罗万象的游戏，进一步吸引了全球数亿名玩家，形成了庞大的社交经济活动。首先，玩家会积极参与消费活动，如装扮虚拟身份、体验爆款游戏、购买门票。与此同时，以 Robux 虚拟代币作为衡量标准，创作者可以在通兑体系的支持下，将虚拟货币转换为现实货币，改善自己的生活。这样，一套可以度量所有虚拟劳动和虚拟消费的、稳定的虚拟经济系统便在 Roblox 的元宇宙构想中成为现实。在这个虚拟经济体中有非常明确的分工、有创作者和消费者，还有统一货币。

再来看另外一个案例，由杰格克斯游戏工作室制作的大型多人在线角色扮演游戏 *RuneScape*（简称 *RS*），在全世界的规模仅次于《魔兽世界》，被吉尼斯认证为 "最火爆的免费 MMORPG 游戏"。此类游戏有着非常突出的交易活动，玩家会热衷于以真实世界的货币交易虚拟道具及游戏币，也被称为 RMT（现实金钱交易）。围绕这种交易活动，玩家将不再是由纯游戏爱好者组成，人们来到游戏也不单纯为了消遣，而是有着浓厚的商业目的，形成专业的卖家市场。他们会组建打金工作室，并形成产业链，由专业全职人员批量建号、运营，成规模地生产游戏中的虚拟货币和虚拟商品，再以真实世界的货币卖出，将成本降到最低，实现利润最大化。例如，在委内瑞拉经济崩溃的时候，很多民众选择在 RS 里刷金赚钱，以维持生计，有的人月收入甚至比委内瑞拉医生的薪资高出了 15~20 倍。与所有经济形态一样，RS 中也存在经济问题，比如受新冠肺炎疫情的影响，游戏内的虚拟货币在 2020 年 3 月和 4 月升值了 50%，带来了市场投机效应。虚拟经济系统在为全球欠发达地区的人民带来希望的同时，也不断遭受着经济规律的挑战，只有形成完备的体系和理论指导，才能实现庞大社会组织的健康运行，否则会自行崩溃，甚至被做空势力击垮。

这些案例在互联网世界有个统一名称——MMO 游戏，即大型多人在线游戏。支持大规模多人在线即时交互，有着丰富的剧情，充满了"赛博风"，更重要的是往往存在庞大的交易系统和完备的经济系统。经济系统的构成要素主要包括流通货币（游戏虚拟币）、商品（游戏道具、装备、皮肤）、货币政策（汇率、兑换方向、是否增发、价值保障）、经济活动参与者（玩家、创作者），以及商品生产与交易、货币流通与分配等经济活动，这些通通可以在 MMO 游戏的自建经济系统中体现。这些虽然看似完备，但是一种自我封闭式的完备。与任何一种完备的积分系统一样，一切都由中心化运营商和游戏世界观进行统一调控，甚至都不需要融入复杂的经济学考量，因为游戏本身的简单性，这种调控也不会太过复杂，只需关心系统内的玩家、玩法和虚拟商品，便可以屏蔽大多数外部风险。如同现实世界中的国家选择了闭关锁国式的发展，依托自己国内的资源自给自足。

从对 MMO 游戏的总结中可以看到，元宇宙经济系统存在一个极为重要的顶层特征——开放与互通，这也是决定元宇宙经济系统能否与众不同和是否取得成功的关键。元宇宙应该是一个互联互通的体系，不仅体现在元宇宙内部多个小型元宇宙间的互联互通（可能有很多 MMO 游戏元宇宙），更体现在整个元宇宙与整个现实世界的双向互联互通，因此相对应的经济系统应该也是完全开放的。例如，当 A 元宇宙中因为虚拟生产不当或者虚拟社会治理危机而引发了经济系统危机时，这种危机也会被瞬间传导至 B 元宇宙，B 元宇宙中的货币购买力也会深受影响，而无法置身事外。所有的元宇宙都需要为危机负责，共同努力应对，深刻反思现有经济系统存在的漏洞，并像当今国际金融组织一样，联合起来制定类似于《巴塞尔协议》的"宙际经济协议"。

同样地，现实世界的经济活动也能传导至元宇宙中，现实世界的货币体系变动会对元宇宙中的货币政策产生影响；元宇宙的虚拟经济也能对现实经济产生作用，贡献现实的社会生产力，如此才能实现元宇宙改造现实世界的目的，而非在虚拟空间中像传统游戏一样封闭生长。元宇宙经济系统一定要开放，能够互相影响，互相成就，不能以单个游戏或者单个小型元宇宙为出发点进行各自的设计，应站在元宇宙和现实世界互通的角度，整体对元宇宙的经济系统进行设计。正如著名分析师马修·鲍尔所说："元宇宙不等同于虚拟空间、虚拟经济，它将有完整运行的经济系统，且跨越实体和数字世界。"

传统游戏的经济系统不仅是封闭的，而且充满了中心化垄断问题，这也包括很多互联网服务中的经济系统。中心化平台对经济系统的"强制"和"独裁"带来了用户对数字资产所有权的淡漠和无助，它们可以制定一切不平等的规则。此外，用户也将无法真正拥有元宇宙资产。这种模式下的虚拟资产被永久驻留在中心化经济系统中，不能被转移，用户每次访问自己的资产都需要登录中心化系统。平台并不是帮你保管资产，而是帮你拥有资产，甚至当危机出现时，平台还可以随时让它消失。

从这些尝试中可以感知到，去中心化、闭环式、横跨虚拟与现实、健康、公平、完备的虚拟经济系统一定是未来元宇宙的标配，而虚拟经济系统的核心在于资产和金融两方面。资产可以用来定义元宇宙中一切有价值的事物，并赋予这些事物所有权和可交易的属性，使其自由参与广泛的金融活动，比如交易、储值、消费、投资等。例如，我们可以给《堡垒之夜》的经济系统插上理想的翅膀，玩家可以通过体验游戏和完成特定任务，获得一些稀缺的虚拟物品，例如与漫威版权商合作共享英雄人物的皮肤，超级 IP 从传统的知识产权变成虚拟世界中一种可以属于任何人的虚拟资产。当玩家通过自己的虚拟劳动获取了这些虚拟资产，便可以自由地支配或进行交易它们，而不需要经过漫威版权商或者《堡垒之夜》官方平台的许可。

我们可以更进一步借鉴加密世界的做法和成功经验，将虚拟皮肤资产 NFT 化，然后游戏官方可以参照 OpenSea 创建一个交易自己 NFT 资产的二级市场，在方便用户自由交易数字所有权的同时，官方也能获取不菲的平台抽成收益，而那些与平台共享超级 IP 的版权商虽然看似暂时放弃了对 IP 的有偿授权垄断，但最终也能与平台共享分成，这种链条极大地推动了价值高效流转，是超越传统互联网商业模式的伟大创新。就像在 NBA Top Shot 二级市场中，NBA 官方将比赛精彩片段或球星卡打包成 NFT 资产出售，每一次资产转手，平台都会从中抽取一定比例的费用，这种带有浓厚加密色彩的新型商业模式也为 NBA 带来了可观收入。我们不妨把这种连接加密与互联网两大世界的商业模式称为元宇宙特色商业模式，这一切都依赖于互通的去中心化资产体系以及配套的金融市场。

元宇宙中往往存在非常多的小型元宇宙，也有无数相对独立的公司和应用交织在元宇宙的大网中。元宇宙首先会给予所有"公民"统一的数字身份，"公民"可以自由穿梭在不同的元宇宙空间，享受不同的服务。但如果服务涉及支付、购买、消费等经济活动，那么"公民"应该以何种手段完成价值流通？是现实世界的银行卡还是某个元宇宙游戏内的积分？显然都不是。因此进行元宇宙的建设首先需要完成两个"统一"：统一的数字身份、统一的货币体系。如果没有统一的货币体系，那么在 A 元宇宙中通过虚拟劳动赚取的虚拟货币将不能在 B 元宇宙中得到认可，更无法完成 B 元宇宙中的消费行为。设想一下，辛辛苦苦在 A 元宇宙打工赚钱，高高兴兴地来到了 B 元宇宙准备迎娶"新娘"，但很遗憾地被告知"你的劳动所得需要得到 B 元宇宙的认可，才能获得 B 元宇宙的货币"你会是什么心情？

元宇宙互联互通的本质，其实并非来自技术，而是经济。经济是一种很神奇的事物，哪里有了经济，哪里便会形成社会、生产、协作。经济系统向来追求高效率和低摩擦，拒绝孤立与低流动性。当经济不统一或者不健全时，任何形式的元宇宙都将宣告失败。从加密行业的发展经验来看，元宇宙中不一定非得存在比特币这种波动性资产，也不一定存在成千上万个自由虚拟资产市场，但一定会存在一种价值稳定的、全网共识的、有安全保障的、去中心化的稳定虚拟资产。这种资产在元宇宙中也不一定是对美元、欧元等单一货币体系的映射，它可以是对世界各国货币的一篮子映射，或者类似国际货币基金组织的特别提款权（SDR），甚至还可以像部分区块链项目正在探索的，锚定某个国家生产力水平和经济指标的稳定币，元宇宙稳定币可以锚定元宇宙社会的消费者物价指数（CPI）。

元宇宙货币的最终形态很有可能就是元宇宙稳定币，如同加密经济体的发展脉络一样，围绕元宇宙稳定币将会诞生与之配套的货币和金融体系。对元宇宙稳定币的探讨也会上升到元宇宙货币央行的高度，思索人类如果建立起一个虚拟的世界级央行，美联储又该作何感想或者有何动作。这将是一项极具挑战且非常有趣的元宇宙经济革命大讨论，最终将对现实社会产生深远影响，力度将超越现在的加密经济对世界金融体系的冲击。

元宇宙的经济系统、资产体系和货币体系都应该是去中心化的。加密行业的用户也都有极强的数字资产自主权意识，擅长使用去中心化钱包管理自己的虚拟货币，他们也是推动元宇宙数字权益觉醒的主力军。基于区块链技术建立元宇宙经济系统的去中心化性，彻底摆脱单一组织对经济系统的控制，经济系统的一切政策制定和执行都可以交给去中心化自治组织。这些在区块链领域都已经有较为成熟的实践经验。在这个去中心化的经济系统中，用户将不会再被迫接受任何"霸王条款"，也没有人可以没收用户的账号和游戏内的资产。用户在元宇宙生产活动中所制造的一切数据、资产、身份等财产都永远处于用户的自主控制之下，并通过经济系统中的一系列金融协议自由支配关于虚拟财产的各种行为，比如赠予、借用、租用、转让、售卖等。

元宇宙经济系统有两大属性：开放互通和去中心化。开放互通是建立超级经济体的原则，是实现虚拟与现实两大世界相互作用的根本；去中心化将还权于民，让所有元宇宙公民都深切感受到虚拟经济的公平和自由。对传统游戏和互联网服务中经济系统的构建表达了人们对虚拟经济系统孜孜不倦的追求，也初步证明了虚拟经济系统之于一个生态的重要性，可以充分调动参与者的生产积极性，给生态带来更繁荣的经济活动，创造巨大收益。但暴露出的封闭和中心化控制的弊端，也处处与元宇宙的精神相悖，无法服务于元宇宙互联互通、影响现实、还权于民的使命。此时，区块链技术将成为最重要的解决方案，展现出自己的价值，贡献自己十多年来所取得的成就和经验。区块链技术不仅可以建设元宇宙经济系统的去中心化特征，保障用户自主掌控数字权益，而且它所带来的稳定币和去中心化金融建设经验，也对元宇宙建设复杂的经济架构给予了宝贵指导，使用户在参与经济活动时可以享受到更多的配套基础设施服务和支持。

4.4　元宇宙的法律与伦理

　　同互联网时代一样，数字虚拟经济也会牵扯到各式各样的社会问题，包括法律、监管与合规、伦理与人性等。信通院发布的《全球数字治理白皮书（2020 年）》中提到："数字平台崛起强化各国对市场垄断、税收侵蚀、数据安全等问题的担忧。一是数字平台崛起过程中逐步形成'一家独大''赢者通吃'的市场格局，大型平台滥用市场支配地位、限制自由竞争规则的现象日益凸显，由于互联网平台下的不正当竞争行为与传统企业垄断行为存在诸多差异，因此以传统反垄断规则对互联网平台进行垄断规制面临诸多现实挑战。二是数字平台在全球范围内带来的税基侵蚀和利润转移问题对基于传统经济模式构建的国际税收规则形成了巨大的冲击和挑战。根据欧盟委员会的相关报告估计，欧盟传统公司的有效税率为 23.2%，而互联网平台在欧盟地区的平均有效税率仅为 9.5%，互联网平台与传统企业之间的税费存在严重不平衡，也引起了许多国家的担忧和不满。三是数字平台在运营过程中积累了海量数据，由此带来的数据滥用、隐私泄露等问题不容忽视。据 Risk Based Security（为用户提供风险识别和安全管理工具的初创公司）统计，2019 年上半年，世界范围内发生了 3 813 起数据泄露事件，公开数据高达41亿条，数据泄露事件的数量与上一年同期相比增加了54%，全球各行业正在遭受高频次爆发的数据泄露事件困扰，数据安全问题正成为各国共同面对的重要难题。"可以预见，作为一种全新的数字平台，元宇宙在发展过程中也将遇到这三大问题。

1. 元宇宙的法律问题

元宇宙数据的维度、广度、深度皆比"平面化"的互联网高出数个量级，拥有大量立体型数据，如VR、AR、3D、视频、模型、音乐等类型的数据。这些数据在元宇宙语境下有些已经超越了传统意义上的价值评判，比如元宇宙中的3D数字信息要比传统游戏中的更加宝贵且更具现实意义，类似互联网的地图服务，涉及很多虚拟社会的地理位置信息。过去的法律法规已经难以对这些换了语境的传统数据类型进行准确判定。互联网如此重视数据价值，一方面是因为随着服务和智能终端的增加，数据量和数据类型的爆炸式增长，一些平台如搜索引擎、打车软件、团购网站等积聚了大量网络数据，还出现了一些金融类型的数据，巨大的量变带来了数据价值的质变；另一方面是因为个体参与互联网的深度在不断加强，每个互联网用户都会注册和深度使用至少十几个App，且会深度参与某些App的内容建设，比如微信、抖音等，不经意间将自己生活的方方面面暴露在了互联网上，用户隐私数据也在不断积聚，带来了很多因数据权益产生的法律纠纷。最终，数据合规问题成为互联网发展过程中极为重要的一环，也成为最突出的互联网法律问题。

元宇宙里娱乐型的信息数据将只占一小部分，更多的是涉及经济、金融、社交、身份、内容创作等高度敏感的数据或是涉及安全的数据。此外，相比互联网只依赖 PC 和智能手机等终端，元宇宙的接入终端本身也呈现出多样化特点，除了所有的互联网终端，还包括物联网终端，以及正在大规模普及的扩展现实终端。终端的爆炸式发展也将带来更多数据问题，这都意味着传统的数据法律并不能适应元宇宙的逻辑。《迈向"元宇宙"的六道法律门槛》一文就明确指出："在元宇宙的初级阶段，需要构建现实世界的数据雏形，例如数字孪生社区、虚拟现实游戏等。这些都需要确保初始数据来源合法、数据传输及处理合规、数字网络合法，这些需要跨越现实世界的不同法域下名目繁多的法律限制，例如测绘数据采集与处理限制，健康与金融数据的处理合规，数据主体的告知／同意合规，网络接入资质及安全，等等。即便是在元宇宙的去中心化成熟阶段，每一个现实场景／主体都会'自动接入'元宇宙，但仍然需要突破不同主体／文明对现实世界与元宇宙的数据边界控制，进而解决各种数字形态的权利冲突。"

2. 元宇宙的伦理问题

在构建元宇宙的过程中不仅需要面对法律问题，还需要面对存在于法律之上的伦理问题。伦理指的是一种世界的社会行为规范，是在处理人与人、人与社会、人与自然相互关系时应遵循的道理和准则，包括情感、意志、人生观、价值观、世界观等。不论是在现实社会还是在由元宇宙驱动的虚拟社会，都会存在弱势群体，若强势群体掌管着制定法律和规则的权力，则弱势群体将无处申诉。此时便是伦理和道德发挥作用的时候，它们永远站在真理的法庭上，坚守人类文明的正确价值观，尤其是在科技和商业飞速发展的今天，更需要通过伦理和道德来约束人性，守护人类美好的家园。当遇到法律解决不了实际问题时，伦理和道德成为人类价值观的底线，形成正确的伦理和道德认知对元宇宙的发展来说至关重要。

我们可以先了解一些已经存在的由科技进步引发的伦理问题，信通院发布的《全球数字治理白皮书（2020年）》中提到了互联网时代出现的一些伦理问题："一是人工智能将代替大量从事重复性、机械性工作的劳动者，有可能会引起大规模的失业。麦肯锡报告推测，到2030年，全球将有8亿人的工作岗位会被机器人和人工智能所取代，届时，失业将成为各国面临的一个重大而普遍的问题。二是人工智能产品和应用尚不具备承担责任的法律主体资格，由人工智能引发的安全事件在责任认定和划分上存在极大困难。例如，在自动驾驶领域，由于自动驾驶汽车与传统交通工具存在诸多不同，现行交通事故责任和产品侵权责任的法律规定难以完全套用在自动驾驶汽车上，导致自动驾驶引发的安全事故的责任认定和划分存在诸多困难。三是随着智能算法的不断更迭和广泛应用，由算法带来的算法偏见、'信息茧房'等问题日渐突出，引发了人们对算法价值观的争议。此外，2018年剑桥分析事件揭开了算法操纵公众舆论、干预政治的惊人内幕。算法干预政治的行为将衍生出'新的政治空间'，形成一种'技术统治'，可能会对政府治理和政治运行产生颠覆性影响，成为人类发展所需面对和解决的全新问题。"

AI技术是构建元宇宙所使用的重要技术之一，人们将用AI技术在元宇宙中创造无限的社会关系和文明，传统互联网所面临的这些尚未解决的伦理问题也都将传递至元宇宙。此外，在元宇宙中，还要处理人与虚拟人、人与虚拟社会、虚拟人与虚拟社会、人与AI技术、AI技术与虚拟社会等极其复杂的相互关系。例如，当一些拥有了超级算力的人率先在元宇宙中占据建设的先机，掠夺和囤积大量社会资源，将导致元宇宙尚未建设就已经宣告终局。

在处理互联网垄断的问题上，目前的法律也困难重重。新商业模式层出不穷，刚定义了电子商务的法律问题，又出现了短视频和直播，需要深入它们的体系中，掌握其本质才能制定出有针对性的新法律法规。因此，垄断问题更像是一种伦理问题，现实生活中消费者和普通用户也只能以伦理和道德为出发点，勇敢捍卫自己的权益，迫使中心化平台做出合理改变。

关于虚拟人物是否需要遵循现实世界的伦理和道德的问题也引发了大众深思。如果元宇宙中的虚拟人物具备跟真人一样的法律地位和实际意义，也许会有算法垄断者像英伟达制造黄仁勋的"数字替身"一样在元宇宙中肆意妄为，甚至违法犯罪，造成整个虚拟社会秩序的混乱。

虽然至今尚未真正出现公认的元宇宙完全形态，但虚拟身份是大家一致认可的要素。目前，对虚拟身份的具体定义和实现方式也存在分歧：有人主张建立传统 Web 3.0 所倡导的 DID，解除传统互联网模式下的用户名/密码，通过 DID 存储用户信息和隐私数据；也有人认为应该与加密货币账户体系和钱包相结合，与资产体系绑定，有助于建立身份的奖惩机制，虚拟身份的恶意行为可以直接导致钱包余额被扣除，并据此形成公民信用。虚拟身份的实现方式可以是多种多样的，但最终都要直面法律问题和伦理问题。当元宇宙中的虚拟身份违背了"元宇宙公约"时，是否在现实生活中也需要 1∶1 地承担责任？例如在元宇宙中的一次社交聚会上，一个人恶意伤害了一位素不相识的"好友"，导致他在虚拟社会中被众人嫌弃，失去了"存活"的意义。他在元宇宙中诉诸无门，选择在现实的法律体系中起诉这个人，这是否合理？即便合理，又应该以什么方式来赔偿，是货币还是虚拟资产？

谈到虚拟资产，也同样涉及法律和伦理问题。以当前加密货币为例，世界各国很难形成统一的法律，而且矛盾重重，既要保护也要打压，既承认其存在合理性也保持高压监管态势。元宇宙中的虚拟资产具有比加密行业的虚拟货币更复杂的价值属性，因为它除了具有与虚拟货币一样的可交易性、抗审查性，还具有艺术审美、游戏功能、其他自定义属性等更多元宇宙中的应用价值，对这种资产进行法律保护的方式，又跟加密行业大不相同，这一切目前都还是空白，我们可以从如下几方面着手进行思考。

3. 虚拟资产的法律地位

传统定义上的虚拟资产属于公民的合法的现实财产，一般会受到各个国家法律的监管和保护，如传统游戏中的各种虚拟资产（包括道具、皮肤以及虚拟积分）是目前现实社会中最常见的虚拟财产的一部分。《中华人民共和国民法典》第127条规定："法律对数据、网络虚拟财产保护有规定的，依照其规定。"该款为委任性条款，虽然也表达了保护的思想，但对于确认虚拟财产性质及如何行使权利仍处于模糊状态。虚拟财产交易市场也处于灰色地带。虚拟财产的交易缺乏保障，违约、违法行为频繁发生。不过对于非法取得他人虚拟账户并转移或抛售其中的虚拟财产的行为，我国法律会予以严肃处理，情节严重者甚至可以被判处盗窃罪。

在元宇宙中会涉及传统虚拟财产、以比特币为代表的虚拟货币和以 NFT 为代表的新型非同质化资产，资产类型更加多样化，每种虚拟资产对应的法律体系皆不一样，甚至某些方面还处于空白期，比如NFT资产。鉴于NFT资产不同于比特币等虚拟货币的特性和使用场景，它更类似于收藏类或者艺术类资产，与传统游戏中的资产也很相近，所以应该以传统虚拟财产现有的法律来规范NFT，还是继续像对待比特币一样从严施压NFT，目前尚无定论。从加密行业的角度来看，相较比特币一类的虚拟货币，NFT虽然大大减少了投机炒作的效应，风险传播范围也明显缩小了很多，但对于热门项目和NFT，依然存在一定的疯狂炒作和倒手模式，所以对于NFT的监管应该从更具体的层面开展，比如设置NFT资产交易拍卖平台。随着NFT资产在元宇宙资产体系中的地位越来越明确和重要，对解决这个问题的需求也越发迫切。

4. 虚拟财产与反洗钱

所有的虚拟财产都需要建立反洗钱机制。尤其是加密世界和元宇宙中均存在还权于民的去中心化理念，虚拟资产具有十分明显的匿名性特征，具有较高的洗钱风险。虚拟财产也常被用于非法集资。在传统金融世界中，金融行动特别工作组制定了一些针对反洗钱的国际标准——各国应要求虚拟资产服务提供商在本国获得审批或进行登记注册，以便各国能够采取必要的措施进行监管。同时针对监管机关必须是相应法域所对应的监管机关，而非自律管理组织。新加坡金融监管局根据金融行动特别工作组建议，针对不同交易对象和交易类型，制定了不同的防止洗钱和打击资助恐怖主义的措施。并于2021年6月，连续向银行、持牌财务顾问、支付系统运营商、财务公司、信用卡持牌人、持牌信托公司等发布了明确通知，全方位加大反洗钱力度。中国也制定了完善的反洗钱法律法规，如《中华人民共和国反洗钱法》和《金融机构反洗钱和反恐怖融资监督管理办法》等。将来在元宇宙中也会存在非常多的虚拟财产服务供应商，建立完备的客户身份识别体系是开展反洗钱工作的重中之重。

5. 税务问题

一些国家已经在探讨是否对比特币等加密货币进行征税，或者对交易平台进行征税。如美国国家税务局针对虚拟货币交易市场发布的 Notice 2014-21 和 2014-16 I.R.B. 938 号文件，给出了针对虚拟货币交易的税务处理方法。2017 年日本在税法修正案中，将进行虚拟货币交易取得的收入归类为"杂项所得"，由投资者申报所得税。目前中国关于这方面的税收法律仍处于空白。在传统游戏领域，将游戏虚拟币加价后向他人出售取得的收入，应按照"财产转让所得"项目计算缴纳个人所得税。不论哪种虚拟资产，如产生现实层面的交易和收入，从根本上来说都应纳税，在元宇宙中税务问题也将更加突出。

在现实世界的法律框架中，艺术、书籍、域名等与知识产权相关的产品被视为应税财产。具有类似性质的 NFT（如艺术 NFT）尚不属于这个范畴，缺乏征税方面的法律约束可能会大大增加以 NFT 交易为掩护的金融犯罪行为，以逃避相应地区政府的征税。此外，建议对于高利润的 NFT 收藏品交易应适用较高的税率。

4.5 元宇宙面临的挑战

对元宇宙不能只有赞美和展望，还要有客观和理性的认知，从而认清当前存在的挑战。除了我们前述的法律和伦理问题，构建元宇宙的过程中还存在更为具体的挑战，如知识产权、隐私、经济、公众的接受程度等方面的问题。

1. 知识产权纠纷无处不在

元宇宙是一个集体共享空间，几乎所有参与者都可以是这个世界的创作者，由此衍生出大量多人协作作品并产生协作关系，这种协作关系具有一定的随机性和不稳定性，因此需要通过确权规则进行规范。元宇宙中的虚拟人物、物品、场景等元素很可能是来自或者改编自现实世界中的实体，这种跨越虚实边界的改编很可能会引发知识产权纠纷，包括人物肖像权，音乐、图片、著作的版权等。

例如，2021年6月9日，多家音乐出版商对 Roblox 提出数字化作品版权侵权诉讼，指控 Roblox 在未经授权的情况下擅自使用了它们的音乐作品。这是因为在 Roblox 构建的虚拟世界中，允许玩家在自己的游戏空间中添加一种叫作"收音机"的虚拟物品,"收音机"可以播放任何他们想听的音乐,但这些音乐很多并未获得授权。有数十万名玩家在 Roblox 中购买了"收音机"。因此传统音乐出版商一纸诉状将 Roblox 告上法庭,要求其赔偿 2 亿美元,借助现实法律体系维护自己在元宇宙中被侵害的权益。

作为被告的 Roblox 并非没有版权保护意识,在 2021 年上市前的招股书中就明确指出:"随着我们面临着越来越多的竞争并拥有越来越高的知名度,我们在知识产权保护和其他版权保护方面遇到索赔的可能性也在增加。"在实际运营中,Roblox 也多次呼吁社区成员遵守社区规则保护知识产权,支持艺术家的原创成果。作为元宇宙代表的《堡垒之夜》也经历过一次更为"奇葩"的版权纠纷,一位萨克斯手认为游戏中人物的舞蹈复制了他的原创舞步。可想而知,元宇宙包容大千世界,万事万物,如果人工智能在塑造内容时制作出类似现实世界的舞蹈、动作、装饰,是否会遭受爆炸式侵权诉讼?这显然并不合理。当元宇宙成为一个完全去中心化的平台,像 Roblox 这样的官方角色将逐渐被淡化甚至消失,任何用户都可以自由创作内容,此时便会涉及大量的 IP 使用和侵权问题。传统版权商想去维权,却发现情况已经不同,投诉对象从曾经的单一公司变成了全球成千上万的元宇宙中的"居民",这对在元宇宙世界实施版权保护提出了新的挑战。另外,元宇宙中还存在复杂的共同版权和共同所有权问题。例如,在元宇宙进行内容建设的过程中,也许并没有直接使用原创者的知识产权,只是在与之进行虚拟交互的过程中共同产生了有价值的内容并进行了传播。

已在加密世界实践的 NFT 其实也不能完全解决对知识产权的合理使用问题。例如,头部 NFT 项目加密朋克的开发商 Larva Labs 采纳 Dapper Labs 最早起草的 NFT License(NFT 授权协议)来界定加密朋克收藏者的权利，License 明确规定了哪些是被允许的行为，哪些是不被允许的行为。

被允许的行为包括：个人的、非商业化的用途；在交易市场上使用；在第三方网站和 App 上使用（比如社交媒体上的头像）；用于商业衍生品，但每年不能超过 10 万美元。

不被允许的行为包括：改动作品；用作品来推广第三方产品；与带有仇恨、暴力和其他不当行为的内容一起使用；试图把作品注册成商标或获得知识产权。

虽然是加密世界的项目，但 Larva Labs 十分注重与现实世界 IP 的友好交流与合作，也很注重对知识产权的中心化保护。加密世界中也存在一类完全去中心化的知识产权创作过程，如 Loot，它的任何创作都不需要取得任何 IP 的授权，因为它不存在像 Larva Labs 一样的中心化平台，是由分散在加密社区中的参与者自组织进行的创作。知识产权的原则是保护"想法的表达"而不是想法本身，Loot 的独特创作模式直接消除了"表达"，更接近一种想法，任何人都可以基于自由共享的模块不断给 Loot 元宇宙添砖加瓦。中心化版权保护的过度使用会限制一个社会的创造力，文化的创新要基于对前人的传承，没有人可以凭空创造。

2. 隐私保护难点重重

脸书和谷歌都因为垄断、操控用户隐私数据问题被处罚过，互联网时代公民的自主数据甚至可以影响一个国家的总统大选结果，谁主导了全球公民数据谁就拥有了至高无上的隐形权力。互联网时代，尤其是互联网时代的中后期，资本所有者和企业都热衷于建设平台，已经建成巨型平台的平台型企业依然在疯狂地建设子平台、平行平台，这是因为只有平台才可以创造和沉淀公民数据，而公民数据是整个互联网十几年来价值增长的根本推动力。元宇宙不仅不会消灭平台，反而会促使平台数量的加速增长，随之而来的用户隐私数据也将更加庞大和复杂。不过不同于互联网时代各自独立的平台模式，元宇宙中的平台（或者称之为"域"）一般需要数家公司或者组织共同打造，因此没有任何一家公司可以独自拥有元宇宙中的某个"域"，对用户的数据保护也需要所有建设者共同负责。中国在2021年出台了用于保护公民互联网数据权益的《数据安全法》和《个人信息保护法》，让信息安全从"互联网大蛮荒时代""网安法时代"走向"大合规时代"。真正从法律层迫使互联网企业重视数据合规性问题，并将其视为平台发展的重中之重。在元宇宙建设初期缺乏类似的法律保护，必将经历一段"大蛮荒时代"，届时因数据权益而产生的纠纷会层出不穷，是全社会即将面临的一大挑战。

在互联网为人们提供的应用服务中，用户只需要关注屏幕，按照指引操作，遵循时间序列依次产生具有专一场景性的数据，而且对于涉及支付和健康的数据，用户会形成明确的感知和自我保护意识。元宇宙中的应用服务都是被嵌入三维场景中的，用户往往会在同一时刻产生多维的数据信息。例如，当你以虚拟身份进入一个虚拟商场中，虽然并没有直接与某个商家进行授权交互，但此时可能已暴露了自己的各项隐私数据。

3. 公众的接受程度充满不确定性

大多数人对变化的适应，一般都是渐进式的，面对跃进式、革命性的"范式转变"普遍比较迟钝。以比特币为代表的加密行业在过去的十年里，从零起步，不断获得全世界的关注，但受制于各国的法律和监管，到目前为止加密行业确实存在一定的规模上限，真正能融入该行业的用户，全球可能不会超过1亿人，而真正的从业者可能只有其中的1%。

人们对于元宇宙的接受度能否跟得上元宇宙的发展速度也是一个问题，为此，Forrester Research（弗雷斯特研究公司）进行了调查。样本包含了1 263名接受调查的人，其中572名来自美国，691名来自英国。有27%的美国人和36%的英国人觉得元宇宙是个无关紧要的事物；有29%的美国人以及33%的英国人还不知道元宇宙这个名词；只有13%的英国人以及19%的美国人认为应该大力发展元宇宙；有23%的美国人和17%的英国人愿意花时间体验元宇宙。Loup Fund的一次调研也得到类似结果：有52.4%的人认为把时间花在现实世界中比花在虚拟世界中更加有意义。由此可见元宇宙的普及之路依然漫长，似乎还没有跟上如此轰轰烈烈的概念浪潮。

4. 投入与产出不成正比

以黄仁勋在全球商品交易中心大会上的"数字替身"为例，这个简短的图像片段需要30多位工作人员使用RTX光线追踪技术扫描本人，然后从各种角度拍摄几千张黄仁勋以及厨房的照片，并在Omniverse中建模"厨房"，结合AI技术，最后才能呈现这段"以假乱真"的视频。即使普通用户想在元宇宙中获得如此效果，也根本无力获取相应资源，因此只有高投入的巨头才能产生高水准的内容，这便产生了元宇宙参与不公平的问题。此外，高投入未必有高产出，从过去几年间对 VR 这一单项技术的投入便可窥知一二，即便是投入百亿美元的资金，也未能真正攻克技术瓶颈。

在技术之外还存在大量的资本运作，不论是投资、收购，还是股市的概念板块爆发，都牵扯到大量资金投入。不过也有观点认为当前高投入的背后其实是过度的资本"包装"，是在推"概念"。目前构建元宇宙的机遇窗口正在逐步开启，但仍处于非常早期的阶段，它的发展将经历较为漫长的过程，只有依托技术革命，才能最终实现。如果继续放任盲目炒作，会同历史上的其他新兴概念一样，出现泡沫破灭的大萧条，打击元宇宙建设者们的信心，使这一进程延滞数年。

2020 年中国前五大互联网平台，阿里巴巴、腾讯、美团、京东、拼多多的营收总和达到了 1.9 万亿元，占 2020 年中国 GDP 的比重接近 2%。在对国民经济和民生产生重大影响后，垄断问题也随之而来。阿里巴巴因"二选一"的垄断行为被罚款 182 亿元，美团也因为垄断行为被罚款 34 亿元，前后共计 30 多家知名互联网平台企业接受了市场监管总局的整改督查。中国的互联网发展结束了野蛮生长阶段，进入了全面监管时期，而这一切都与"垄断"二字密不可分。西方国家很早就注意到了互联网巨头造成的新时代垄断问题，谷歌、脸书、微软等公司一直都未能摆脱反垄断调查。构建元宇宙的相关呼声日益高涨，也与当前具有垄断性的互联网现状相关。随着很多革命性的新技术以及理念的出现，如今也确实到了改变互联网旧秩序的时刻。例如，有人高呼"拿回自己的数据，终结算法霸权，建立更好的互联网"等革命性口号。

在互联网时代，公民数据便是资源，看似用户在免费使用互联网服务，但这一切都是以牺牲自身数据为代价换来的，有些甚至是牺牲了自己的敏感和隐私数据。而且一旦发生纠纷要进行维权，普通用户的声音根本无法影响中心化巨头，还会进一步引发霸权主义、不公平问题等充满阶级对立的矛盾。元宇宙作为承载新互联网希望的数字理想世界，高举"人人平等"的口号，但是否真的能摆脱中心化巨头格局的再次形成，是否依然会垄断公民的数据资源，并形成更严重的思想、精神和社会控制尚未可知。

如前所述，在元宇宙建设的初期阶段，尤其是在由主流社会控制的中心化古典元宇宙建设阶段，需要大规模的人员、资金以及技术的支持，而且都是在由传统互联网巨头主导和引领舆论风向、制定协议与发展架构。同时它们还借此进行疯狂的资本运作，大规模资金投入的背后其实是并购和收购，这也可能造成资本垄断。原本极具变革潜力的新兴元宇宙公司也逐渐"归顺"互联网巨头，有的甚至发展成为纯粹的资本游戏或在股市中"击鼓传花"。面对资本的压力，致力于发展元宇宙的中小企业更加难以为继。如此下去元宇宙有可能会跟移动互联网时代一样，最终形成大家站队巨头的发展局面。所以再次回到本书的主旨思想，从这个角度，加密元宇宙之于构建真正的终极元宇宙有着不同寻常的意义，其所带来的思想、理念、资本、资产以及巨型平台都是可以遏制古典元宇宙中心化垄断势头的有效手段。

2021年5月，在韩国政府机构的主导下，一个由当地公司组成的元宇宙联盟宣告成立，目标是建立统一的国家级增强现实平台，并厘清虚拟世界涉及的道德和法律问题，确保元宇宙"不是一个被单一大公司垄断的空间"，将虚拟服务作为一个新的公共品。韩国的这种"元宇宙联盟"对构建元宇宙具有一定的借鉴意义，正如 Epic Games 公司的 CEO 蒂姆·斯威尼所说："元宇宙另一个关键要素在于，它并非出自哪一位行业巨头之手，而是数以百万计的人们共同创作的结晶。"元宇宙的能量将来自用户，而不是公司。

此外还有一些关于标准化的制定和治理方面的挑战。只有建立统一的技术标准，才能就技术路线达成一致，调动起全世界开发者的力量，同时也会引导公司进行持续性投入。虽然已经有开放元宇宙互通组织（OMIG）等国际机构开启了相关标准的制定和立项工作，但离真正的主流标准还有不小的差距，因此真正的大规模技术建设何时实施尚未可知。

在元宇宙的治理上，是完全接受现实世界的社会治理体系的统一干预，还是复制加密世界的DAO模式，完全从零构建去中心化的元宇宙公民自治体系目前尚无定论。虽然去中心化模式看似美好，但目前也仅应用于加密场景，在应对社会灾难、处置违背道德的行为等方面，反而不是DAO所擅长的。未来需要元宇宙的建设者摸索出一条介于两者之间的、更为灵活的治理模式，这将是一个巨大的挑战。

第 5 章

元宇宙的终极形态：无限游戏

无限游戏参与者的每一步都是朝向视界的进发，有限游戏参与者的每一步都是在边界之内。

——詹姆斯·卡斯，《有限与无限的游戏》

在电影《头号玩家》里寻找第三把钥匙的游戏关卡中，反派IOI公司派出一大队人去打这个小游戏，但是都过不了关，一个个失败者都掉进了冰洞里，最后一个玩家即使通关了也还是掉进了冰洞。主人公韦德恍然大悟，原来这就是游戏设计者哈利迪的用心所在：真正的游戏应该是没有终局的，通关并不重要，过程与体验才是最重要的。他终于找到老爷子的彩蛋，而这枚彩蛋致敬的是人类第一款藏有彩蛋的小游戏《冒险》，极其简陋的界面却让童年时的哈利迪终日沉迷，不为通关，只为找到创作者的彩蛋，这是小哈利迪与游戏创作者的灵魂交流，也是韦德与老哈利迪的跨时空交流。韦德继承了哈利迪的游戏精神，得到了第三把钥匙，这是一把开启无限游戏的钥匙。

　　"无限游戏"是哲学家詹姆斯·卡斯在《有限与无限的游戏》一书中提出的概念。他认为，世界上存在两种游戏，一种是有限游戏，另一种是无限游戏。有限游戏以取胜为目的，而无限游戏以延续为目的。有限游戏是在边界内玩，而无限游戏玩的就是边界。有限游戏具有一个确定的开始和结束，拥有特定的赢家，无限游戏既没有确定的开始和结束，也没有赢家。我们迫切需要进行一次"游戏观"的转换，即从有限游戏转向无限游戏。有限游戏是画地为牢的游戏，旨在以某位参与者的胜利来终结比赛。柏拉图说："只有死者才能看到战争的终结"，人类社会很容易停滞在结束了的有限游戏中，或被囚禁在有限游戏中而不自知。如果把人类社会的发展视为有限游戏，那么大国竞争必然导致"修昔底德陷阱"。如果从无限游戏的视角出发，人类将会成为命运共同体，拥有更广阔的未来。

这本书写于1987年，距现在已经有30多年的时间。随着时间的推移，越来越多的人发现，理想的元宇宙似乎就是詹姆斯·卡斯所预言的无限游戏。万向区块链董事长肖风认为，元宇宙的治理结构是分布式、去中心、自组织的，加入元宇宙是无须许可的，沉浸在元宇宙中是自由自在的，元宇宙制定规则依靠的是共识，遵守规则依靠的是自治。它的经济模式是"利益相关者制度"，价值共创者就是利益共享者，没有股东、高管、员工之分，这是一个所有参与者"共建、共创、共治、共享"的无限游戏。

5.1　无限游戏与有限游戏

有限游戏的目的在于赢得胜利，无限游戏没有永远的赢家，旨在让游戏永远进行下去。有限游戏具有一个确定的开始与结束，无限游戏没有明确的开始与结束。奥林匹克运动是最典型的有限游戏，它的目的就是要赢。最典型的无限游戏就是生命本身，生命的意义在于延续。

有限游戏是在边界（平台）内玩，无限游戏没有边界，不受限于链与平台。有限游戏的规则是确保游戏会结束，无限游戏的规则是确保游戏不会结束。

有限游戏是由消费者驱动，用户即消费者，平台为用户提供消费品（金币、皮肤与道具）。无限游戏由创造者驱动，用户是消费者，更是创造者。用户参与游戏规则的制定，同时也为游戏提供素材、作品与工具。

有限游戏是孤岛式的，每个游戏都有各自的世界观，世界观相互独立，且一成不变。无限游戏是宇宙式的，所有的游戏遵循同一个世界观，而且世界观是开放的和可以演变的。有限游戏是剧本式的，可以彩排与预演，玩家总是能复制通关路线。无限游戏是传奇式的，无法彩排和预演，对未来保持开放，会避开任何预设结果。在剧本中，一个人扮演英雄的角色；在传奇中，一个人选择成为英雄。

有限游戏是中心化的，游戏平台拥有绝对权威，它不仅可以制定游戏规则还可以随时修改游戏规则。用户除了消费和发出无关痛痒的抱怨外，别无权利。无限游戏不具有中心，游戏规则编码在智能合约之上，不可任意修改。

有限游戏可能因为运营不善而关闭，无限游戏因为区块链技术而无法被关闭，也无法被停机。智能合约发布后无限游戏无须运营主体，所以也就没有被关闭的可能性。无限游戏可能会因热度消散而被人遗忘，但这不是关闭，将来还可能因为某种契机而死灰复燃。

有限游戏需要存档，否则玩家的游戏经历可能会因关服而永远消失，就像从来没有发生过一样。无限游戏无须存档，因为至少有部分重要记录可以被保存在链上，比如交易、转账、生育记录等，更重要的是你的资产（角色、金币、皮肤、道具）永不丢失。

有限游戏的账户表面上属于用户，本质上却属于平台。在理论上，平台拥有用户的一切资料。无限游戏的账户（私钥）属于用户，用户拥有对账户和资产的绝对专属权。绝对专属权有两层含义：一是账户属于用户，二是账户只属于用户。前者意味着该账户无法被收回、删除、冻结，后者意味着该账户不可交易、转让、租用或借用，私钥是一串可复制的信息，理论上是无法被转让的，因为转让者始终可以保留该私钥的副本。

有限游戏中的生与死是数据的状态，是数据的写入与擦除，而且写入与擦除的动作是可以无限重复的。无限游戏中的生与死意味着私钥的拥有或丢失，无限游戏中的死亡并不是真正的死去，因为私钥是一串字符，它是永生的，只是它的拥有者因为遗忘或死亡，而永远地失去了与它的联系。

有限游戏的经济系统和游戏规则具有封闭性，A 游戏的生产资料（金币、皮肤与道具）和规则不可用于 B 游戏。无限游戏的经济系统与游戏规则具有开放性，生产资料可以像乐高一样自由搭配。

有限游戏的生产资料是可互换的，因为这些只是数据库里的数据。数字世界中的一切资产皆具有可复制性，这意味着数据库里同一字段所记录的两种生产资料，在本质上是无法被区分的。有限游戏中的两个同一类型的道具是完全一样的，可互换的。无限游戏中的生产资料可被设计为不可互换的非同质化资产，就跟现实世界中的树叶一样，天底下没有两片完全相同的树叶。

有限游戏中的生产资料是后天的，是先有游戏后有生产资料，生产资料可能是用户在系统中创造的，并可以被内部定价。无限游戏中的生产资料是先天的，无限游戏的设计者无法脱离生产资料的外部世界而独立设计它的经济模型，同时无限游戏中的生产资料存在一个先天的外部公开市场，因而无法被内部定价。正如无限游戏开发者无法将比特币和加密朋克在他的游戏中定义的很廉价一样，否则套利者会将他在游戏中的资产一套而空。

有限游戏讲求"数值平衡"，即让游戏与玩家、玩家与玩家、游戏角色与道具保持微妙的平衡与公平，让游戏更具可玩性。它的潜台词是：好的游戏是设计出来的。数值设计师每时每刻都在为了那伟大的平衡性而绞尽脑汁，用许多"神圣护盾的冷却时间从 30 秒降低到 20 秒"之类的短句填满补丁更新列表。无限游戏也讲求属性平衡，只是它追求的是符合"自然分布"，什么是自然分布？即大自然的内在属性与外部环境在相互作用下所呈现出来的分布规律。比如现实中人的身高、体重、智力往往呈现正态分布，因为这些属性是由一系列独立的基因组合而来的，所以在整体上呈现钟形曲线：大多数人处于中间状态，少数天才与蠢材处于两端。但不是说无限游戏只有一种分布状态，如果某种资产、属性符合网络效应，即它们的影响因子彼此不独立，且是相互加强的，则在理论上它们此时应该满足幂律分布：强者愈强，马太效应。正态分布与幂律分布都是自然分布，它们是内在属性（元数据）与环境相互影响的结果。也就是说，好的无限游戏不是设计出来的，而是进化而来的。数值一直在变化，而决定数值的内在属性也一直在变化，但它只有一个底层运行逻辑：与环境相适应。那些经历过时间考验的无限游戏的属性会表现得恰好与环境相平衡，就像是精心"设计"出来的一样。如果说有限游戏的数值平衡是调参的结果，那么无限游戏的属性平衡则是训练模型的进化结果。

有限游戏的商业模式是向玩家销售虚拟商品（金币、皮肤与道具等），这些虚拟商品的价格完全由游戏公司决定，它们的总量也是由游戏公司决定的。无限游戏中的虚拟商品来自外部公开市场，游戏运营者无须自行生产发行。所以，无限游戏一般不通过直接销售虚拟商品来赢利，但可以通过对虚拟商品的使用、交易、租赁等经济活动收取手续费来获取利润。有限游戏的运营方更像是生产型企业，它们生产和销售虚拟商品。无限游戏的运营方更像是服务型企业，它们向玩家提供相关付费服务。当然，两者的界限并不总是那么清晰，无限游戏的运营方也可以在链上发行虚拟商品，但是一开始该虚拟商品可能并没有得到外部公开市场的认可，使得它们只能流通和应用于自己开发的游戏中。但是，一旦其所发行的虚拟商品得到了外部公开市场的认可，并被其他游戏所采用，那么，该虚拟商品也就被注入了无限性。只是，无限游戏的运营方很难发行虚拟商品作为自己的主营业务，因为那些得到所有人认可，并被元宇宙广泛采用的虚拟商品往往可遇而不可求。就好比一个无限游戏的运营方，无法在自己的游戏里定义一组自己发行的商品，声称它们比加密朋克还要昂贵。所以，更理想的情形是，无限游戏的运营方是基于外部市场中具有公允价值并被广泛接受的元宇宙虚拟商品而进行的开发。

有限游戏的运营主体是公司，推崇股东至上理念。用经济学家米尔顿·弗里德曼的话来说就是："企业有且只有一个社会责任，那就是在不违背游戏规则的前提下，利用自己的资源，从事旨在提高利润的活动。"无限游戏的理想运营主体应该是DAO形式的，游戏所产生的利润归属于全体社区，游戏规则的制定与修改也应该经DAO链上投票通过。获得利润不是无限游戏的核心商业目标，可持续性才是。

有限游戏奉行丛林法则，你不是在餐桌上，就是在别人的菜单里。所以，竞技、战争、厮杀、狩猎、掠夺是传统游戏不灭的主题。无限游戏以体验与经营为主旨，虽然没人规定元宇宙游戏应该朝什么方向发力，但事实证明，模拟城市、生命养成、人生经营类游戏更具生命力。很多有限游戏都是零和游戏，你的收益来自他人的损失，你的道具与金币可能来自攻击他人所得。无限游戏本质上是一种平衡游戏，参与者在非零和博弈中寻求纳什均衡，双赢或多赢不是神话。生物的利他、共生现象以及人类的社会性，都是它们（他们）在漫长的进化中，从大自然中学到的无限游戏思想。

从体验上说，有限游戏属于多巴胺型，其效用来自对奖赏的期待，而不是获得奖赏，实际上达成目标并获得奖赏后，多巴胺不再增加，因为获得者已经对奖赏有了预期，它本质上是一种欲望达成之前的饥渴感，而副作用就是成瘾性，因为目标达成后多巴胺的活动随之归于平稳，人不再能感受到快乐，空虚感将驱使人们不断寻找新的目标、新的欲望，然后陷入一个又一个欲望陷阱而不能自拔。有研究表明，网络游戏通过一种外在的行为模式引发脑内启动"异样"奖赏系统，从而使玩家获得多巴胺加速分泌的体验，游戏成瘾者在玩游戏的过程中，分泌多巴胺的中脑腹侧被盖区会被持续激活。无限游戏则是内啡肽型，其成就感并不是来自奖励，而是来自内心的满足。产生内啡肽最多的区域就是学习与记忆区域，这暗示我们对无限游戏的体验过程应该类似于学习过程，你并不能事先预知将能得到什么，有可能什么也得不到，正因为不具有明确的目标，也就没有明确的奖赏与回报，所以你也不会产生"目标"焦虑感，但却能让你感到内心的平静与满足。

有限游戏追求即时满足，这种快感是易得的、消费型的。如果说以往的游戏还需要玩家自己操作，才能享受打怪升级的快乐，那么现在的有些游戏可以直接让机器人帮你挂机，或者让氪金玩家帮你实现一步到位。无限游戏是一种延迟满足，它就像内啡肽的分泌一样，是吝啬的，需要经历一个痛苦甚至自虐的过程才能获得。无限游戏主义者需要摆脱对奖赏的依赖，专心于自己要做的事。元宇宙第一股Roblox 在 2006 年就被推出了，但是在十年之后才拥有了数量可观的用户。13 年后，Roblox 才引起非核心玩家的关注。15 年后的今天，Roblox 成为有史以来最大的元宇宙平台。

有限游戏追求在线时长，它们总是幻想自己是下一个超级 App，下一个微信。据咨询公司 QuestMobile 发布的数据，2020 年 2 月 10日至 2 月 16 日中国全网用户移动互联网人均单日使用时长达到 456 分钟（7.6 小时），已经接近增长极限。无限游戏无所谓在线时长，因为现实就是"在线"，生活就是"虚拟"，用户在元宇宙中看演唱会、逛艺术展、玩剧本杀、上课等，甚至与虚拟女友谈恋爱。元宇宙不是与现实平行的镜像世界，而是虚拟与现实相结合的混沌世界。换句话，你的一半在镜子里，一半在镜子外。

在有限游戏中，玩家就是玩家，NPC 就是 NPC，玩家是人类，NPC 是预设的程序代码。在无限游戏中，玩家与 NPC 的边界是模糊的，玩家也有可能是 NPC，某个任务可能要求与其他玩家达成某项协议才能完成。正如电影《头号玩家》中最重要的 NPC 哈利迪档案馆的馆长莫罗就是个真实的人物，他是哈利迪曾经的好友兼合伙人，在哈利迪档案馆开放之前就是最了解哈利迪的人。他既是玩家也是 NPC，作为玩家，他是绿洲的创始人之一，作为 NPC，他的作用是守护哈利迪一生的记忆资料，接待所有来查询档案的玩家，并为潜在的绿洲继承人提供线索与帮助。

有限游戏是一个封闭的系统，内部是熵增的，将走向热寂，从理论上说，玩家的每次操作都在游戏运营方的计划当中。无限游戏是一个开放的系统，不断与外部世界发生物质（生产资料）与能量（货币）的交换，它是熵减的，系统的信息熵（负熵）不断增加，不断产生新的数字原生资源、数字资产、数字艺术。玩家的行为并不在游戏运营方的预知与计划当中，就像 Loot 发行之后，玩家怎么玩，怎么定义，将走向何方，都是一个未知数，并不在发行方的可预知范畴。

在有限游戏中，逻辑与理性主宰着一切，他们的胜利是可以理解的，也是可以复制的。卡尔·波普尔把这种模式提炼为"可被证伪性"和"可重复性"。在无限游戏中，我们可能更需要运用非理性思维。因为除了程序语言、数学语言，在流行的背后还有一只无形的手，那就是我们使用的自然语言。模因 meme 就是一种特殊的自然语言，我们有意无意地被它们所影响。狗狗币、加密朋克、无聊猿、SHIB 的成功，并不是因为其一开始就完美——甚至还有点丑陋——只因其模因文化以及开放性，可以让更多人参与迭代，就像区块链、智能合约一样一直在迭代进化。很可惜，它们的成功似乎不可复制，模仿者大都失败了。在有限游戏中，一种模式或现象可被证明是错误的。如果一种模式是正确的，你可以在下一个游戏中重复它。在无限游戏中，你无法证明一种模式或现象是错误的。当然，即便它是正确的，你也无法在下一次游戏中重复它。

有限游戏是对现实世界的模仿，玩家并不能超越现实世界的国籍、种族与文化的限制。游戏没有国界，但玩家有国界。在《英雄联盟》S11 的 2021 年决赛夜，中国电竞俱乐部 EDG 力克韩国战队 DK 夺冠，年轻人尽情宣泄、狂欢，在朋友圈刷屏，爱国情绪从现实世界延续到了游戏世界，就像世界杯夺冠、奥运会夺得金牌一样。如果说有限游戏是游戏中的数字孪生，那么无限游戏就是游戏中的数字原生。无限游戏主义者未必有清晰的国家、民族观念，因为这些观念创造了边界。詹姆斯·卡斯认为，"只有在边界明确、充满敌意和危险的地方，爱国主义才生生不息"。区块链、智能合约将无限游戏主义者置于一种新型的逻辑空间：一方面，元宇宙中已无地域与国境限制，你可以与虚拟世界中的任一主体交流、交易。不存在国与国之间的文化冲击，而只有现实世界与虚拟世界之间的文化冲击。另一方面，你用知识和软件创造财富，财富以加密资产的形式被保存，资产以智能合约的形式流转，建立在税收之上的现实权力机构已不是不可或缺的组成部分。无限游戏主义者并非天然的国家主义、民族主义者，他们更可能是现代版的马耳他骑士团，一种新型主权形式——主权个人。威廉·莫格和詹姆斯·戴维森在合著的《主权个人》一书中预言，数字技术将会大大增加世界的竞争性、不平等性和不稳定性，社会将会更加分裂，政府权力将逐渐被弱化。在这样一个严酷的世界里，只有最有才华、能够自力更生、精通技术的人，也就是主权个人，才能够茁壮成长。

有限游戏主义者与无限游戏主义者有着非常鲜明的对比，他们就像是太阳神阿波罗与酒神狄奥尼索斯。有限游戏中的主体是古典人类，是苏格拉底式的，注重理性，生活按照大型剧本井然有序地开展，有强烈的目的性、终局性、因果性；无限游戏中的主体是后人类，是西西弗斯式的，具有不可预测性，注重生命的原始创造力，用无尽的斗争与反叛的精神去对抗虚无。

5.2 物种起源：非同质化资产

1. NFT 的源起

2010 年，16 岁的游戏少年维塔利克·布特林在对《魔兽世界》的一次更新后发现，他最喜欢的术士角色技能"生命虹吸"被取消了。维塔利克致信暴雪官方要求恢复这一技能，然而他的这一要求被拒绝了。维塔利克失望地卸载了游戏，他愤怒地问道："凭什么游戏运营方可以不问玩家意见就随意更改游戏内容？"他的结论是，这是一种中心化所导致的掠夺。游戏运营方可以不在乎游戏玩家在其中倾注的心血、时间等一切付出，玩家权利和资产无法得到保护。

这个问题可以解决吗？当然可以，只要让游戏资产的所有权重新回到玩家手里就行了。同样，更多的数字资产，如数字艺术品、音乐版权、游戏角色，乃至数据，理应得到明确的归属与保护，而不应该被中心化平台所控制。

四年后，维塔利克发布了以太坊白皮书。2017 年，以太坊 NFT 协议 ERC-721 标准诞生了。NFT 是在以太坊等区块链平台上根据技术协议或者说技术标准等发行的具有特定标识的通证，该标识可以附加相应的元数据。第一个使用 NFT 技术标准的是著名的加密猫项目。

有人认为非同质性实际上是不可互换性、不可数性、不可分割性的同义复词，但事实上，这几个词的含义并不完全重叠。比特币与以太坊都是同质化资产，但是基于 UTXO 模型[①]的比特币在理论上是不可互换的，因为可以在链上追踪每一个比特币的历史足迹，如果某个地址进入了黑名单，那么该地址上的比特币就不可能与其他地址上的比特币具有同等的使用价值。

混币技术帮助用户把不可互换的比特币变成了可互换的通证。而基于账户模型的以太坊在理论上是可互换的，因为以太坊的数额只是链上的一种记账方式，两个以太坊之间是无法进行区分的。NFT 资产也不等同于不可数资产，演唱会的门票是可数的，但每一张门票的编号是不一样的，它所对应的身份也是不一样的，可以认为它们是 NFT 资产，但是它们同样可能是可数的。多数 NFT 是不可分割的，也有例外，有人在链上发行 NFT 碎片，这些碎片组合起来也是 NFT，显然它是可分割的。比如 PunkBodies 专门针对加密朋克头像 NFT 提供可选的身体部分。它允许用户将自己的加密朋克（一种 ERC-721）与 PunkBody（也是 ERC-721）进行合并，以创建一个新 Punkster NFT（如图 5.1 所示）。通过锁定原来的 ERC-721 以铸造新的 Punkster NFT，用户可以销毁合成后的 NFT 来解锁原始代币。同样，也不是所有的不可分割资产都是非同质化资产，比如我们可以用整型 UTXO 模型来实现一种新型通证，它们与比特币一样都是同质化资产，但是它们的最小单位是整数 1，所以也是不可分割的。

----

① UTXO 全名是 Unspent Transaction Outputs，即未花费的交易输出，在比特币的架构中，并没有一个记录所有账户余额的账本，如何确定一个地址有多少余额呢？查询以前所有的交易，把发给该地址的比特币数量相加后便可得到。

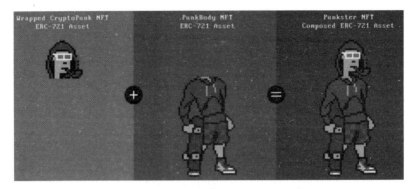

图 5.1　PunkBodies 可与加密朋克头像合并，生成一个新 NFT

2. NFT 的全新属性

在传统数字世界中，数字资产所有权不可以与民法上的所有权进行类比，但区块链技术赋予数字资产全新的属性与特征，使得其持有者能够享有与民法上的所有权可类比的权利。NFT 资产就是被区块链技术赋予了全新属性的数字资产，其属性可归纳为以下几点。

（1）可被验证的稀缺性

NFT 具有稀缺性，智能合约允许开发商对 NFT 的供应发行量设置上限，甚至连创造者本人也无法随意复制。有很多游戏都宣称某些道具特别稀有，喊出"全服仅有九把绝世装备"的口号，但问题是，看不到源代码，又有多少人知道这些装备真正的爆率呢？不仅如此，在源代码被暗箱操作的情况下，完全可以由游戏运营方随意调节。"绝世装备"也可能在游戏的下一个版本中跌下神坛，人手一把泛滥成灾，这种情况在传统游戏中再常见不过了。但在区块链游戏的世界中，你可以随时查看链上源代码确认这些游戏资产到底是不是真的稀缺，装备的爆率被清楚地记录在智能合约上，即使发生更改也是公开透明、全网可见的。

（2）唯一性

NFT 具有唯一性，这是因为它们基于区块链技术，从诞生起就与特定的数字商品建立了唯一的映射关系，可以作为数字商品在特定区块链上对应的唯一权利证明。证明每个 NFT 都映射着特定区块链上的唯一序列号，不可篡改、不可分割，也不能互相替代。正是这些特质使 NFT 成为数字艺术品、游戏英雄、道具的绝佳载体，每一个 NFT 都代表特定数字商品或其限量发售的单个复制品，记录着其不可篡改的链上权利。由于在无限游戏中，物种是先于环境存在的，即生产资料（英雄、道具）是先于游戏存在的，相当于大家共享一个公开的外部世界，遵循相同的世界规则，因而需要确保公共生产资料的唯一性和统一性，比如在电影《头号玩家》中，你可以见到几乎历史上所有知名的 IP：《蝙蝠侠》中的蝙蝠车、《警界双雄》中的老爷车、《天龙特工队》中的 GMC 厢式货车、《疯狂的麦克斯：狂暴之路》中麦克斯的座驾 V8 拦截者等，但是它们每一个都是独一无二、不可复制的。

（3）标准化

通过在公共区块链上标识 NFT，开发者可以构建与 NFT 相关的、通用的、可重用的、可继承的标准，标准包括所有权、变动与转移和简单访问控制。NFT 的标准化类似图像的 JPEG 或 PNG 文件格式、计算机间请求的 HTTP 和用于在网页上显示内容的 HTML/CSS 地址。

（4）互操作性

通常不同平台的产品不能混用，如微软 Xbox 的用户不能与索尼 PlayStation 的用户一起玩同一个网络游戏，游戏间的资产也是不相通的。但通用的 NFT 标准提供了一个清晰、一致、可靠的 API 来读取和写入数据，能够帮助非同质化通证在多个数字生态系统中转移，这意味着用户的 NFT 资产可以在不同的元宇宙平台中使用或交易。

（5）可交易性

可交易性基于互操作性，用户可以将数字物品从原有生态系统转移到另一个市场进行交易，数字资产的可交易性代表了从封闭经济向开放、自由市场经济的转变，市场主体无须继续管理从资源供应到定价再到资本控制的每一个环节。即时可交易性推动着更强的流动性。NFT 市场可以满足从旧交易主体到更多新手玩家的不同受众需求，从而使更多的买家接触更为丰富的资产。

（6）跨时空性

虽说现实中的物体都可以被认为是非同质化资产，如同每张钞票都有不同的编码，每片树叶都有独特的形状，但现实中的物体很难具有跨时空性，根据热力学第二定律，关公的青龙偃月刀很难保存至今。但是无限游戏中的青龙偃月刀在链上却是永生的，宇宙中通行的熵增定律在这里并不适用，如果说现实中的哪种现象与规律在元宇宙中无法模拟，那一定是热力学第二定律。正因如此，区块链可给元宇宙游戏带来奇妙的超现实主义体验，你可以非常清楚地知道游戏中所使用的卡牌是十年前某位明星所使用的。现实世界中或许只有三星堆博物馆与文和友才能给人带来这种时空错位的感受。

5.3　区块链为元宇宙注入无限性

马歇尔·麦克卢汉在《理解媒介》一书中提出了冷热媒介的概念。热媒介具有高清晰度、高学习留存率的特点。一篇发表在加利福尼亚大学《自然通讯》杂志上的研究论文提出，在 VR 体验中，海马体参与了连接时间和空间的情景记忆，在学习金字塔模型中，VR 体验具有75%~90%的学习留存率，而阅读、听演讲分别只有10%和5%（见图 5.2）。

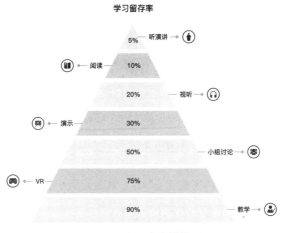

图 5.2　学习金字塔模型

但是，热媒介也有低参与度的特征，比如电影在给人带来高清晰度的视觉体验时，也会暂时抑制人的听觉、嗅觉、触觉等功能，所以，热媒介并不会带给用户深度参与感。与热媒介相反，冷媒介是低清晰的，或者说是具有模糊性的，但也是高参与度的。就像小说的最后只留下了一句话，然后任凭读者想象。因为冷媒介并不会攫取你的注意力，向你灌输超量信息，因而会让你有深度的参与感。

在元宇宙中，酷炫的交互技术（VR、AR、MR、XR）和电子游戏技术（游戏引擎、游戏代码、多媒体资源）给用户带来无与伦比的沉浸感与视觉盛宴，它们正是元宇宙的热媒介。相对而言，为元宇宙构建基础规则、改变生产关系的区块链技术并不为大众所关注，但后者恰恰是元宇宙通往无限游戏之路的关键所在。它就像是元宇宙的冷媒介，用户几乎不会感知到它的存在，它只是默默运行在元宇宙的底层，为这个世界注入"无限性"。它的可编程性反而带给用户前所未有的参与感，元宇宙并非一张已知的地图，相反，它更像是一部待写的小说，它将成为怎样，完全取决于用户。热媒介和冷媒介的特征对比见表5.1。

表 5.1　热媒介和冷媒介的特征对比

	热媒介	冷媒介
作用	构建元宇宙内外部交互环境	构建元宇宙内部世界规则
技术	VR、AR 等虚拟现实技术	区块链
目标	以追求高清晰度、饱和视觉体验、深度沉浸为目标	以可编程性、可扩展性、可组合性为目标

除了在用智能合约实现诸如 NFT 等多元资产方面的优势，区块链游戏的无限性还体现在以下几个方面。

1. 无法被强制关闭

有限游戏是由一家游戏公司或多家游戏公司以中心化方式运营的，可能随时面临因公司破产或经营不善而被关闭的问题，如九城运营的《魔兽世界》、光荣公司的《三国志 Online》、韩国 NEXON 公司与美国 Valve 公司共同制作的射击游戏《反恐精英 Online 2》等，都曾红极一时，但最终因种种原因而关服停机。

而区块链游戏的无限性、不可停机性主要包括两种类型。一种是纯链上游戏，所有的游戏操作都是以链上智能合约的方式运行的，那么，它就具有与公链一致的永续性、不可停机性。任何中心化的权威机构，甚至连游戏的创造者，都无法强行关闭游戏，比如关闭加密猫的难度与关闭以太坊的难度是一样的。另一种是半链上游戏，只是将生产资料（英雄、道具）、世界规则（生育、铸造、化学反应）等关键要素上链，那些高频次的交互行为仍由游戏开发商的中心化服务器运行，比如攻击、闪躲、行动等动作。此类游戏的无限性主要表现在生产资料与世界规则的永续性和不可停机性，即使游戏运营方被迫倒闭、关服，玩家的虚拟商品也并不会因此而消失，他们仍然可以转战其他支持这些虚拟商品的游戏。而且，由于生产资料与世界规则是在链上运行的，所以他们在钱包里就能完成生产资料的交易、权利转让，甚至是铸造武器装备等娱乐行为。

2. 开放性与跨平台性

腾讯生态的 QQ 系列产品就是一个典型的封闭系统：QQ 号是唯一的数字身份、QQ 秀就像如今被热炒的 NFT，QQ 空间是社交平台，甚至还有内部系统通用货币——Q币，可以用于腾讯生态内任何产品的交易，但是并不能应用于其他平台与游戏，更不能应用于现实世界。无限游戏的经济系统与游戏规则具有开放性，生产资料可以像乐高一样自由搭配，比如 A 游戏的金币、皮肤与道具可以应用于 B 游戏。在元宇宙游戏《堡垒之夜》中，你可以看到蝙蝠侠和星球大战，即使它们隶属于不同的版权阵营。更重要的是，无限游戏的经济系统可能是与现实世界相通的，正如你在电影《头号玩家》中所看到的那样，你可以在绿洲中打工赚钱，并用所得财产在现实世界进行购买。反之亦然，真实世界的货币也可在元宇宙中流通，用于购买虚拟的道具和资产。

3. 真实所有权

在有限游戏的框架下，人们永远无法真正拥有属于自己的元宇宙资产。互联网巨头一直试图将用户的数字资产牢牢掌控在手中。随着元宇宙赋予用户越来越强烈的自主所有权意识，当人们开始勇敢捍卫自己在互联网上所取得的一切数字资产和数字账户时，却发现腾讯已经禁止了用户对 QQ 号的赠予、借用、租用、转让、售卖等经济行为，若有违反甚至会被腾讯诉诸法律。这是多么滑稽的事情，辛辛苦苦经营了许久的 QQ 资产，到最后被告知这不属于你，而属于腾讯。几乎所有的互联网产品服务都是如此，用户明明真金白银购买了Steam 上的一款游戏，却被告知其并不享有游戏的所有权，仅有使用权，Steam 可以随时收回。2004 年，网易针对旗下网游《精灵》的作弊行为，一次性删除了 10 万个玩家账户，一时间在游戏界引起轩然大波。网易上海分公司和广州总公司的投诉电话被打爆，两地消费者协会、工商执法等有关部门被惊动，一些游戏玩家选择用法律武器来捍卫自己的权益。这是互联网时代发展的共性，是过度商业化对民众自主权益意识的压制，但当数据权益和数字资产变得越来越重要和有价值时，民众也一定会有觉醒的那一刻。

只有在无限游戏中，你的虚拟资产才真正属于你，并可在现实世界中产生价值。数据和存储基于去中心化的区块链，确保了每个人的数据主权。任何人都无法肆意删改你账户里的内容，除了你自己。元宇宙游戏 *Decentraland* 是一个真正由用户拥有的虚拟世界，其中所有虚拟土地以及虚拟土地上的建筑物都由所有者持有。安装小狐狸钱包扩展程序后，用户可以在标准网页浏览器中使用加密货币和NFT功能，还可以买卖房产、创建美术馆、出售虚拟艺术品、建造游戏世界。

4. 基于 DAO 的经济与治理体系

有限游戏的游戏系统具有垄断性，游戏公司拥有所有权，用户并不能未经许可在游戏的经济系统内获取真实世界的经济收益。游戏公司通过对经济系统的管制来收"税"，这正是当今游戏巨头所热衷的平台经济：由运营商统治一切的经济系统，外卖、网购、看房、做直播、找工作，在其中你几乎可以做任何事情——在足额缴纳了"平台税"的情况下。无限游戏的经济系统不具有垄断性，由全新的组织形式 DAO 取代大公司对产品的统治，股东和董事会不再是产品的最终服务对象，由生态贡献者组成的社区将真正控制生态。由通证取代游戏币赋予每个人资产平权，运营方不再垄断内部经济系统，所有人共享一个开放的经济系统。在电影《头号玩家》里，韦德最终破译了哈利迪留下的三把钥匙，获得了绿洲的继承权，签完协议就能接手绿洲成为新的世界首富，但是他拒绝了，他选择与好友一起管理绿洲，实现去中心化的社区自治。

5.4　元宇宙三阶段

元宇宙的进化历程实际上是以人类文明中的数字化进程为标志的，人类的数字化迁徙过程可以概括为三个阶段：数字孪生、数字原生和数字永生（如图 5.3 所示）。

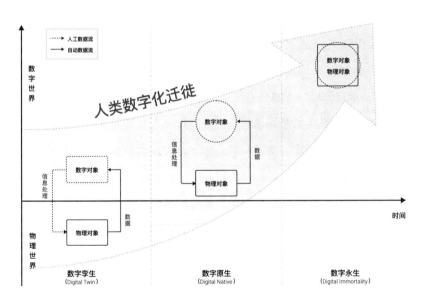

图 5.3　元宇宙三阶段

1. 数字孪生

数字孪生是现实物理世界向数字世界的映射，以数字化方式创建物理实体的虚拟体，借助历史数据、实时数据以及算法模型等，模拟、验证、预测、控制物理实体全生命周期过程的技术手段。对区块链而言，是指将现实世界的基础物质、资产与文化标志映射上链，比如化学元素、现实资产、历史人物等。

"孪生"的概念起源于美国国家航空航天局的"阿波罗计划"，即构建两个相同的航天飞行器，将其中一个发射到太空执行任务，另一个则留在地球，用于反映太空中的航天器在任务期间的工作状态，从而辅助工程师分析处理太空中出现的紧急情况。当然，这里的两个航天器都是真实存在的物理实体。

2003 年前后，关于数字孪生的设想首次出现于迈克尔·格里夫斯教授在美国密歇根大学的产品全生命周期管理课程中。但是，当时数字孪生一词还没有被正式提出，格里夫斯将这一设想称为"Conceptual Ideal for PLM"（产品生命周期管理理念）。尽管如此，在该设想中数字孪生的基本思想也已经有所体现，即在虚拟空间构建的数字模型与其物理实体交互映射，忠实地描述物理实体全生命周期的运行轨迹（如图 5.4 所示）。

数字孪生与仿真技术的最大区别是前者具有实时性，是以一种计算机可识别和处理的方式管理数据以对随时间轴变化的物理实体进行表征。表征的对象包括外观、状态、属性、内在机理，形成物理实体实时状态的数字虚体映射。后者是以离线的方式模拟物理世界，不具备实时性，而实时性、低延迟性是元宇宙的基本特征。

图5.4　数字孪生

2. 数字原生

数字原生是创造现实与人类认知之外的新知识。就像"阿尔法围棋"从黑白落子的行为数据中，面向答案（输赢）学习中间不确定性的过程，产生新的知识。对区块链而言是创造现实中不存在的艺术、资产、文化 IP 和商业模式。过去有一种观念，认为将现实资产上链是区块链的最大应用场景，但这条路后来被证明是难以走通的。因为现实资产受到法律、政策等诸多现实因素的限制，而区块链天然是抗审查、去监管的。链上最成功的协议都是现实中不存在的产品，比如 AMM 和闪电贷。所以，元宇宙有可能遵循同样的逻辑，数字原生才是元宇宙成功的关键。元宇宙不是要复制一个现实中的宇宙，而是要创造一个目前不存在的宇宙。

自计算机设备诞生以来，一直在做的其实只有两件事情：一是不断以新技术转化数字资源，譬如将老旧的书籍、图画等转化为数字形式存储到计算机、手机等电子设备上，即数字孪生过程；二是不断生产数字原生资源，譬如数字音乐、数字电影、数字艺术等，元宇宙则是最大的数字原生资源生产场景。NFTStore 提供支持多数据源的 NFT

生成基础设施，其中包括互联网内容、数字艺术、视频、音乐、游戏资产、NFT 卡牌等。NFTStore 研发的 AI 辅助生成工具是深度学习生成式对抗网络（GAN），可创造出独一无二的 NFT 作品，用户可自由选取 AI 资源库中的作品，加上自己的个性化设置，生成新的音乐、表情包、歌词等，用户自主的艺术创作过程，为 NFT 作品提供了价值支撑。

数字原生是人类文明由"以物理世界为中心"向"以数字世界为中心"迁徙的特殊阶段，它的一个重要标志就是人的数字身份凭证（很可能是基于区块链非对称加密体系的去中心化身份）的优先级将高于人的现实身份凭证（生物信息、身份证号、电子身份证、手机号等）。这在逻辑上是可证的，区块链身份基于私钥，具有至高无上的隐私性。生物信息（基因、指纹、虹膜、人脸）事实上都有被伪造、冒用的可能性，身份证、手机号也有可能丢失、被盗用或被注销。私钥一旦生成，就是终生拥有的，可以被记在脑海里，而在现实中不保留任何物理记录，其安全性和隐私性是生物信息及其他身份凭证所不能比拟的。区块链身份也越来越受欢迎，IDC 的研究报告 IDC Futurescape：Worldwide IT Industry 2019 Predictions（《IDC 展望：2019 年全球 IT 行业预测》）预测：到 2022 年，将有 1.5 亿人拥有基于区块链的数字身份，50% 的服务器平台将在其硬件和操作环境中嵌入静态数据加密技术，超过 50% 的安全警报将由人工智能自动化处理。

3. 数字永生

现实世界与数字世界将共同构成人类的生命空间，而且二者密不可分。数字世界的艺术、资产、文化具有与现实世界一样的价值与影响力。更重要的是，人类的生命不再以肉体生命为标志，随着科技的发展，人类的意识与记忆也可以上传到元宇宙中，最终实现数字世界与现实世界的二元融合，人类可以在元宇宙中获得数字化永生。同样，虚拟人物也会拥有自主意识，它们会谋求从虚拟世界到现实世界的跃迁，数字生命也可能拥有与现实生命同等的权利。元宇宙的主体有生物人、电子人、数字人、虚拟人、信息人，它们最终或将演变为有机体和无机体、碳基生命和硅基生命、人工智能和生物基因技术的结合，形成所谓的"后人类"——赛博格。

值得一提的是，区块链的理念可能会颠覆我们对于"生"与"死"的理解。以比特币为例，它们也有活币与死币之说，所谓的死币指的是币的销毁，即将币转到一个谁也不知道私钥的地址上去，但币并未真正死去，而是永久地失去了与人的交互。所以，这启示我们，如果世界上存在"灵魂地址"的话，那么人的死去也许并不是真正的死去，灵魂并未消失，而是转到了一个谁也不知道它的私钥的"灵魂地址"上去了。这样一来，所谓"轮回""转世""再生"等名词也就褪去神秘主义、迷信色彩，变成了"上传""下载""碰撞攻击"[①]这样的计算机学概念。

美国电视剧《上载新生》中讲述了未来当人类即将死亡时，他们可以把全部记忆和意识"上载"到数字空间，数字空间是另一个人类社会，他们还可以随时与现实空间的亲友进行可视化的场景互动，从而实现数字永生。如果全部记忆和意识都可以"上载"，那么同样也可以"下载"。人们需要的只是以克隆、3D 打印或者更高技术创造的碳基

---

① 碰撞攻击指的是对于同一个哈希函数来说，两个不同的输出通过哈希计算得到了同样的哈希值。

躯体作为灵魂植入、意识下载的载体。

正如雅克·阿塔利在《未来简史》中所说："认知革命是因为智人的DNA起了一点小变化，让人类拥有了虚构的能力，创造了宗教、国家、企业等概念，使其成为地球的统治者，那么未来，算法和生物技术将带来人类的第二次认知革命，完成从智人到神人的物种进化。"我们终将抛弃肉身，将大脑浸泡在化学液体中或者让思想（电波）飘荡在宇宙中，获得永生，甚至化身为神。

第 6 章

元宇宙协议设计

大自然没有提纲，而想象力有提纲。

——英国诗人布莱克

6.1 元宇宙三大定律

正如机器人领域有阿西莫夫提出的"机器人三大定律"，人工智能领域有阿什比和冯·诺依曼等人提出的"人工智能三大定律"，对元宇宙协议的设计也需要从第一性原理出发，制定一些不可违背的设计原则，我们称之为"元宇宙三大定律"。

"机器人三大定律"主要是针对人和机器人的关系；"人工智能三大定律"针对的是实现智能化的系统，那么"元宇宙三大定律"所针对的又是什么呢？数字孪生的本质是对现实世界的物理性质与规律的模拟，因而，我们可能会下意识地认为，针对元宇宙的协议应该要模拟现实中的物理规律，元宇宙中的游戏应该被设置在一个统一的外部环境当中，比如统一的世界时钟，统一的物理性质与规律，就像人的弹跳高度有一定的范围，并不会出现离谱的数字，物体被撞击时应该遵守动量守恒……然而很遗憾，这样的设计是缘木求鱼，因为游戏的种类繁多，游戏的世界观难以穷尽，而且外部环境参数很难在链上通过对智能合约的硬编码来实现。有人说，2021 年是元宇宙元年，而元年的标志往往是以物种起源为特征的。2021 年我们见证了各种挑战人类想象力的奇怪物种（资产）的诞生，所以，我们可能会得出，在元宇宙中应该是物种先于环境，而不是环境先于物种的结论。先有鸡还是先有蛋这个问题放在元宇宙中实际并不难回答，如果鸡是物种、蛋是环境，那么，元宇宙就是鸡先于蛋式的宇宙。因此，基于逆向思维，我们应该围绕元宇宙中的物种（各类 NFT 和 FT）来设计协议，这样一来，元宇宙需要遵循的原则会简化很多，因为来自外部环境的变量是无穷无尽的，而我们只需定义物种的少数基本属性，即可在无限游戏中畅行无阻，我们将这些基本属性称为"元数据"。

元数据是一个计算机术语，可以理解为描述数据的数据，比如数据的种类与结构信息，其目的在于识别数据、评价数据、搜索与追踪数据。元宇宙中的元数据是相似的，它用于定义物种的基本属性，比如性别、身高、生命力、攻击、防守等。

元数据一经建立，便可共享。所以元数据必须被存储在区块链或分布式存储协议之上，可被智能合约调用，而不是存储于游戏服务器端，只能被平台许可的接口调用。元数据首先是一种编码体系，它最为重要的特征和功能是为物种属性建立一种机器可理解的框架，牵一发而动全身，所以它必须是不可修改的，即使是协议的发布者也没有修改它的权限。但是无限游戏可能是社区共建、共治、共享的 DAO，或许我们应该允许通过社区投票的形式进行修改。

1. 元数据是不可修改的，除非在 DAO 投票通过的前提下

元数据的不可修改性有两层含义：元数据恒定不变；元数据因特定函数关系而变化，且该函数关系恒定不变。比如经验，事实上无限游戏的一大快乐就来自经验（修炼、打怪）的增长。如果资产的所有属性都固定不变，那么游戏就会变得索然无味。事实上物种属性按特

定函数关系变化而变化并不违反第一定律，因为该函数关系本身就可被视为一种元数据。所以对于静态属性，它的数值就是它的元数据。但对于动态属性来说，它的变化函数关系才是它的元数据。

如果说无限游戏是元宇宙的终极形态，那么协议的开放性是毋庸置疑的。无限游戏的设计者需要遵循统一的世界观，而不是像有限游戏一样，每个游戏内部都有一个封闭的世界观，一个游戏中的道具在另一个游戏中并不存在，不是属性不相同就是价值不对称。一言以蔽之，元宇宙协议需要具有普适性。传统游戏中，也有一些游戏会共享一个世界观，如《魔兽争霸》《魔兽世界》《风暴传说》《炉石传说》拥有共同的暴雪世界观。但这仅是指这些游戏中部分道具、资产和角色的命名与分类是相同的，其在不同游戏中的属性和技能是完全不同的，这与无限游戏有本质的区别。

2. 空间平移不变性：元数据保持相对不变，不受链与平台（空间）的限制

空间平移不变性是一个物理学名词，指物理定律不因空间位置的变化而变化，是守恒的。每一种不变都对应一种守恒，空间平移不变性对应的是动量守恒。相应地，我们借用该物理学概念提出，资产属性应保持相对不变，不受游戏所在链与平台的限制。

对无限游戏而言，资产（角色、金币、道具等）先于游戏而存在，无限游戏开发者无法自由定义资产的属性。游戏开发者甚至可以对同一资产属性进行不同的解读，比如将 A 属性解读为生命，B 属性解读为力量，同样，他也可以将 A 属性解读为力量，将 B 属性解读为生命，但他不可以修改 A、B 属性的数值。值得注意的是，空间平移

不变性实际上强调的是相对不变，而不是绝对不变。游戏开发者完全可以在他的游戏中，设定 A 属性不重要，只是一种可有可无的属性，B 属性极其重要，是不可或缺的基本属性。这相当于他在游戏中赋予了 A 属性、B 属性不同的权重，这是被允许的。只要他的设定对所有该资产类别（通常是角色、英雄）的所有成员一视同仁，就不会影响游戏的公平性。但是，游戏开发者的设定也不能完全从主观意志出发而不受外界约束。比如一个知名的游戏角色关羽，在几乎所有的游戏中它都是重要英雄，它的关键属性，比如武力值或统率值很高，因此游戏开发者需要充分考量外部公开市场，而不能任性地在自己的游戏中，赋予武力或统率极低的权重。否则，他的游戏很可能无法得到市场的认可。

无限游戏中不应存在奇点，如果游戏开发者在游戏中设计了一个令资产属性无效的特殊区域，使得玩家的游戏角色失去攻击、防守等属性，武器、装备失去了它们的功效，那么该游戏就不应被视作元宇宙游戏。虽然元宇宙是开放性的，不能利用中心化权力将该游戏踢出局，但是社区应该遵循空间平移不变性原则，不去迎合、支持那些破坏元宇宙规则的游戏。

空间平移不变性甚至是跨链成立的。现在有越来越多的新兴公链支持元宇宙，这意味着将来元宇宙游戏可能不会局限于以太坊，那么元宇宙规则的制定者遵循空间平移不变性的原则就是合理的。正如泰达公司所做的，其在很多链上都发行了 USDT，并宣布这些 USDT 是等价的，可以进行 1 : 1 兑换。跨链也是一样的，同一套卡牌在以太坊或其他链上发行的属性应该是一致的。

3. 时间平移不变性：元数据不随区块高度而变化

在物理学上，与时间平移不变性相对应的是能量守恒定律，它指的是物理定律不因时间变化而变化。从宇宙诞生之初到宇宙壮年，牛顿三大定律、相对论、量子力学都是成立且不变的。相应地，我们提出，在无限游戏中，资产属性不随区块高度变化而变化。区块高度是区块链的时钟，每隔一段时间就生成一个区块，区块高度就是这些区块链的编号。两个区块高度之差，就是两个区块的时间距离。元数据通常被用来定义那些不随时间变化而变化的属性，比如智力值、武力值等。

在有限游戏中，没有什么属性是一成不变的，它们都可能随着游戏的进行而变化。而对于无限游戏来说，属性的时间平移不变性非常重要，因为在元宇宙中资产的价值就来源于它们的属性。如果属性随时间变化而变化，那么它们的外部市场价格就会有非常巨大的变化，所有游戏都将失去价值评估与游戏设定之锚。所谓元宇宙生产资料的先天性，就来源于它们的外部世界。如果在外部世界中，它们的价值与元数据就像水面上的花粉一样做布朗运动 ①，那么这种先天性就失去了意义，已被定义的元数据（属性）跟未被定义时没有区别。需要指出的是，时间平移不变性并不是指其属性完全不随区块高度的变化而变化。如前所述，经验是一个可变化的数值，但对于动态属性而言，使它变化的函数关系才是它的元数据，所以，动态属性的时间平移不变性，是指在任何区块高度，它的函数关系是不变的。

---

① 布朗运动是指悬浮在液体或气体中的微粒所做的永不停息的无规则运动，代表一般性随机运动。其由英国植物学家布朗所发现而得名。

机器人三大定律、人工智能三大定律与元宇宙三大定律对比见表 6.1。

表 6.1　机器人三大定律、人工智能三大定律与元宇宙三大定律对比

	机器人三大定律	人工智能三大定律	元宇宙三大定律
第一定律	机器人不得伤害人类，或对人类受到伤害坐视不理	阿什比定律：任何有效的控制系统都必须和它所控制的系统一样复杂	元数据是不可修改的，除非在 DAO 投票通过的前提下
第二定律	除非违背第一定律，否则机器人必须服从人类的命令	冯·诺依曼定律：一个复杂系统的特征是，它构成了自身最简单的行为描述	空间平移不变性：元数据保持相对不变，不受链与平台（空间）的限制
第三定律	在不违背第一及第二定律的情况下，机器人必须保护自己	任何足够简单易懂的系统都不会复杂到能够实现智能化的行为，而任何足够复杂到实现智能化行为的系统都会复杂到让人难以理解	时间平移不变性：元数据不随区块高度而变化

6.2　元宇宙产权协议

　　如果元宇宙是一个无限游戏，区块链是它的底层，而拥有 NFT
意味着我们可以在链上拥有稀缺性资源，那么，我们应该清晰地意
识到，元宇宙中的产权协议应该与有限游戏（互联网产品）有所区
别。试想一下，在电影《头号玩家》中，所有玩家共享一个虚拟世界，
《蝙蝠侠》中的蝙蝠车、《警界双雄》中的老爷车、《天龙特工队》中
的 GMC 厢式货车、《疯狂的麦克斯》中的 V8 拦截者实际上都是这个
共享空间的公共财产。如果有超级富豪在市场早期就把这些公共财产
悉数收入囊中，囤积居奇，那么，他将成为这个世界的帝王，绿洲中
90% 的资产都会因被富豪玩家垄断而退出流通市场，这会造成极大
的资源浪费，同时也破坏了游戏的公平性，游戏也会因此而失去延续
性。正如 19 世纪时的英国贵族从祖辈那里继承了土地，却不愿投资
或出售土地，只想坐享其成，从佃农那里收取租金。贵族从不关心他
们的土地，而只会把时间花在享乐上。真正关心土地的佃农却没有理
由去精心经营和投资土地，因为这些土地随时可能被懒惰的贵族所剥
夺。有限游戏则不会出现这种问题，由于游戏官方可以根据市场情况
增发资源或修改规则，所以其不必担心资源的垄断性问题。

1. 人工资产和自然资产

在元宇宙中什么样的东西应该被拥有，如何被拥有？这是一个哲学问题。一个世纪以前，出生于格鲁吉亚的经济学家亨利·乔治对自然资产和人工资产——自然产物和劳动产品——进行了区分，他提出了共同所有权计划应该适用于自然资产，而不是人工资产的观点。

所谓"自然资产"就是不能由人通过劳动创造出的自然"战利品"，黄金、石油、土地和其他自然资源都是独立于人类而存在的。与"自然资产"相对立的就是占主导地位的"人工资产"，如绘画作品。一幅画的大部分价值来自绘画者的劳动，而很少来自天然材料，如画油和木材等。因此，在增强"自然资产"的价值方面，画家的作用远远超过了矿主，他的作品完全值得获得更多回报。如果画家以高价出售自己的画作，并且设定一个自己认可的价格，那么这是合理的，而且也是他们的权利。其他"人工资产"也一样，比如造出的轮船、开发的软件、构建的摩天大楼等。

因此，经济学家为提高资产配置效率，提出了一种被称为"竞争性公有制"的想法，让政府对土地、矿产等自然资源进行竞争性管理，而由人类生产的有用的资产，则被保留为私人财产，以奖励它的创造者。政府可以把土地出租给那些被认为最能高效利用土地的人或公司，所产生的租金作为社会红利，通过直接给予或是提供公共物品的方式返还给公众。一些经典游戏也借鉴了"竞争性公有制"的思路，《大富翁》也许是有史以来最受欢迎的棋牌类游戏之一，伊丽莎白·玛吉于1904年设计了这款游戏，以此向公众传播亨利·乔治的思想。《大富翁》的最初版本可以在易趣上购买，游戏的规则是这样的：对土地租金征税，但不对建造于土地之上的房子征税，税收用来为公共事业提供资金，让玩家自由使用公共设施和铁路。另外，当玩家走完棋盘的一圈，需要支付社会红利以增加工资收入。这些规则使任何一位玩家都不能独占优势，并且确保每位玩家在开发自己的土地时，所有玩家都会受益。

但这也带来了其他一些问题，"竞争性公有制"无法激励土地的所有者通过投资去维护土地。他们付出了高昂的税金，所以会过度开采地下资源从而造成环境破坏。生态学家加勒特·哈定注意到，缺少所有者的土地经常被过度放牧、破坏与污染，他将这种现象称为"公地悲剧"。之所以叫悲剧，是因为人人都知道资源将由于过度使用而枯竭，但每个人对阻止事态的继续恶化都感到无能为力，甚至会抱着"抓紧捞一把"的心态，这种情况加剧了事态的恶化。

私有资产会导致垄断，而极端的公有化又容易造成"公地悲剧"。经济学家试图在绝对的私有制和公有制之间，找到理想的折中方案。

维克里给出的方案是拍卖，出价最高者占有该物品，直到该价格被另一位出价者超过。任何人都可以击败当前的出价者从而认领该资产。这一方案被称为"维克里公物"。政府经常对公共资源进行拍卖，经济学家罗伯特·威尔逊、保罗·米尔格罗姆和普雷斯顿·迈克菲拓展了维克里的思想，帮助政府设计了电信频谱的拍卖方案。但是这种设计只是暂时解决了垄断问题，电信频谱拍卖并不经常进行，它一次性给了赢家在数年甚至数十年内垄断频谱的机会。

更好的方法是找到投资效率和配置效率的平衡，比如，对于"人工资产"，投资效率比配置效率更重要，这时应该使用私人产权；对于"自然资产"，配置效率比投资效率更重要，这时应该使用维克里公物制度。这种方法被称为"部分公有制"。

但是在元宇宙中，对"自然资产"与"人工资产"的定义是模糊的，甚至可以说所有的资产都是人工创造的，如艺术家发布的加密艺术品。但是由于NFT具有可验证的稀缺性，通行于所有元宇宙游戏，并在游戏中具有某些不可替代的功能，比如英雄角色、超级道具，那么这些人工创造的资产显然又带有自然资产的属性与特征。因此对于元宇宙中的资产，更恰当的是将其划分为同质化资产与非同质化资产。数字货币是最典型的同质化资产，对于这类资产，其财产的独占性、私有权几乎是天然的，而对于构成元宇宙生产资料的NFT（英雄、道具等），应赋予其部分公有制的产权属性，以确保这些资产流入那些能让该资产价值最大化的、最喜爱它的玩家手里。

在流动性方面，同质化资产与非同质化资产存在巨大的差异性。随着天才般的流动性挖矿和自动化做市商机制的诞生，同质化资产几乎立刻获得了充足的流动性，DEX推动DeFi市值达到4 400亿美元，而且每天的成交量高达20多亿美元。相比之下，虽然2021年NFT的总成交额大幅上涨，但如今在二级市场出售NFT的难度仍然很大。市场会记录NFT通过销售换手时资产的历史价格和来源。如果一个市场的参与者人数太少，那么这种默认的机制就不会获取到太多有效的定价信息，市场的流动性也会非常差，这主要是因为NFT的估值必须得到买家的认同并愿意出价购买。

2. 激进市场和哈伯格税

以太坊创始人维塔利克在2021年4月的一篇博文中探讨了埃里克·波斯纳和格伦·韦尔的新书《激进市场》，引起了人们对替代性产权机制的广泛讨论。

激进市场理论认为，在激进的市场里，不存在垄断的私有制，所有物品皆永远处于定价拍卖的状态，价高者得，并且永无尽头，因此没有人可以真正拥有一件物品的所有权，只是为下一个拍卖者暂时保管而已。他们提出了一种新型财产税方案——哈伯格税，其要点有二：

第一，资产所有者须定期进行"自行评估"，公布他们对资产的标价，并按此标价缴税；

第二，一旦报价满足标价，所有者必须无条件出售该资产。

哈伯格税的提出，是为了解决闲置私人资产的流通性问题。首先，在激进市场里，如果资产的持有人可以没有代价地任意抬高价格，则会对后来的拍卖者造成极大的不公平，阻碍资产的正确价格发现和价值流转。哈伯格税理论提出了一种独特的物权模型，所有的资产持有人需要为自己的资产公开标价，同时每年按照估价百分比缴税，即"自行估价""固定周期按此缴税""必须出售"都需要具有强制性并且能够同时生效。哈伯格税理论的制衡因素在于，标价越高则缴税越多，标价越低则任何人都可以轻易买走资产，这两点迫使每个理性持有人趋向合理估价。进入哈伯格税制体系后，反而会承担因估值不够理性而以低于预期的价格失去资产的风险，持有者对资产只拥有"液态产权"。

如图 6.1 所示，哈伯格三角形显示了由（供应者）定价垄断带来的"无谓损失"，这是指社会中资源配置不当（如设定价格过高或过低，过高税收）导致的净经济效率低下。为了消除垄断而引入的哈伯格税方案能够降低投资效率，从而提高所有权分配的效率。在大多数测算结果中，哈伯格税能够实现可分配福利收益最大值的70%~90%，而投资损失仅占这些收益的 10%~20%。

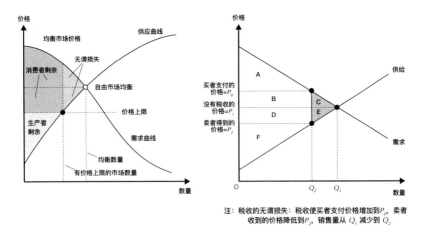

图 6.1　哈伯格三角形与无谓损失

实施哈伯格税将削弱资产的垄断性。如果所有者持有备受市场欢迎的稀缺资产，他将不得不因垄断所有物而缴税，税金就是他为垄断该资产所造成的市场效率低下而支付的成本。这意味着，实施哈伯格税会影响分配效率，而分配效率又会或多或少地影响投资效率（如图 6.2 所示）。适当地设置哈伯格税税率，可以让市场的总体效率达到极值。

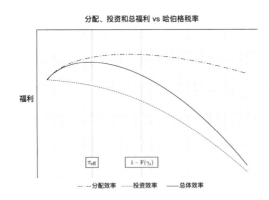

图 6.2　哈伯格税对分配效率的影响

图片来源：埃里克·格伦·韦尔和安东尼·李·张于 2016 年所著的 *Depreciating Licenses*（《贬值的牌照》）。

那么，要将哈伯格税税率设定为多少才能提高市场效率呢？

周转率是设定哈伯格税税率的关键。基于周转率的哈伯格税将在很大程度上反映很多资产的市值，并有助于了解这种影响的范围。下列公式大概能反映价格受到的影响。

$$\frac{哈伯格税前资产价值}{哈伯格税后资产价值} = \frac{折现率或利率}{周转率或哈伯格税率 + 折现率或利率}$$

举例来说，假设折现率或利率为 0.045，哈伯格税率为 0.07，那么资产税后的价值约为税前价值的 39%。套用公式计算为：

$$\frac{0.045}{0.045 + 0.7} = 0.391$$

对贬值的资产来说，当利率高的时候，资产价值缩水的幅度较小。尽管如此，基于周转率形成的哈伯格税仍会在很多耐用资产的价格中占一大部分。周转率构成了哈伯格税的上限。若高于周转率，则哈伯格税将会起到反作用，不再推动分配效率的增长，因为人们为了少纳税而低估资产的思维会抑制为了保持资产高价而高估资产的欲望。资产会成为烫手山芋。

在具体实施中，哈伯格税方案仍面临一些难点：

第一，财产登记注册。哈伯格税方案明显只能在已登记注册的财产范围内生效。在现实中很难对资产进行全面有效的强制性登记，还会涉及许多财产界定、确权和财产隐匿以及隐私方面的问题。

第二，信息共享与对称。必须保持完整的、实时更新的、全面开放的资产登记信息，并在此基础上建立和维护完整的价格与交易信息，税率、资产定价等信息需要高度公开透明。

第三，税率的决定与调节。除了税率等计算规则，还包括解决有效及时地调整实施中的问题。

第四，资产的强制交割。哈伯格税制要求资产持有人在报价满足标价的情况下无条件转让资产，这在现实中需要得到国家权力机构的支持。

第五，税权过于强大和集中。虽然现有的国家制度通常都拥有至高无上的强制性税收权力，但实施哈伯格税方案可能产生比现存的任何体制都更为严重的集权效应。

区块链是实现和运行哈伯格税的近乎理想的技术平台，链上的资产原本就是被登记并确权的，其分布式共享交易账本可充分保障资产税率、价格等信息的公开透明，智能合约则可以确保税款的征收和产权的自动转移。不仅如此，去中心化治理还可以最大限度地保证所制定的税率等规则的开放性、公正性，杜绝可能的权力集中和滥用。

在区块链领域，已经有一些应用哈伯格税的具体场景，比如某些公链中的 RAM（内存资源），有着清晰的资产边界和状态。税率、税收等规则可通过 DAO 维护，达成全社区的共识，从而在很大程度上避免传统社会治理环境下的权力集中和程序不公问题。完全的计算机化（可编程、自动化）则可以保障资产的顺利转移，而税率则可以通过传统资产市场难以想象的复杂算法，实现精细化、准实时、动态化的调整，同时始终保持规则和实施的公开透明和严格公正。可以将区块链看作一个有限、可计算、信息完备的资产交易空间，在这个空间内的各种资产，都会相对容易地实现哈伯格税，达到促进资产流通、减少闲置、提升利用率乃至平抑价格的效果，并有可能成为继订单簿、AMM 之后，又一种新型资产定价方式。

6.3　元宇宙交易协议

　　在市场配置的方式中，拍卖是一种十分古老的形式。考古资料显示，早在几千年前，古巴比伦人就开始以拍卖的方式配置资源。而在罗马时期，叛乱的军阀甚至曾以拍卖决定皇帝宝座的归属。拍卖也是NFT领域最常见的公开销售方式，如加密猫和 *Decentraland* 中的虚拟房地产。OpenSea把佳士得拍卖模式搬到链上，在规定的时间、规定的平台进行拍卖，这仍然是一种传统拍卖模式。这种模式并不能解决元宇宙NFT交易协议中存在的一些根本性问题：

　　第一，流动性问题。热门资产会因被持有者私藏而永久退出流通，冷门资产会因关注度低而无人报价。

　　第二，垄断性问题。资产持有者只要不进行出售，就可以永久地占有该资产。

　　第三，价格失真问题。拍卖市场不可避免地会出现天价自成交的营销陷阱，而且持有者可以对资产漫天要价，而无须付出任何成本、承担任何后果。

1. 激进交易协议

基于此，我们可以定义一种全新的 NFT 标准——激发态 NFT。在该模式下，NFT 成为非永久占有型资产，任何人只能"暂时"拥有，他有对资产定价的自由和权利，但不能拒绝任何人在任何时刻的出价求购，资产全天候处于全网络公开拍卖的状态，即激发态。激发态 NFT 协议自带的自动交易拍卖属性，也决定了其非私有制资产的意义，整个体系里只有一个对资产有永久权的主体——元宇宙公共主体。激发态 NFT 处于被拍卖状态，持有者无法拒绝他人的报价，如果报价满足条件，智能合约将自动执行资产的转移。激发态这种反常理的"强买强卖"不可能出现在现实场景中，但是因区块链所具有的智能合约的特性，却可以赋予 NFT 这一独特的性质。可以说，激发态 NFT 是一个全新的物种，是真正意义上的数字原生。

鉴于哈伯格税的实施背景与链上加密世界不同，哈伯格税在具体实施过程中可以有多种形态。因此，我们提出激进交易协议，按资本收益征税比收取赞助税的模式更能实现一种简化的哈伯格税。在本协议中，基于激进交易市场的哈伯格税理论，将哈伯格税弱化为一种永久性伴随 NFT 资产的保证金模式，以实现 NFT 资产的定价和持有成本，即任何持有人必须为所持有的 NFT 资产质押一笔保证金才能对资产标价：

$$P = D \times a \times 100$$

在公式中，D 为质押保证金的金额，a 为质押率（杠杆系数，协议定义 10%）。例如，A 持有人以 100 美元购入某创作者的 NFT 资产，如果保证金账户存入金额为 0 美元，则之后任何人都可以用 0 美元买到 A 持有人的资产；如果 A 持有人向保证金账户存入 10 美元，根据定价公式，显示此资产出售标价为 100 美元，只有出价为 100 美元的后续拍卖者才能购入该资产；如果 A 持有人存入 1 万美元，则资产标价为 10 万美元，过高的价格会导致资产的出售率大大降低，而 A 持有人要为此长期付出 1 万美元的质押成本代价（在 DeFi 以及加密银行金融体系中，无风险存款年利率一般维持在 10% 左右），因此如果未来 1 年内资产未能出售，1 万美元的质押款将会带来 1 000 美元的损耗，约为售价的 1%，以此实现哈伯格税的博弈均衡状态，过高的标价使得资产的出售概率无限逼近哈伯格税率。

对本协议的保证金模式和传统哈伯格税模式的成本进行简单对比，将实际哈伯格税率公式定义如下：

$$实际哈伯格税率 = 实际周转率 × 次价首价比$$

对加密 NFT 市场进行初步测算，当前主流 NFT 艺术品资产的周转率为 5%，一般次价首价比为 30%~50%，由此算出，实际哈伯格税率为 1.5%~2.5%。而在保证金模式下的类哈伯格税率仅为 1%，略低的成本换来投资效率的提高，同时分配效率的损失低于投资效率的增加（如图 6.3 所示）。

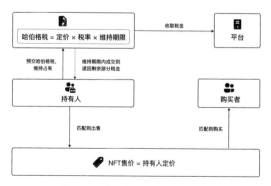

图 6.3 哈伯格税交易理论模型

在基础协议设计中，根据加密金融体系无风险存款利率和哈伯格税理论模型，将保证金率（即质押率）定为静态的 10%，实际上还可以根据链上金融行为的特殊性设置动态保证金率。举例来讲，持有人在初始时可以以低于 10% 的质押率（如 5%）质押 5 美元，获取同样的 100 美元标价，但此保证金率无法永久维持定价 100 美元，存在一种衰减函数控制，例如，在半年后此 5 美元的质押成本将损耗殆尽，系统需要持有人再次注入更高比例的保证金率（例如 15%），以继续维持 100 美元的定价，否则会自动降价，并面临随时被其他求购者底价收购的风险。这里给出系统采取的一种自然指数衰减函数模型。

$$\alpha_t = (\alpha_0 - 1) \exp(-\beta \times tT) + 1$$

其中，α_0 为初始杠杆倍数（本例中为 5% 质押率，对应 20 倍杠杆倍数），随着周期 t 递增新杠杆倍数 α_t 出现自然指数衰减，以半年为一个周期，半年后持有人需要将质押率提高为 14.9%，一年后需提高至 36.8%，照此类推，直至 100% 质押率（如图 6.4 所示）。

$$R = R_0 \, e^{\lambda t}$$

其中，R 为保证金率，R_0 为初始保证金率，λ 为膨胀常数，t 为时间。

激发态 NFT 通过保证金完成标价以及对标价成本的定义，可以激发 NFT 资产向最优的价格和供需关系良性发展，让真正有需求的人成为持有人，并促进 NFT 资产的高效流通。较低质押率在践行哈伯格税制理论模型的同时也为用户的积极参与降低了门槛和成本，在不断趋向合理价格的过程中，资产的流通率将达到最优，使得收益最大化，因此激进市场可以使 NFT 的定价和流转在博弈中实现均衡。

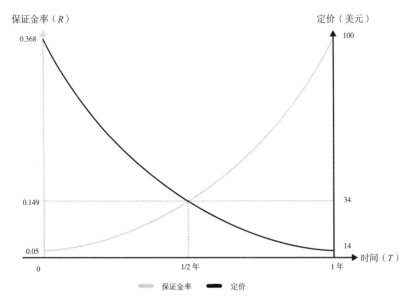

图6.4 自然指数衰减函数模型

总体来看，以激发态 NFT 为承载，激进交易市场具有两个核心底层逻辑：

第一，全天候处于被拍卖状态，永不停拍，没有固定拍卖场所（平台）；

第二，资产持有者需付出成本（保证金），保证金率需对所有人一致（公平性）。

在激发态 NFT 背景下的具体交易模式有四点，如图6.5所示。

第一，NFT 原用户向保证金账户存入一定金额（等同于出售标价）的保证金，NFT 处于公开拍卖状态，随时会被激发；

第二，求购的新用户需要一次性将"付款＋新保证金"注入 NFT 保证金账户；

第三，原用户将获得新用户的付款，其原始保证金将被退回，NFT 资产转移给新用户持有；

第四，NFT 资产在新用户保证金的激发下获得新的激发态，产生新的标价，等待后续竞拍者。

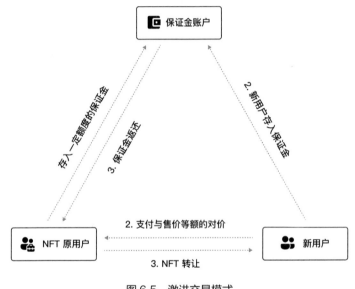

图 6.5　激进交易模式

此外，在具体的交易过程中，为了激励创作者追求利益最大化和进一步达到均衡博弈，可以引入版税和平台手续费的概念，其中版税比例为当次售价的 10%，平台手续费比例为当次售价的 1%，包括链上矿工手续费（GAS 费）。举例来讲，如图 6.6 所示，假设原用户存入 100 美元保证金，则定价为 1 000 美元，新用户需要一次性注入 1 200 美元：

将 1 200 美元中的 1 000 美元视为正常求购需要支付的金额，根据协议费用模式，1 000 美元中的 100 美元为版税收入，可以自动分发给原始铸造者；

1 000 美元中的 10 美元为平台手续费收入；

剩余的 890 美元（对价）为原用户收入，加上之前质押的 100 美元保证金，共返还用户 990 美元；

1 200 美元中的另外 200 美元被视为新用户为新定价质押的保证金，根据公式，新标价为 2 000 美元。

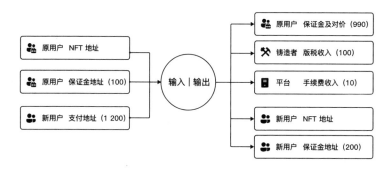

图 6.6　激进交易过程

2. 开放式保证金的三种衍生模式

激进交易协议可以存在多种子协议，上述为最基础的模式，定义了基本角色和买卖关系，构建了类哈伯格税交易体系——保证金模式，缓解了交易矛盾。针对错综复杂的加密金融体系，可以进一步将保证金模式进行衍生并金融化。保证金模式可以分为封闭式和开放式两种，上述为最基本的封闭式模式，仅限 NFT 持有者独立质押保证金，但如果持有者并无足够的本金用于质押形成新的定价，则可以选择开放式保证金模式，吸引其他用户一起参与保证金质押，共同形成新的价格，其他用户为此付出了质押成本，抬高了估价，如果资产被顺利卖出，所得收入也将按照一定比例分配给这些质押用户。根据不同的玩法和门槛，开放式保证金还可以进一步衍生出自由式垫资、收息垫资和零元购垫资三种模式（如图 6.7 所示）。

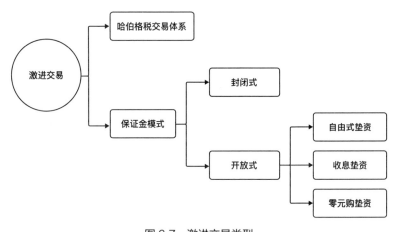

图 6.7　激进交易类型

（1）自由式垫资模式

如果持有人选择了开放保证金模式，投资人可以帮持有人垫资存入保证金，NFT 被卖掉后所产生的额外收益的 x（%）将返给持有人，投资人则获得（$1-x$）的收益。若 NFT 未被卖掉，则双方收益均为零。投资人的垫资可以随时撤出（如图 6.8 所示）。

NFT 持有人可开放垫资功能，开放垫资默认最大垫资上限和额外收益分红的比例，即普通用户可将资金投入 NFT 持有人的保证金账户以提升 NFT 的价格，当价格提升后被卖出时，投资人会按比例获得提升价格部分的收益分红。初始参数：

最大垫资上限为保证金的 1 倍（即垫资的最大额度为保证金的额度）；

收益分红为 80%（80% 分给投资人，20% 分给持有人）。

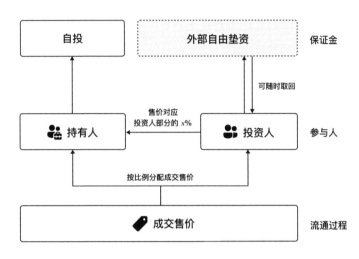

图 6.8　自由式垫资模式

例如：当前 NFT 保证金为 10 美元（售价为 100 美元），版税比例为 10%，平台手续费为 1%，NFT 持有人设置的最高上限为 15 美元，额外收益分红为 80%，假如 A、B、C 三名投资人分别投入 1 美元、5 美元、6 美元，此时 NFT 的价格将由 100 美元变为 220 美元，当 NFT 出售成功时：

原 NFT 持有人的收益 =（100–100×10%–100×1%）+（220–100–120×10%–120×1%）×（1–0.8）

A 持有人对 NFT 投资人的收益 =（220–100–120×10%–120×1%）×80%×1/12

B 持有人对 NFT 投资人的收益 = （220-100-120×10%-120×1%）×80%×5/12

C 持有人对 NFT 投资人的收益 = （220-100-120×10%-120×1%）×80%×6/12

注：持有人设置的垫资额度不可超过上限，交易数量超过上限（合约）则报错。

开放式保证金投资人的成本为：垫资的金额（可随时赎回）、垫资时的 GAS 费。

需要特别注意的是，如果有用户进行垫资，但 NFT 持有人主动设定更低的价格出售，收益费用按出售价格和 NFT 持有人的保证金对应的真实价格对比进行分配，例如持有人保证金为 100 USDT，意味着出售价格为 1 000 USDT，如果用其他用户总垫资为 200 USDT，则意味着 NFT 的出售价格为 3 000 USDT，NFT 售出时可能出现如下场景：

卖出价格 = 3 000 USDT，投资人有收益；

持有人主动接受卖出价格 < 1 000 USDT，投资人无收益；

1 000 USDT < 持有人主动设定卖出价格 < 3 000 USDT，投资人有收益。

（2）收息垫资模式

投资人帮持有人垫资，以获得持有人支付的利息（如图 6.9 所示）。

（3）零元购垫资模式

投资人帮持有人垫资，以获得持有人的其他 NFT。垫资需锁定期限。锁定期越短，垫资额越大；锁定期越长，垫资额越小（如图6.10 所示）。

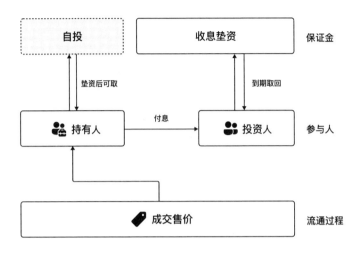

图 6.9　收息垫资模式

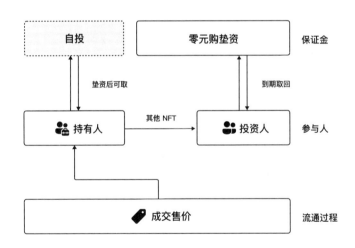

图 6.10　零元购垫资模式

此三种模式类似资产的分级设计，其中自由式垫资模式类似劣后级，投资人可以获得最大化收益，但也要承担无法出售时的质押成本风险；收息垫资模式类似优先级，投资人可以固定收取持有人支付的利息，虽然无法与自由式垫资模式的最大化收益竞争，但整体可以实现无风险收益；零元购垫资模式属于夹层，投资人既可以固定收到持有人的其他 NFT 资产，对其自身存在较低风险，也可以依托收取的 NFT 资产换取较高的收益。

3. 激进交易协议相较于传统拍卖模式的优势

一是激进交易协议是数字原生的交易协议，能够实现现实中难以想象的交易场景。比如你在艺术展厅看到一幅 NFT 艺术作品，并且非常喜欢它，如果它是激发态资产，则你可以掏出手机，打开钱包扫描 NFT 地址，当场买下这幅作品。但你同时需要设置好保证金，代表你对这幅作品的未来定价。由于激发态资产全天候处于被拍卖状态，无法被持有人私藏，所以它们会有不错的流动性。

二是激进交易协议惩罚了所有对资产行使垄断权力的企图，资产持有人要价越高，他的资金占用率就越高，相当于支付了隐性成本。

三是激进交易协议防止了价格失真。假设你拥有一个超级英雄 NFT，你很喜欢它，但有一定的概率，其他人比你更喜欢这位超级英雄，并愿意花比你的估值更高的价格来购买，我们称这个概率为"周转率"，代表资产从一个人转移到另一个人手中的可能性。假设税率和周转率都是 30%，如果你把售价提到高于现定价，那么你有 30% 的机会，能从更高的销售价格中获益。有两种可能性，一种是你卖掉了超级英雄 NFT，提高价格会使你获益 $0.3 \Delta P$（销售价格的增量），另一种是你没能卖掉它，则必须支付 30% 的税，即 $0.3 \Delta P$。因此，提高价格所能带来的潜在收益刚好与所带来的成本相抵消，这就阻止了持有者通过设定虚高的价格来获得巨额利润。

加密经济正式步入 NFT 和元宇宙时刻，也标志着加密资产开始从私有制属性向更为公共的属性演进，不断涌现诸如加密艺术品等"天价"物品。虽然它们的物理属性极易被复刻和传播，但共识背后的真正拥有权唯一。这种将价值聚集于"意识形态"的物品极大降低了价值流转中产生的摩擦，使得激进交易更加适合 NFT 资产的定价、拍卖、交易、流通。加密经济的闭环和合约属性赋予了在链上实施哈伯格税的简易途径，任何链上资产都可以被强制执行，使 NFT 类加密收藏品可以进行高效的拍卖活动，牺牲投资效率换取分配效率，从而带来巨大的收益。

激进交易可以加速 NFT 物品趋向合理价格。私有属性的去除使得有价值的 NFT 物品不会被恶意垄断，永远给有需求的拍卖者提供自由而平等的机会；所引入的类似哈伯格税的持有成本机制可以在一定程度上消除恶意炒作和非理性定价的弊端。激进交易让 NFT 资产永久处于一种全局性的流转状态，有着最简单而有力的基本规则和共识，对所有参与者来说都是公平的，使得 NFT 真正的价值和需求得以快速体现。

6.4 元宇宙繁殖协议

如果说有什么协议最能体现元宇宙游戏的无限性，那么一定是繁殖协议。生命就是一个无限游戏，基于基因突变与自然选择原理的生命演化过程是最好的无限游戏教程。

1. 链游繁殖协议

加密猫是首款引入基因遗传算法的宠物养成类链游，每只猫都有属于自己独特的基因组合，即系统中的每只猫都是唯一的、不重复的。

用户可以购买、繁殖、出售和收集虚拟猫咪，这些猫咪具有独特的属性：眼睛形状、眼睛颜色、毛发图案、尾巴类型、腹部毛发、眉毛、嘴巴、下巴、胡须和表情各不相同。游戏中繁殖这些毛茸茸的小可爱的基因算法与生物遗传学的原理相似，可以用两只小猫繁殖出由父母基因组合而成的新品种。猫咪的世代越低，成本越高，第一代猫咪是在 2017 年孵化出来的，数量不超过 5 万只。

这款游戏非常受欢迎，甚至因交易活跃而造成了以太坊网络拥堵。在高峰期，加密猫有 150 万名用户，每天产生约 4 000 万美元的交易。其刚上线时一只加密猫能卖到上千元人民币，最贵的一只竟卖到了 125 673 个以太币（约合人民币 2.6 亿元）。

另一款宠物养成类链游 *Axie* 也有自己的繁殖协议，Axie 新品种根据两个 Axie 基因而定，两两交配可繁衍产生具有独特基因的新品种，在繁殖过程中需要消耗 SLP。所消耗的 SLP 数量与 Axie 的繁殖次数有关，繁殖次数越多，需要的 SLP 也越多。游戏禁止宠物近亲繁殖，兄弟姐妹之间以及父母与子女之间不能繁殖。新的 Axie 需要五天才能成熟。一般来说，直到 Axie 的繁殖成本超过它可以创造的收入时，用户才可以在自由市场上出售 Axie。

第一轮繁殖一对 Axie 需要花费价值约 25 美元的 SLP 代币，但第七次繁殖时可能需要花费价值约 500 美元的 SLP 代币。有趣的是，有人找到了一种繁殖树策略，可以在不产生高成本的情况下继续培育 Axie NFT。在任何情况下，用户都可以通过使用第三个外部 Axie 进行繁殖，以避免成本的上升。一旦 Axie 繁殖过两次，就可以进行出售以积累资本。

下面我们以加密猫为例，介绍它的繁殖算法原理。

（1）性状组成

在加密猫的基因组中，每四个字符构成一个编码，并对应一个特征，比如花纹、嘴巴、眼球颜色等。每一个特征均有四个性状，其中有一个显性性状和三个隐性性状，D_0 是显性性状，R_1、R_2、R_3 是隐性性状（如图 6.11 所示）。

							R_3 R_2 R_1 D_0	R_3 R_2 R_1 D_0
g 9 b g	1 1 1 1	3 7 5 7	d 9 9 d	2 7 2 h	8 k 7 8	k 8 8 4	9 d a 9	f d e e
嘴巴	野生	次级色彩	图案色彩	身体色彩	眼睛种类	眼睛色彩	图案	身体

图 6.11　加密猫的基因组编码

显性性状出现的概率最高，通常为75%，其他三个隐性性状出现的概率按正态分布依次降低（如图 6.12 所示）。

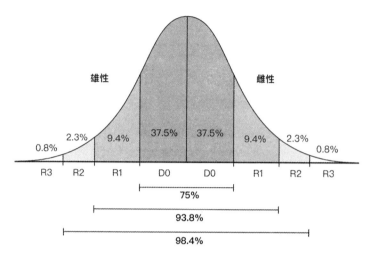

图 6.12　加密猫不同性状分布概率

（2）基因遗传

在加密猫繁育中，假设猫爸爸和猫妈妈的花纹"基因"如图 6.13 所示，那么子代遗传的性状按照概率相加原则进行计算。需要指出的是，加密猫的"基因"并不是一种真正的基因，而是一种性状的概率分布。

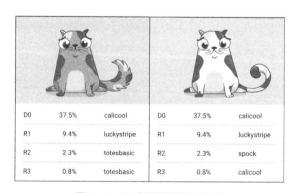

图 6.13　加密猫花纹性状概率

由此可以计算出它们生出的猫宝宝的四种花纹性状的概率分别为：

Calicool：37.5% + 37.5% + 0.8% = 75.8%

Luckystripe：9.4% + 9.4% = 18.8%

Totesbasic：2.3% + 0.8% = 3.1%

Spock：2.3%

（3）基因变异

加密猫的每种属性都有一个"变异对"，在繁殖的时候有一定的概率（通常是14%）在子辈中产生一个全新的父辈所没有的属性，这些新的属性被称为变异。基因变异后的这些属性将像基本属性那样遗传给后代。

虽然加密猫已经非常努力地模仿基因遗传原理，但按照无限游戏思维，它的设计依然存在一些问题。

第一，遗传算法并没有被部署在链上，而是在中心化服务器中，对用户来说是个黑箱。

第二，基因虽有变异，但无自然选择，更像是一种人为设定的盲盒游戏，而且变异过程并不随机，通常为14%。变异具有指向性，游戏规定在指定的基因位置变异，这并不符合自然原理。

第三，加密猫的遗传是基于性状概率表，而非基因的遗传交换。在真正的遗传中，是基因决定性状，并不存在性状概率表这种人为设定的参数。

第四，没有引入显隐性基因的概念，而是人为地按照正态分布来设计显隐性性状。在传统的遗传学中，显性和隐性基因是一种等位基因，只有该基因是纯合体时，由其决定的性状才会被表达出来。在杂合的状态下，生物体的表型显示为显性基因决定的特征。比如"黑发"是显性基因决定的特征，"金发"是隐性基因纯合体决定的特征，当基因为显隐性杂合体时，生物体表现为"黑发"。

那么，理想的元宇宙繁殖协议应该是怎样的？或许，我们可以通过基因与编程的相似性，来理解基因的本质。

2. 基因组编程的特点

基因组是生命的源代码，是一种核苷酸组合。人体基因组大约为 3 KMB 长，最大可压缩到 750 MB 字节。生物基因组由基因构成，所以 DNA 的源码并不像 C 语言等编程语言，而是更像以核苷酸为虚拟机的字节码编译代码。

计算机是二进制编码，由 0 和 1 构成，DNA 则有四位：T、C、G、A。数字的字节 Byte 通常是八位二进制数字，而 DNA 的字节（称为密码子）是三个字符。每个数字位可以具有四个值，与具有 256（2^8）个二进制字节相比，DNA 密码子有 64 个可能构成。

DNA 密码子的一个典型例子就是 GCC，表示丙氨酸。三位 DNA 密码子编码一个氨基酸，再由这些氨基酸组成更大的结构多肽或蛋白质。蛋白质是生物构成的基本物质之一，具有化学活性。

（1）位置无关编码

在计算机世界中，动态链接库（在 Unix 中是 .so，在 Windows 中是 .dll）内部不能使用静态物理内存地址，因为在不同情况下代码可能出现在内存的不同位置。

DNA 也有类似的机制，即转码：人类基因组有近一半是由转码子和跳跃基因组成。20世纪40年代巴巴拉·麦克林托克博士首先在印度玉米的颜色中发现了独特的遗传模式，目前该模式得到了广泛认可。跳跃基因即某些DNA片段是不稳定的，是可以换位的，它们可以在染色体上和染色体之间移动。

基因是位置无关编码，这对于我们将来在区块链上实现基因的编码是非常有利的。由于对数据可扩展性的需要，未来区块链很可能是基于分片技术的，分片技术通过将网络工作负载分散到多个分片中并支持处理更多事务，提高数据库效率。也许单个节点无须存储基因组的所有数据，而只需要按分片存储基因组的碎片，每个碎片都有其独特且独立的数据。

（2）条件编译

人类基因组中大约有2万~3万个基因，其中大多数细胞仅使用了基因表达的很小一部分，比如人体中的淋巴细胞就不需要构成神经元的DNA编码。但是几乎所有的细胞都会携带基因组的完整副本（"分布式"），因此需要一种系统来 #ifdef 清除不需要的东西。这就是基因表达的工作原理，遗传密码中存在大量的 #if/#endif 处理语句。

这就是干细胞研究炙手可热的原因，它们具备表达分化为一切功能细胞的能力。只不过是其中的大部分代码还没有被 #ifdeffed 出来而已。准确地说，干细胞并没有一次表达分化成各种功能态，淋巴细胞和神经元只不过是其中之二。将细胞比作从干细胞开始的状态机，在细胞的整个生命周期中，它可能会被多次克隆（'fork（）'），每个物种都可以被视为在基因树中选择了一个分支。

这对我们的启示是，繁殖协议也应该是由条件编译的，条件就是元宇宙游戏的外部环境，基因组先于外部环境而存在，但是外部环境中可能并不存在能编译该基因的编译器。比如某个英雄 NFT 的基因组已经编码某一属性，并且在遗传中被赋值为 80，但是目前元宇宙环境中并不存在能解释该属性的编译器（游戏），比如将之解释为"耐力"。

（3）"蛋与鸡"：自举性

如果要销毁这个星球上所有现有的 C 编译器，而只留下一份源代码，那么可能会产生很大的麻烦。虽然我们有 C 编译器的源码，但是我们需要 C 编译器来对其进行编译。这就是编程语言的自举性。

实际上，第一个 C 编译器是通过其他更古老的语言编写的，比如汇编语言，而汇编语言的编译器是由更古老的机器语言编写的。关于语言和编译器的"蛋与鸡"问题，实际上是语言先于编译器出现的。

基因组也是如此，要创建标本的新"二进制"文件，需要一个活体副本。基因组需要通过使用精巧的工具才能形成生物，这个工具就是"繁殖协议"。繁殖协议相当于我们为元宇宙世界写的第一个基因编译器 G0，但肯定不会是唯一一个。有了 G0，就会有 G1、G2、G3……道生一，一生二，二生三，三生万物。

这对我们的启发是，在设计元宇宙中的繁殖协议时，并不需要面面俱到，而只需要把最基础、最内核的规则定义好，比如基因的显隐性、遗传交换法则、突变等。至于某个基因对应什么性状，该性状在环境中表现为优势还是劣势，应该交给 G1、G2、G3 等其他编译器去做。

（4）同源异型基因

HOX（同源异型基因）是在 1983 年被发现的，是生物体中一类专门调控生物形体的基因，一旦这些基因发生突变，就会使身体的一部分变形。例如果蝇的平衡棒与蝴蝶后翅的差别，就是源于两者的

Ubx 基因受到的不同调控而产生的。

同源异型基因的"语法"是非常"神圣"的，如果将小鼠的 HOX 复制粘贴到果蝇基因组中会发生什么呢？

答案是，当将小鼠的 Hox-B6 基因插入果蝇的基因组中时，它可以代替触角并生成腿。果蝇和小鼠基因组在数亿年前就出现了分支，但是 HOX 还是触发了正确的指令。HOX 就像是基因中的 Makefile（编译构建器），它的语法优先级很高，可以指定哪些文件需要先编译，哪些文件需要后编译，哪些文件需要重新编译，乃至进行更复杂的功能操作。

HOX 带给我们的启示是，在设计元宇宙的繁殖协议（编译器 G0）时，并不需要对基因的功能进行定义。至于每个基因具体对应什么功能，在游戏中有什么优势，那不是编译器 G0 该做的事，而是其他编译器 G1、G2、G3 该做的事。比如 G1 编译器专门把基因编译为恐龙家族，那么其中的基因 A 可能对应的就是恐龙的前肢，但是编译器 G2 则专门把基因编译为鸟类家族，那么基因 A 则对应鸟的翅膀。恐龙基因中的 A 与鸟类基因中的 A 是同源异型基因，只是因为受到不同的调控（编译器）才表现为不同的形态。

（5）开放阅读框

基因没有分隔符，很容易在细胞复制过程中出现帧错误，即错误的起始位和终止位。如下面这个字符串：

······ 0 0000 0001 0000 0010 0000 0011 0 ······

这个字符串很清楚地描述了 8 位值 1、2 和 3。添加的空格使一个字节的开始和停止位置清晰可见。许多串行设备使用停止位和开始位对开始读取的位置进行编码，如果稍微改变一下顺序，它就会被读成2、4、6，即下面这种情况：

…… 00 0000 0010 000 00100 000 00110 ……

为了防止这种情况在 DNA 序列中发生，精心设计的信号机制会指导细胞从哪里开始读取。有趣的是，有些基因组片段可以从多个起点读取，并且可以通过任意一种方式产生有用的结果。

可以读取 DNA 链的每种方式被称为开放阅读框（ORF），在分子生物学中，开放阅读框从起始密码子开始，结束于终止密码子。由于密码子读写起始位点的不同，mRNA（信使核糖核酸）序列可能有六种开放阅读框，每条链三种，对应三种不同的起始位点。

基因的开放阅读框机制启示我们，对繁殖协议 G0 或是其他编译器 G1、G2、G3 来说，不必对链上的所有基因都进行编译，而只需选择你想要编译的内容。甚至不同的编译器可以定义不同的起始密码子与终止密码子，编译器设计者可以有意识地选择需要的基因，并让不需要的基因沉默。

（6）变长编码与最优二叉树

生命基因组是一种变长编码，每个基因的长度各不相同且差异较大。最长的基因是可变剪接调控基因 RBFOX1，以 27 MB（1 MB=1 024×1 024 Bytes）的长度超过之前文献提到的最长基因 CNTNAP2（智力语言损伤相关基因）。RBFOX1 编码的蛋白并不长，只有 397 个氨基酸，可见其内含子区特别长。最短的基因是 T 细胞受体相关基因 TRDD1，长度只有 8 nt，编码的小肽序列包含两个氨基酸 EI。

这给我们的启示是，生物基因组可能是一种类似霍夫曼编码的变长编码。霍夫曼编码是根据字符出现的概率来分配码长的，可使平均码长最短。

霍夫曼编码首先会使用字符的频率创建一棵树，然后通过这棵树的结构为每个字符生成一个特定的编码，出现频率高的字符使用较短的编码，出现频率低的字符则使用较长的编码，这样就会使编码之后的字符串平均长度缩短，从而达到使数据无损压缩的目的。

以图 6.14 这串字符为例，首先计算字符串中每个字符出现的频率：B 出现 1 次，C 出现 6 次，A 出现 5 次，D 出现 3 次。

图 6.14　初始字符串

按照字符出现的频率进行排序，组成一个队列 Q，出现频率最低的在前面，出现频率高的在后面（如图 6.15 所示）。

图 6.15　字符串的频率

把这些字符作为叶子节点开始构建一棵树，将最小频率为（1）的字符 B 置于第一级的左侧，并将频率第二小的（3）的字符 D 置于第一级的右侧，然后将它们的父节点赋值为两个字符频率的和（4）。紧接着，将频率为（5）的 A 置于频率为（4）的节点的右侧，合并（4）与（5）的频率和（9）作为父节点。继续按照此原理构建树，直到所有的字符都出现在树的节点中（如图 6.16 所示）。

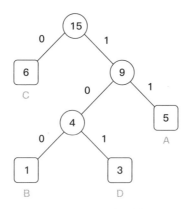

图 6.16　霍夫曼树

　　此时，霍夫曼树就构建完成了。霍夫曼树又称为最优二叉树，是一种带权路径长度最短的二叉树。在进行霍夫曼编码之前，字符串"BCAADDDCCACACAC"的二进制如下，也就是占了 120 比特：

　　10000100100001101000001010000010100010001000100010001000100 010000110100001101000001010000110100000101000011010000001010000011

　　编码之后占了 28 比特，如下所示：

　　0000001001011011011111111111

　　对于基因其实是一种霍夫曼编码的猜想是有依据的。

　　首先，基因与霍夫曼编码一样，都是前缀编码。所谓前缀编码，即在一个字符集中，任何一个字符的编码都不是另一个字符编码的前缀（最左子串）。例如，一组编码 01，010，001，100，110 就不是前缀编码，因为 01 是 010 的前缀，如果去掉 01 和 010 就是前缀编码了。前缀编码不需要有分隔符，这意味着你可以通过从左到右的顺序读取编码的字符串，并在看到代码字后立即输出一个字符来贪婪地进行解码，基因也是这样，它没有分隔符。

其次，基因与霍夫曼编码一样，是变长编码。生物基因组的基因分布极不均匀，大部分基因较短，长基因占比较小，基因长度越长，出现的概率就越低。对于概率分布不均匀的信源，变长编码更有效（如图 6.17 所示）。

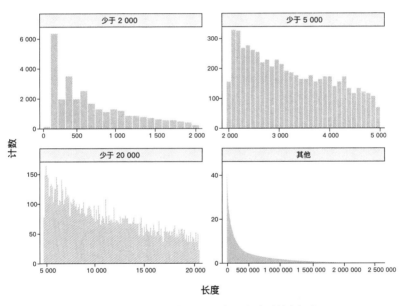

图 6.17 不同长度基因的概率分布（对数坐标）

这给我们的启示是，像加密猫这样给每个性状规定等长的密码子，可能并不是一种好的基因编码方式，除了会占用更多存储空间，更重要的是，这种编码方式无法实现基因的演化，它是一种固定结构，突变产生新基因是以一种机械化的方式来设计的，具有强烈的目的性与主观性，这是一种有限游戏思维。

（7）外显子与内含子

在人类基因组 DNA 中并不是所有的基因都会表达出性状，其中有 97% 都被注释掉了，是沉默的代码，被称为"内含子"，而直接被表达的 3% 则被称为"外显子"。DNA 是线性的，从头到尾读取，不被解码的部分与编程代码中的注释一样，被标记得很清楚。

基因的注释本身也具有很强的可读性，像 C 注释一样，它们会有一个开始标记（如 /*）和一个停止标记（如 */），但是支持更多的形式。DNA 就像磁带一样，只能从物理上删除注释，基因注释的开头几乎总是由字母"GT"表示，可以将其对应为"/*"，结尾由"AG"表示，就像是"*/"。

由于要进行剪裁，因此需要一些"胶水"将注释之前的代码连接到后面的代码，这样注释更像是 html 注释，但要用"<！-"表示开始，"->"表示结束。

这启发我们，在链上存储生命的基因组，不能只考虑外显子，还需要考虑内含子。甚至绝大多数数据（90% 以上）都是关于内含子的。由于链上的存储成本高昂，可能有人会问，我们为什么要在链上存储那些并未表现出性状也不在游戏中使用的数据？这就要引入下面一个问题——"垃圾基因"的作用。

（8）"垃圾基因"：基因演化库

占人类基因组 97% 的内含子长期以来被称为"垃圾基因"，可见人们对它的轻视态度。研究人员普遍认为这类人类遗传序列是随机产生的无功能序列，可能是由于进化过程中的某次错误而生成的"伪基因"。

近年来，也有研究表明，大量的非编码 DNA 的作用可能与"折叠倾向"有关。DNA 需要以高度卷曲的形式存储，但并非所有的 DNA 代码都可以很好地做到这一点，虽然非编码 DNA 可能会起到调控的作用，但这并不是其关键作用。也许，我们可以根据霍夫曼树的构建过程来推演基因的演化过程，并以此解释"垃圾基因"的作用。但不同的是，霍夫曼树是由子代合并倒推父代，而基因的演化树显然是从最初始的父代开始的。

我们需要先做一个假设，"垃圾基因"是基因诞生之源。所有的基因都来自"垃圾基因"，它们共享同一个库。这并不是构建元宇宙游戏时的凭空假设，在现实中它也有科学依据。

2006 年，加利福尼亚大学戴维斯分校的米娅·莱文和大卫·比甘发现果蝇中某些基因没有祖先序列，进而提出了从头起源新基因的概念。蛋白质是一类结构复杂精巧的事物，因此不太可能由随机组成的核苷酸序列通过积累有益突变而演化出具有完整的、折叠正确的、有功能的，并且全新的蛋白质编码序列。中国科学家通过演化分析发现粳稻（一种主要的亚洲栽培稻）中至少发生了 175 次从头起源新基因的事件，而这仅仅是一个物种的数据。几百万年内，新基因在杂乱无章的非编码序列中产生，如同随机字母凑到一起产生了新的单词。

基因的演化树与最优二叉树惊人地相似。随机产生的突变不仅发生在外显子基因组中，也发生在内含子区域中。虽然这类突变通常并不会对非编码区域造成影响，但有时它们会催生一些具有蛋白质编码能力的从头起源的新基因。

一开始，可能所有的生物都是来源于同一基因库（"垃圾基因"），随着时间的推移，不断有新基因由于突变，开放阅读框而编码新的蛋白质，最早产生突变的新基因长度较短，因为没有哪个基因是它的前缀。之后产生的突变基因则较长，因为它需要避免旧基因成为自己的前缀。这就是霍夫曼编码与基因的相似之处，后者是自然的演化，前者是人为的设计。后者是自下而上的构建，先产生父节点（"垃圾基因"），再产生子节点（新基因），无目的性；前者是自上而下的设计，先构建子节点，再由子节点合并为父节点，有强烈的目的性。但两者殊途同归，都能实现最优编码效率（如图 6.18 所示）。

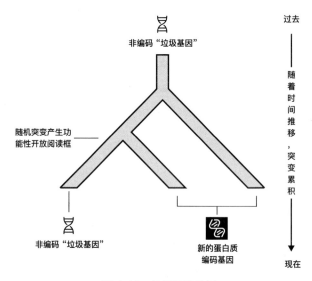

图 6.18　基因的演化树

（9）罗伯逊易位与物种诞生

大家都知道，现代人类有 23 对染色体。早在 500 万年前与人类属同宗的黑猩猩却拥有 24 对染色体。此外，其他类人猿，例如倭黑猩猩、大猩猩等，也都是 24 对染色体。这也就是说，人类在过去的 500 万年间，"丢失"了一对染色体。这又是怎么回事呢？

早在 20 世纪 90 年代，就有研究人员发现黑猩猩的两条染色体大致可以拼接成人类的 2 号染色体。因此，也把黑猩猩的这两条染色体称为 2A 和 2B 染色体。也就是说人类的染色体并未丢失，而是发生了融合。

进入 21 世纪后，基因测序等技术也为此提供了有力的证据。通过基因测序和对比以及其他先进技术手段，科学家不仅发现人类的 2 号染色体和黑猩猩那两条未融合的染色体可以匹配，还能重构出人类 2 号染色体融合前的模样，从而推演出它在之后发生的变化。

这种染色体融合的现象称为罗伯逊易位，又称着丝粒融合，是指发生在近端着丝粒染色体（着丝粒靠近染色体的一端）之间的一种特殊形式的相互易位。发生罗伯逊易位后的人类或动物将无法繁殖后代，直到他们找到一位在相同位置发生罗伯逊易位的同类，这很可能是物种起源的机制之一。因罗伯逊易位而产生的新个体将无法与原来的同类进行染色体配对，相当于产生了生殖隔离。

罗伯逊易位给我们的启示是，我们在设计繁殖协议时，其实是不需要定义物种的，唯一需要定义的是基因组本身。在基因组看来，不管是人类的基因组，还是小鼠的基因组，都是它的基因副本，虽然不同版本的副本有微小的差别，但这并未对它们的自我延续构成威胁。从基因个体的角度来说，它们非常成功，比如 HOX。至于物种，只是因染色体不能配对而产生的副产品。当然，罗伯逊易位机制的存在也有其深远的意义，可能是为了让优势物种因生殖隔离，不会与进化树上的祖辈回交而发生退化。这相当于区块链的硬分叉，新链与旧链共享了分叉前的数据（基因），但自此它们分道扬镳，成为进化树上两条永不相交的枝。

目前，一些链游的繁殖协议也规定了不能近亲繁殖，这带有强烈的人类主观伦理色彩，优生学原理也是一种有限游戏思维。可能有人会说，这是合理的，近亲繁殖会带来更多疾病，因为很多遗传性疾病都源自隐性基因，近亲繁殖会造成隐性基因大量表达。但是，元宇宙繁殖协议不能这样设计，因为大自然并未限制繁殖与生育的方向。事实上近亲繁殖有其存在意义，它很可能加速了新物种的诞生。因为新物种的诞生只有在父母双方都发生相同的罗伯逊易位时才能成功配对，这种情况极其罕见，但如果父母双方是近亲就不一定了。

我国就有这么一位奇男子，只有 44 条染色体，他的 14 号染色体和 15 号染色体融合在了一起，属于罗伯逊易位的纯合子。除了染色体数量不同，他的遗传物质总量是不变的，因此他的各项生理指标与常人无异。[①] 至于他为什么只有 44 条染色体，是因为他的父母都是罗伯逊易位携带者，且为表亲关系。因为染色体数目和正常人不同，所以这名男子是很难与普通人类生下后代的。要如何打破这一困局呢？只要他遇到同样拥有 44 条染色体的女性，这一染色体的排列方式就能被稳定地遗传下去，并且有可能诞生一个拥有 44 条染色体的新的人类亚种。虽然近亲繁殖大概率对生物个体的生存不利，但也有较小的概率会加速新物种的诞生。

3. 设计元宇宙繁殖协议

综上，我们根据基因与编程的相似性，以及它们自我演化的奥秘，就可从零开始设计元宇宙繁殖协议了。

在元宇宙中（链上）并没有什么加密猫、加密狗，而只有基因组，基因组以分片形式存储于区块链分布式网络中。而且一开始只有

---

① 丁萍，徐兰辉，董增义，袁红玲. 罗伯逊易位携带者 1 家系. 青岛医学院学报. 1989（02）.

"垃圾基因"组，它是所有基因诞生的摇篮，是编程语言。语言先于编译器，在元宇宙中，第一个编译器是繁殖协议 G0。在自然界，第一个编译器是 RNA（核糖核酸），它将 DNA 编译为蛋白质。

与目前确定性的区块链不同，我们需要为区块链引入随机性。可参考的方案包括可验证随机数、外部预言机等。随机性是基因突变的根基，没有人能够在链上修改基因，除非基因组自发产生随机突变。

新基因由"垃圾基因"随机突变而产生，刚开始产生的基因很短，只有几个字符。后面产生的基因变长，因为它不能以旧基因作为前缀。在生物中广泛出现的基因（一般是古老基因）较短，出现概率较小的基因（一般是新基因）较长。它们是一种霍夫曼编码，对于变长信源，霍夫曼编码的信息密度最高。

在繁殖协议中，基因本身不对任何蛋白质和功能进行编码，它们在元宇宙中表现出的属性（生物外观、体力、智力等）由其他编译器编译。比如，一种细菌编译器 G2 将 A 基因编译为固氮基因（一种能通过光合作用从空气中吸收氮的基因），另一种细菌编译器 G3 将 A 基因编译为噬菌基因（一种吞噬其他细菌的基因）。按照生物学的观点，在 G2、G3 中，A 基因为同源异型基因。但是，同一款元宇宙游戏只能支持一种编译器，即在它的游戏中，A 基因只能被编译为其中一种类型的基因。

一开始元宇宙中没有任何物种，只有基因组（包括外显子和内含子），直到染色体发生融合。发生罗伯逊易位的子代与亲代的染色体数目不相等，因而不能配对，子代与亲代所属种族产生了生殖隔离。如果子代找到一个与他发生相同罗伯逊易位的异性同类，那么他们可以结合并繁衍后代，这样，我们就有可能见证元宇宙中的一个奇迹：新物种的诞生。第一位完成此过程的玩家有权对新物种进行命名。由于只是染色体数目不一致，基因组成与亲代是完全一致的，所以此时新物种在所有编译器中的表观与功能其实与亲代是相似的。但在他们的基因发生突变后，将不再与亲代种族共享突变，他们与亲代物种的差异性将越来越大。

基因并不稳定，在元宇宙的发展进程中会发生突变。但相对来说，环境更不稳定，因为编译器是后天的，可以随时修改。比如，突然冒出一款非常火的新游戏，它所支持的编译器将之前某个不利基因dd（通常是隐性基因）编译为一种很牛的属性，那么，物竞天择，那些携带了dd的生物在涌入这块大陆后，会拥有生存与竞技优势。但这种优势并不恒定，红极一时的游戏总有一天会曲终人散，当这块大陆凋敝之时，该基因的纯合体也会随之衰落，而以杂合体隐性基因的形式存续。

元宇宙中也会存在基因武器和病毒。但与现实的情形相似，成功的基因武器和病毒并不是以杀死对方为目的，而是以与对方共存甚至寄生为目的。因为过早地杀死对方（寄主），自身也会因为失去寄主而灭亡。病毒也是一种无限游戏，它们生存的目的和人类一样，就是延续。所以，从基因的角度看，其实无所谓生物与病毒，更无所谓灵长与野兽、高级与低级生物之分，它们都是基因的组合——副本的保管者而已。

基因会竞争，编译器也会竞争。基因竞争是为了延续自己，编译器竞争也是为了延续自己。编译器就是元宇宙的游戏环境，它们竞争是为了吸引更多的物种（NFT）涌入其内，它所吸引的物种越多，该游戏承载的资产价值也就越大，用户会增多，社交联系、品牌与影响力都会随之扩大，最成功的编译器可能构成一种文化、一种现象、一种超主权联合体，如同脸书之于互联网。随着该编译器的流行，会有越来越多的游戏支持该编译器，正如编程语言的网络效应一样，使用它的人越多，它就越有市场。

编译器是有寿命的，但基因的寿命几乎是无限的。正如恐龙已经灭绝了，但恐龙前肢的基因仍以 HOX 的形式在鸟类中存在，虽然在后者的编译器中它表现为翅膀。所以，编译器的有限性并不损害元宇宙的无限性。编译器是生生不息的，它们只不过是对基因的"渲染"罢了。

元宇宙的游戏视角应该是一种基因视角，而不是物种视角。由于区块链的无限性，NFT 可以被认为是永生的。这样一来，我们以 NFT 形式定义游戏角色就显得有些滑稽，难道链上的英雄、狼人、野兽或外星生物的寿命是无限的吗？这似乎与我们的文化相冲突。但其实这并不矛盾，因为游戏角色的有限性其实体现在编译器（游戏环境）的有限性上。当编译器没有市场了，或者支持该编译器的游戏平台倒闭了，那么你的英雄、狼人等游戏角色也就死亡了。正因为只有核心逻辑在链上，比如繁殖协议，NFT（基因库）等，其他游戏逻辑是运行在链下的，所以游戏的无限性、有限性就不言而喻了。游戏角色（物种）的生命都是有限的，但链上的数据（基因）是无限的。如果此逻辑成立并推广的话，会让我们不由地倒吸一口凉气，如果人类生存的现实世界也是一个元宇宙，则作为"游戏编译器"的宇宙是有限的，而人类的基因与意识反而是无限的。如果我们身处的宇宙走向热寂，我们的基因和意识还能选择另一个编译的宇宙生存吗？

第 7 章
元宇宙哲学基础

我们所观察到的并不是自然本身，而是自然在我们的提问下向我们显示出的面貌。

——维尔纳·海森伯格

7.1 二元论：存在与虚无

美国著名哲学家希拉里·普特南在他 1981 年出版的《理性，真理与历史》一书中，提出了著名的"缸中之脑"假想：

一个人被邪恶的科学家施行了手术，他的大脑被切了下来，放进一个盛有维持脑存活营养液的缸中。脑的神经末梢被连接在计算机上，这台计算机按照程序向大脑传送信息，以使它保持一切完全正常的幻觉。对于它来说，似乎人、物体、天空还都存在，自身的运动、身体感觉都可以输入。这个大脑还可以被输入或截取记忆（截取大脑手术的记忆，然后输入他可能经历的在各种环境下的日常生活）。它甚至可以被输入代码，感觉到自己正在这里阅读一段有趣而荒唐的文字。

基于这一假想，人们不禁发出灵魂之问："你如何确保自己不是在这种困境之中？"这让我们深思虚拟与现实的关系。

关于"虚拟"和"现实"的问题，柏拉图曾讲过一个著名的洞穴寓言。在黑漆漆的洞穴中，有一群被禁锢的奴隶，他们无法看到身后，也无法看到对方，只能直勾勾地看着前面的墙壁。在他们身后有一堵矮墙，矮墙后面有一群"变戏法者"，举着火把和各种物品。火光将这些物品的影子投射到了奴隶们能够看到的墙壁上，奴隶们便以此来辨认各个物品，并且互相交流，为这些东西命名。在他们眼中，这些影子就是真实的事物。直到有一天，一个奴隶挣脱枷锁，他先是看到了火光和这些物品，随后他又努力爬出洞穴走到了外面，花费了好长时间才习惯了日光，看清了外面的世界。在他返回洞穴，试图告诉里面的同伴什么才是真实世界的时候，却遭到了同伴的一致嘲笑，说他在外面弄坏了眼睛，连墙壁上的事物都看不清楚，还说什么外面的真实世界。

柏拉图认为，我们感知的一切事物都只是"模拟"，如同洞穴中的奴隶所见的"墙壁影子"，感觉经验的世界是"现象的、变化的和模拟的"，而理智概念的世界是"本质的、不变的和真实的"。

柏拉图可能是最早怀疑世界是一个游戏（皮影戏）的人，但是在"世界是虚拟的"这一观点上，他并不孤单。哲学家笛卡儿在《第一哲学沉思录》中，讲述了这样一个大胆的寓言：

假如有一个恶魔，它可以任意修改并欺骗我的五感，如果我所看到的、所闻到的、所听到的、所尝到的、所摸到的，都可以被这个恶魔修改，那么我该如何确定现在的我，是否正在被这个恶魔欺骗呢？如果我不可避免地被恶魔所欺骗，我无法分辨现实是恶魔创造的幻象还是真实，那么，有没有什么事物是可以确定为真实存在的呢？

这就是著名的思维实验——"笛卡儿的恶魔"。笛卡儿假设：我看到的所有事物都是虚假的，我所深信不疑的自我记忆其实都是骗人的，呈现给我的所有东西都是不真实的。感觉、物体、形状、广延和位置都不过是我心灵的虚构。那么还有什么东西可以被认为是真实的？可能在这个世界上没有什么是确定无疑的。

于是，他解决这一问题的逻辑是：怀疑蕴含着怀疑者，思维蕴含着思维者，即一个思维着的事物或者精神实体。怀疑意味着思维，思维意味着存在，我思故我在。世界只有思维是真实的。

关于"现实与虚拟"，庄子也提出了差不多的质疑。庄周梦蝶的寓言出自《齐物论》："昔者庄周梦为胡蝶，栩栩然胡蝶也，自喻适志与！不知周也。俄然觉，则蘧蘧然周也。不知周之梦为胡蝶与，胡蝶之梦为周与？周与胡蝶，则必有分矣。此之谓物化。"

梦醒时分，庄子迷惘了：究竟是自己在梦中变成了蝴蝶，还是蝴蝶在梦中变成了自己？此刻究竟是一只蝴蝶在做梦，还是自己在现实中回忆梦境？庄周梦蝶形象地提出了哲学史、思想史上一个非常经典的议题：如何区分梦幻与现实？又怎知所谓的现实不是梦幻？对于这个问题，庄子也阐释了自己的观点，即"物化"思想。所谓"物化"，用庄子的话说是"泯除事物差别，彼我同化"。当代学者陈鼓应将其归纳为"物我界限之消解，万物融化为一"。这是庄子齐万物、齐梦觉、等生死、天人合一思想的体现。也就是说梦幻（虚拟）就是现实，现实就是梦幻（虚拟）。

如果说柏拉图的洞穴寓言，旨在指出"真实先于虚拟，理智优于感知"；笛卡儿的恶魔之喻，旨在否定一切真实，只承认"我思"的存在性、真实性；庄子的物我二元论，旨在物化、消除"物我"的界限，以实现天人合一的理想；那么，萨特的存在与虚无的二元论，则旨在虚无化。

萨特受德国哲学家胡塞尔"意识总是对某物的意识"的启发，既然意识有对象性，总是对于某个事物产生，那么纯粹的意识本身究竟是什么呢？如果"意识总是对某物的意识"，那么意识本身就什么都不是，纯粹的意识本身就是虚无。

人的意识本身就空无一物，只有在内容填充进来之后，人才会获得自己的本质。所以人并没有什么预定的本质，人的存在原本就是虚无的，人的本质是"有待形成"的。简单地说，如果人的存在就是意识，而意识本身是虚无，那么人的存在就是虚无，这就得出了"存在就是虚无"这个结论。

萨特还用了一对概念来区分物的存在和人的存在。他把物的那种被决定的、不能改变的存在，叫作"自在"的存在。把人的这种"有待形成"的、不固定的存在，叫作"自为"的存在，就是自己"为自己"而存在。"自在"的存在有一个固定不变的本质；而"自为"的存在没有固定的本质，它的本质是可以变化的。

有趣的是，洋洋洒洒几十万字的《存在与虚无》对"存在"可谓是轻描淡写，对"虚无"则是浓墨重彩：它仅用五页的篇幅阐述"存在"，其余则都是在议论"虚无"，这诚然是因为"存在"本就无须多言，但更重要的原因恐怕在于萨特一直把主要精力放在对人的研究上，他对"认识人"始终怀有无限的激情，他关心人的一切，他要描述的是人类的虚无化过程。

7.2 后人类：赛博格

自文艺复兴以来，人文主义者把人视为宇宙的精华、万物的灵长（莎士比亚语）。构造了一个"人类中心主义"的世界秩序，厘清人类与各种他者（动物、机器、自然等）的本质差异，可以说是近代哲学的主要内容之一。在《谈谈方法》中，笛卡儿言之凿凿地断定，动物没有任何理性，它不能理解语言的意义，人类与动物在本质上是两种完全不同的存在。他还设想了一个外形上跟我们没有任何区别，并且可以准确地模仿我们一切动作的自动机器。但笛卡儿认为它仍然不是真正的人，他给出的理由是，机器人即便能说出几个单词，它也不能像人类那样表达思想，并且机器往往只有单一的功能，而人类却能举一反三。

1980 年，哲学家西尔勒提出的"中文屋子"思想实验是对笛卡儿思想的延伸，他认为，即使未来人工智能通过了图灵测试，能完成只有人类才能完成的任务，也并不能认为人工智能就等同于人类智慧。他假设一个人待在一间封闭的屋子里，有输入和输出通道与外部沟通，这个人扮演计算机的 CPU（中央处理器）以模仿图灵测试。输入的是中文问题，但这个人对中文一窍不通。屋子内有一本汉译英手册（相当于程序），可以让人从中找到相应的规则。屋子中的人按照手册的规则，把作为答案的中文符号写在纸（相当于存储器）上，并送到屋子外面。这样看起来，他似乎能够处理输入的中文问题，并给出正确答案了，但是，他对那些问题毫不理解，不认识其中的任何一个汉字。所以就算一台计算机通过了图灵测试，也不能表明它能理解人类的语言。无论笛卡儿、西尔勒的思想试验是否成立，他们都强烈地主张在人类与动物、人类与机器、人类与人工智能之间划定一条明确的界限。

现在，人文主义者有更多理由担心机器与人类边界的消失。随着基因技术、纳米技术和人工智能技术的突飞猛进，增强人类或后人类的设想不再是科幻小说中的场景。在希腊神话中，奇美拉是一只有狮子头、山羊身、巨蛇尾、会喷火的雌性怪物，因此成为"混种"的代名词，而"赛博格"则是当代语境中的奇美拉。

20世纪60年代，美国国家航空航天局的两位科学家曼菲德·克莱恩斯和内森·克莱恩在关于宇宙旅行的研究中提出赛博格的概念。赛博格一词由控制论（cybernetic）和有机体（organism）拼接而成，简单来说就是人（有机体）和机械系统的相互嵌合，其思想源于维纳提出的控制论，即认为人的身体可以基于控制与反馈的原则，如同机械一样运作，因此具有与机器相嵌合，构成自我调节的人机系统的可能性。

1995年的日本电影《攻壳机动队》通过典型的赛博朋克场景和科技想象，构建出反乌托邦的未来世界，在这里人类通过替换身体部位，比如换上义肢、义眼等来提高知觉敏锐度，加强运动及反射能力、加快信息处理速度。连接在人脑上辅助处理资讯的电子脑成为人类标配，人的身体不断趋于完美。但是，对人体的优化却导向了残酷的社会现实：黑客能够通过脑机接口入侵普通人的大脑，使其成为丧失自我、丧失记忆的傀儡，高科技犯罪与战争将直击人之所以存在的根源，人的自我意识将成为权力争夺的工具。

如果说外骨骼技术所使用的肌电信号是通过传感器抓取大脑发送给肌肉的指令，那么脑机接口技术则试图使用外部设备直接与大脑进行信息交换，参与人类的意识处理过程。目前进行脑机接口研究的公司有 MindMaze、Neurable、BrainCo 等数十家，其中埃隆·马斯克的 NeuraLink 最具话题性。2019 年 7 月，埃隆·马斯克演示了集成上千个通道的侵入式脑机接口平台以及可执行精细植入操作的机器人，通过植入电极，脑神经疾病患者可以运用人机交互界面重新实现与环境的互动，比如通过意念打字、刷手机、控制鼠标移动等。

埃隆·马斯克曾在推特上提到，NeruaLink 正在研究通过脑机接口将音乐直接传送入人脑的技术，如果这一技术成为现实，脑机接口技术将实现从"只读"到"存取"的跨越。目前 NeruaLink 正在积极申请美国食品药品监督管理局批准其进行人体实验，但这可能是一条艰辛之路：虽然埃隆·马斯克使用"医学治疗"这样的说法对其产品进行了修饰，但侵入式脑机接口技术仍然存在严重的伦理问题，很难突破当今的监管政策，其商业化前景依旧晦暗不明。

唐娜·哈拉维所著的 Manifesto Cyborg（《赛博格宣言》）于 1995 年出版，在这本书中，她指出，赛博格技术能够让所有人——无论男人还是女人、黑人还是白人、富人还是穷人，都变成机器与生物体镶嵌而成的混合主体，从而将原本对立的人群放置在统一的身份认同之中。在唐娜·哈拉维的设想中，作为混合主体的赛博格能够从根本上突破人类社会中根深蒂固的父权、殖民主义传统，带来崭新的未来。

唐娜·哈拉维从女权主义的角度出发，认为科学文化至少让四方面边界模糊化了：语言、工具使用、社会行为、心理活动都不能真正令人信服地区分人和动物，并且这种区分在很多人看来也是不必要的。生物（碳基）与机器（硅基）之间的区别在 20 世纪晚期的科技之中也模糊了，自然与人造、心智与身体、自我发展和外部设计之类的二元划分日趋融合。

赛博格意味着"边界的逾越、有力的融合和危险的可能性"，身体和非身体（灵魂、意识、心灵）在这个意义上也不再界限分明。所以，元宇宙时代的到来向我们表明了"世界结构的基本转变"，其表现为：现代国家、跨国公司、军事力量、国家福利设施、卫星系统、政治进程、劳动控制系统、身体的医学构造、劳动力国际分工等都将严重依赖于数字世界，电子通信和计算机技术介入各种转变当中，比如将人类的劳动转化为机器人的工作，将性转化为基因工程和繁殖技术，将心智转化为人工智能的决策过程……生物学作为一门重新设计生命和物质的强大工程科学，对工业有着革命性的影响，当前在发酵、农业、能源等领域最为明显……机器和有机体之间的区别变得模糊不清，身体和工具之间关系密切，如经济基础和上层建筑、公共和私人、物质和想象等二元事物的边界也正在瓦解。

如果说赛博格是人类对逾越自身边界的想象，那么后人类则是人类对文化、习俗、生活方式的全方位颠覆。对后人类最简单的描述，即人具有了物理（生物）与数字两种属性，既存在于三维的原子世界，同时也作为比特字节生存于数字空间。用"Z 世代"的话说，用复制的你来面对你在真实世界里的朋友、亲戚、家人，而真正的你生活在复制的世界里。

元宇宙则为这种颠覆创造了天然的外部环境，它们相互成就，共同挑战了一系列彼此缠绕的二元论：存在与虚无、真实与模拟、自我与他人、玩家与非玩家、碳基和硅基、心智与身体、文化与自然、男性与女性、文明与原始、现实与表象、整体与部分、代理与资源、创造者与被造者、主动与被动、正确与错误、真相与幻象、整体与局部、上帝与人类……实际上人们都在或多或少地成为后人类。

在元宇宙中，用户可以超越自己，用数字化身来摆脱与外貌、种族、身份和阶层相关的标签，进一步体会变形、扮演与跨越的快感，AR、VR技术可以让这种超越性更具身临其境感和存在感。每个个体都不会只具有单一的身份，而是具有复杂身份。电影《头号玩家》中，韦德在游戏中的好哥们儿艾奇是个全能修理工，在现实生活中却是个打扮中性的黑人女孩，开着小破车，没什么大事业，存在感很低。她不愿因性别被忽视，因而在虚拟世界中化身为一个大块头男人，甚至独挑大梁成为钢铁巨人，在最后关头和大反派对战。

在科幻动画短片《爱，死亡和机器人》中，女主角被刺穿身体之后本以为会迎来悲惨的结局，没想到这才是反转的开始，那个上场格斗的类似机器人的生物才是其真正的母体，而有人类外貌的碳基生物只是被操控的客体。这种反转带给观影的碳基生物们的震撼是前所未有的——原来我们才是那个小丑！在元宇宙中，碳基生物不再是理所当然的主角，硅基生物才是更令人信服的原住民。

后人类主义者有强烈的想要超越身体和精神限制的动机，通过整合技术来"升级"自己的身体，从而允许科技的"探针"无孔不入，进入自己的私有领地；随之而来的问题是，个人变得越来越透明，以致将会置于一种无处可藏的恐怖局面。他们乐观地认为科学技术进步是没有止境的，并且将会帮助人类实现永生的梦想。对于一部分后人类主义者而言，这种梦想是通过生物基因技术，让我们在体质上尽善尽美，免于受到疾病和衰老等现实问题的困扰；对于另一些后人类主义者比如汉斯·莫拉维克和雷·库茨韦尔而言，我们在未来可以将自己的意识上传到计算机里，实现数字永生。

2000 年，乔伊在《连线》杂志上发表了一篇题为《为什么未来不需要我们》的文章。在他看来，生命和心智技术将会带来灾难性的后果，因为这些技术的造物可以进行自我复制，在未来将不再有我们的位置。所以，为了保险起见，我们应该放弃这些研究，甚至在世界范围内禁止它。

2002 年，福山也表达了他对后人类主义的政治忧虑。他向当时的美国总统布什提交了《我们后人类的未来》的报告。他在报告中指认了自由民主制的最新敌人——现代生命技术。福山断言：后人类主义是最危险的意识形态。他认为，我们虽然有不同的文化、族裔、性别和身份，但都具有共同、稳固的人性，现实社会中的自由民主制的政治权利正是奠基于这种共同的人性之上的。美国《独立宣言》中人人生而平等的主张背后，是一种对我们具有相同人类本质的信念。然而，后人类主义者恰恰是要修改这种本质。如果我们能自由定制我们的基因，那必然会改变我们稳固的人性，与之配套的政治权利也将随之发生变化，糟糕的等级制和过度竞争可能会取代自由、平等、繁荣、关怀、同情的美好景象。

在追求无限游戏的路上，我们最终是走向现实"本体"的死亡，还是在元宇宙的虚拟中获得新生？还没有答案。借用电影《攻壳机动队》草薙素子的话："世界真是宽广啊，我们无法认知的下一个社会，已经开始孕育了。"

7.3　宇宙本是虚拟的？

　　宇宙本就是虚拟的？宇宙就是更高维度的元宇宙？或者，宇宙和人类文明是被更高级的文明模拟创造出来的吗？在印度教的世界观中，"梵"在世间显现的一切就是"幻"，即摩耶。世界并不是真实存在的，而是"梵"通过其幻力创造出来的幻象。正如《金刚般若波罗蜜多经》偈语所说："一切有为法，如梦幻泡影，如露亦如电，应作如是观。"

　　持有此观点的不只是古人。2019 年，位于纽约的美国自然历史博物馆举办了一场辩论会，四位物理学家和一位哲学家花了两个小时讨论：我们所知的这个宇宙有没有可能是被模拟出来的。在辩论的最后，主持人问五位学者："我们是生活在一个虚拟宇宙中的概率有多大？"最高的概率数字来自这组专家中的那位哲学家——纽约大学的大卫·查默斯，他淡淡地说："42%。"这是一个出自《银河系漫游指南》的梗；来自麻省理工学院的物理学家马克斯·泰格马克则认为这个概率是 17%，大致相当于在掷骰子时得到想要的某个特定数字的概率；在布朗大学任职的吉姆·盖茨则认为这个概率只有 1%；来自哈佛大学的丽莎·兰德尔在辩论中提出，她很诧异怎么会有人认为"虚拟宇宙假说"很有趣,而她给出的概率是 0。

"宇宙模拟论"最狂热的支持者是埃隆·马斯克,他曾在不同场合提到过矩阵模拟假设。矩阵模拟假设的基本逻辑是:人类文明的历史才不到一万年,而我们所在的宇宙已有将近 140 亿年的历史,这么漫长的时间足够兴起许多文明,且达到非常高级的程度。更古老、更高等的文明很有可能就是我们的造物主。他认为:"从统计学角度看,在如此漫长的时间内,很有可能存在一个文明,而且他们找到了非常可信的模拟方法。这种情况一旦存在,那么他们建立自己的虚拟多重空间就只是一个时间的问题了。"显然,埃隆·马斯克的答案是100%。

试想一下,才发展了不到一万年的人类文明已经在向元宇宙进发,那么 140 亿年间,可能有多少更高级的文明造出多少元宇宙或更高级形态的宇宙?我们生活的所谓的"现实",很可能是由更高级的文明创造或模拟出来的。如同人类创造了游戏,人类文明很可能是许多模拟文明的一部分。那么我们生活的世界是不是一个大型游戏呢?

这个想法并非天方夜谭。我们在玩游戏的时候,某些复杂环境的画面只有当我们观察时才会被渲染出来,我们不观察则不会去渲染,游戏引擎只是记录坐标信息。这是因为游戏开发者在设计较大场景的时候,比如设计一幢房子的内室场景和光照等,对所有的 3A 级画面都采用了视锥算法,为了优化性能通常都不做全局渲染,而只会渲染玩家视角所能看到的物体。这几乎与量子力学的不确定性原理相一致,以"薛定谔的猫"思维实验为例,在观察者介入之前,量子处于波函数所描述的叠加态,猫既是活的也是死的,相当于游戏未被渲染。当观察者介入之后,量子塌缩为本征态,相当于游戏引擎将环境渲染为观察者所看到的世界,猫只处于一种现实状态,要么是活的,要么是死的。量子力学不确定性原理似乎在向我们揭露，我们所观测到的宇宙不过是这个大型程序里的一小块地图。

还有物理学家认为，我们的世界在极小的尺度上是否由离散的"块"组成——如数字图像中的像素——是"世界是模拟的"的关键证据。因为游戏其实也是"像素化"的，是有最小精度的。事实上，现实世界不仅存在最小尺度"普朗克长度"，还存在最小质量"普朗克质量"、最小时间刻度"普朗克时间"等。同时，我们这个宇宙不仅存在着节能待机极限——绝对零度，还存在运行极限——光速。不难想象，超光速是宇宙这台机器的 CPU 进行的超频运行，超自然现象则是这个大型游戏运行出现了漏洞，平行宇宙则是这个游戏的各种存档。

还有一个令人震惊的证据是，宇宙时空结构中存在量子纠错码。量子纠错码本是为避免量子计算机出错而设计的一种编码方式。由于量子位元非常容易出错，最弱的磁场或微波脉冲也会使它们进行"比特翻转"与"相位翻转"，"比特翻转"会转换它们相对于其他量子比特的 0 和 1 概率，"相位翻转"会倒转两种状态之间的数学关系。1995 年肖尔证明了"量子纠错码"的存在。2014 年三位量子引力研究人员艾哈迈德·阿尔米黑利、董席和丹尼尔·哈洛在研究"反德西特空间"时发现：时空结构中存在量子纠错码。

"反德西塔空间"的几何结构与我们现实中的宇宙——"德西塔"宇宙是不同的。我们的宇宙充满了正的真空能量，使得宇宙膨胀，而"反德西塔空间"有负的真空能量，使得该模型里面的双曲几何达到一个形象上类似艺术家 M.C. 埃舍尔"圆极限"木刻设计的情形。埃舍尔"圆极限"中镶嵌的鱼在远离圆的中心时变得越来越小，最终消失在边界圆周上；类似地，空间维度被从"反德西塔空间"的中心放射出来，最终消失在宇宙外边界上。"反德西塔空间"的纠错机制表现为所有被称为"纠缠楔"的时空区域的内部点都可以在相邻区域的量子比特中重建出来，正如量子计算机中的一个逻辑比特可以被从很多不同的物理比特子集中重建出来。

尽管时空是由脆弱的量子形成，但由于量子纠错机制的存在，使得宇宙的几何结构不会崩溃，我们也就不会如同在蛋壳上行走。宇宙量子纠错码的存在至少可以解释为什么宇宙这个大型游戏运行至今从未出现漏洞，我们也从未在现实中发现令物理定律失效的奇点。

美国国家航空航天局计算机科学家理查德·特里尔认为，如果模拟理论是正确的，那么这项工程就需要一个程序员、一个建筑师、一个设计师，利用数学和科学构造出整个世界，而不仅仅是靠宗教信仰。

在柏拉图的洞穴寓言中，奴隶们是故事的主角，然而从主角视角，很容易产生这样一个盲点："变戏法者"从何而来？谁在为洞穴中的奴隶们放映"皮影戏"？以及这个洞穴是由谁所造的？在《蒂迈欧篇》中，柏拉图为我们讲了另外一个故事，并提供了一条线索：我们身处的现实世界乃是以一个更为"清晰且真实"的理性世界为对象，由一"工匠之神"使用四大元素"模仿塑造"而成。当我们把这两个故事放在一起比对的时候，就会发现柏拉图似乎在暗示人们，现实世界实乃一个"洞穴"，而这个洞穴的"洞主"似乎正是那位"工匠之神"。"工匠之神"虽然技艺精湛，但仍不能完美复制理性世界，正如我们在现实世界中可以找到很多砖头和轮子，但找不到一个纯粹数学意义上的方形和圆形。所以，世界是有限精度的。微观世界的不确定性原理与宏观世界的非完美性，在本质上是同一的，都在向我们暗示，宇宙可能是被模拟出来的。

如果我们身处的世界是高级文明虚拟创造出来的一种元宇宙，而我们也要打造我们自己的"虚拟世界"元宇宙，那么在我们所打造的元宇宙中，是否又会出现下一层元宇宙？就像俄罗斯套娃。

多层元宇宙（多维空间、多维宇宙）之间是可以打通和相互切换的：既然分不清哪里是"现实世界"，哪里是虚拟世界，那么，你想在哪个世界体验，你就停留在哪个世界。在电影《盗梦空间》中，就有对多重梦境的设计，而且许多人愿意停留在梦中的世界。电影《异次元骇客》中，虚拟世界的人并不知道自己是被虚拟创造的，他们天真地认为自己是真实的，而且在自己的世界中又创造出了另一个虚拟世界。

按照元宇宙的"套娃逻辑"与自相似性，也许，人类也不过是现实世界里的NPC。如果把宇宙当作一个单局时间超过亿年的超大型游戏或无限游戏，我们以为自己是玩家，但更可能的情形是我们只是NPC，或者至多比NPC稍好一点，是具有超级自主意识的非玩家角色。也许我们面临的选择会更多一点，皮肤有几种颜色可选（黄、黑、白、棕），语言有5 000多种选项，出生地有100多种选项，我们求学、恋爱、工作、结婚、生子，也可能不婚、丁克一生。有一天当你眼前突然弹出一个窗口，告诉你"点击以获取更多信息"，那将是对我们世界观的致命一击。

电影《失控玩家》中的NPC拥有了自己的意识，当真实世界的人们看着它在游戏里"大闹天宫"时，它却萌生了想要拯救这个"不真实的"世界的想法。当它发现自己的一切行为和结果都是被提前设定好了的时候，顿时陷入了无穷的绝望，因为它当下的任何想法都失去了意义，于是它问自己：我为什么还要存在？

7.4 元的本质：自我进化？

人人都在谈论元宇宙，可是我们有没有想过，"元"到底是指什么？很多人知道是尼尔·斯蒂芬森创造了这个词，但是他并没有解释元和宇宙的组合意味着什么。

在原始希腊语中，meta 的意思是本源、超越或介于。安德罗尼柯在编撰《亚里士多德文集》时，就把哲学卷放在自然科学卷之后，并用 metaphysics（形而上学）命名，在他看来，哲学是对自然深层规律的思考，meta 在这里表示本原。足部跖骨（metatarsal bones）是脚趾和构成足部上部的跗骨之间的骨骼，meta 在此意为中间或介于。变态（metamorphosis）这个词是指将事物转变为一种超越现有形式的新形式，meta 在此则意味着超越。

大卫·希尔伯特于 1920 年开创性地提出的元数学（metamathematics），即指使用数学工具对数学进行研究。自此，"元"有了自我指涉之义，自我指涉随后成为大多数新创造的与"元"相关词汇的核心含义。

随着 Lisp 编程技术的出现，"元"开始具有技术内涵。Lisp 最初于 1958 年被定义，是排在 Fortran 之后第二古老的编程语言。Lisp 的设计思想非常超前，曾被认为是一种理想的人工智能编程语言，部分原因是它具有所谓的元编程（metaprogramming）能力——程序在执行过程中修改自身的能力。随着 Lisp 编程技术的流行，不少为 Lisp 程序员设计的键盘上甚至带有 META 键。

发明 Lisp 编程技术十年后，约翰·李利在《人类生物计算机中的编程和元编程》中将元编程的概念应用于人类，20 世纪 60 年代的嬉皮士精神导师蒂莫西·利里曾将其称为 "20 世纪最重要的三个思想之一"。这本书的中心论点是，我们的环境不断地 "编程" 着我们。

1970 年，元小说（meta-fiction）这一术语首次被美国作家威廉·加斯在他的《小说和生活中的人物》里运用，意即关于小说的小说，这也是自我指涉艺术形式首次出现在小说中。与之相似的概念是元叙事，即叙事之叙事。伊塔洛·卡尔维诺在他的小说《寒冬夜行人》中如此开头："你即将开始阅读伊塔洛·卡尔维诺的新小说《寒冬夜行人》了。" 这种看上去有些滑稽的叙事方式，像是作者坐在纸张的另一面直接与读者对话。

1979 年，道格·霍夫施塔特与美国出版社 Basic Books 合作出版了 *Gödel, Escher, Bach*：*An Eternal Grolden Braid*（《哥德尔、艾舍尔、巴赫：集异璧之大成》），这可能是在极客文化中流行 meta 的最重要因素。这本书厚达 777 页，包含了对人类意识、人工智能、哥德尔不完备定理和各种 "自我指涉" 艺术形式的思考。借鉴元数学和元编程的早期用法，书中使用前缀 "meta" 表示 "自我指涉"。例如，元愿望（meta-wish）是关于愿望的愿望，比如许了一个 "可以许一百个愿望" 的愿望；元学习（meta-learning）是关于学习的学习；元思考（metacognition）是关于思考的思考；元数据（metadata）是关于数据的数据；网页 HTML 代码中的元标记（meta-tags）是关于网页信息的信息；元游戏（meta-game）是关于游戏的游戏，任何超越规定的游戏规则、利用外部因素来影响游戏，或超越游戏所设定的限制或环境的游戏方法，这其实就是无限游戏思想的雏形……

那么元宇宙中的 meta 又意味着什么？ GamerDNA 的创始人乔恩·拉多夫认为《雪崩》中的元宇宙实际上是指如何实现一个超越我们自己的宇宙，斯蒂芬森只是受到 meta 植入极客文化的影响，元宇宙之"元"其意义重点不是在自我指涉，而是在超越。

但是"超越"这个词仍代表着一种有限游戏思维，因为它的潜台词是，元宇宙要比宇宙更好。似乎存在一种公允的、确定性的标准，可以衡量哪个宇宙更好。显然，这是不可能的。"超越"这个词本身就意味着在有限时间内结束，因为任何一个宇宙都存在资源极限，一款游戏存在升级和通关极限，一项运动存在生理极限。

相对来说，"进化"这个词比"超越"更具无限性。道法自然，我们不难从自然中学到，生物的演变其实是没有方向的，基因随时都可能因环境而发生突变，但突变本身并无方向，基因亦无优劣。所谓的优势基因，只不过是在当前的环境中处于优势。一旦环境发生变化，比如气候的冷暖变迁，原来的优势基因就可能变成劣势基因。这正是人类的基因会存在显性、隐性基因的分化的原因，如果一个显性基因（A）在当前环境下是优势基因，由于杂合体 Aa 也表现为显性，所以隐性基因（a）得以保留，一旦环境发生剧烈变化，原来的隐性基因变成了优势基因，那么人类会因杂合体中幸运地保留了 a，而使得那些携带了 aa 的子孙幸存下来，这也正是人类所表现的性状具有回归性的原理所在。

乔恩·拉多夫的理论还忽略了一点，自我指涉也非常重要。虽然无限游戏的理念与元游戏具有相似性，但前者绝不等同于后者，其区别在于，元游戏只强调了游戏规则的进化，而忽略了自我指涉。让我们看看元游戏是怎么玩的。

每个游戏都有一套"核心玩法"。《炉石传说》的核心玩法就是你和敌人之间进行的卡组或者等级对战。《刺客信条：兄弟会》的主要玩法就是在开放世界中探索，接受并完成任务，在此过程中你会接触到游戏的三大核心机制——潜行、地图导航和战斗。但是用不了多久，你就能摸清一个游戏的核心玩法的全部策略，比如在《炉石传说》中你要对抗一个法师，如果你知道所有可能的结果，那么经过几个回合你就可以推断出对手的卡牌组合是什么，并知道如何利用自己的卡牌来打败对手。

设计元游戏的目的就是推翻原来的游戏规则，开启新循环，让用户更长时间地沉浸在核心玩法中。元游戏循环可以分为四个阶段：

第1阶段：试验。玩家在面对陌生内容时会不断地尝试使用各种策略和反击方式，有时甚至是天马行空式的。

第2阶段：稳定。经过了试验阶段，玩家会总结出一些非常有效的策略，在游戏中反复使用。接下来他们会遇到针对这些策略的对策，甚至是对策的对策。玩家在使用策略的过程中也开始摸索如何才能更好地抵御反击。总的来说这一阶段就是相互制衡。

第3阶段：公开。最终，游戏中所使用的各种策略和反击方式都摆上了台面，主要就是依靠技能和meta知识来维持竞争力。然而对于一款游戏来说，长时间停留在这一阶段并不可取，因为会有很多人觉得乏味。这就是为什么下一阶段非常重要。

第4阶段：重组。当有玩家发现了其他玩家未曾注意到的有效策略（比如捷径），游戏就失去了可玩性与公平性。因此开发团队需要马上重组循环，发布补丁调整平衡，这就意味着之前的很多策略不再有效。或者开发团队可以发布一个新的扩展包，引入新的游戏元，这等于把 meta 推回循环的起点，也就是试验阶段。于是玩家又开启了第二轮循环：试验、稳定、公开、重组。

为了保持玩家黏性，meta 定期重置循环是非常重要的。所以，元游戏就是一个关于游戏规则的游戏、一个围绕着核心玩法的循环。它的基本思想就是重置 meta 以防止用户流失，让用户持续玩下去。虽然它与无限游戏的目标是一致的，但手段有本质的区别，它是靠具有"上帝视角"的开发者统一修改规则来实现的。无限游戏并不存在上帝视角，规则以区块链智能合约编码，没有人拥有超级管理员权限，不可任意进行人为修改。但这也不是说元宇宙中的规则是死的，相反，它应该是自我演化的。至于如何在智能合约上实现生物基因式的自我演化，则是一个可长期探讨的技术课题。

生命的本质就是为了延续，因为生命就是一个无限游戏。由此，元的含义也就呼之欲出了，它是进化与自我指涉的双重叠加：自我进化。所以，元宇宙，不言而喻，即自我进化的宇宙，这才是一个真正的无限游戏。Roblox 的一只脚已经跨入自我进化的门槛：目前该平台的游戏数量超过 4 000 万个，由 800 万名左右的用户创造提供。Roblox 对于平台上的项目不做任何规则限制，由所有用户（包括开发者）共同决定其规则。之所以说一只脚，是因为 Roblox 是把修改规则的权限交给了用户（即社区），虽然与元游戏有着本质的区别，但这仍算不上是真正的自我进化。

也许有朋友会指出，"进化"这个词在中文的语境中同样代表了一种有限游戏思维，"进"作为"退"的反义词，似乎在暗示生物的演变有方向，今天的人类要优于先祖。在有限性这层含义来说，它与"超越"一词并无本质区别。是的，早有有识之士指出，应该将Evolution翻译成演化，进化带有方向性，是不对的。既然生物是随时间和环境而变化的，那么生物的演变（变化）就没有一个固定的方向，生物从一种物种演变成另一种物种也是随机的，所以谈不上是"进"还是"退"。留美学者龙漫远先生在为 *Why Evolution is True* 一书的中文简体版《为什么要相信达尔文》作的序中也特别强调："对于中心概念'Evolution'，这一被长期误译为'进化'的最重要的单词，（本）书中使用了中国近代最伟大的学者和翻译家之一严复准确翻译出的'演化'（天演）一词。这是中文世界对演化生物学中心概念理解的一个重要进步。"但由于"生物进化论"已经是约定俗成的翻译，本书并不特别使用"演化"一词。需要指出，有限游戏思维已经深深根植于人类共同的记忆当中，历史学对人类社会"从原始社会到封建社会再到现代社会"的归纳，文明史从采集狩猎到农耕文明再到工业文明乃至信息文明的划分，都不约而同地沿袭了历史有车轮、社会在进步的有限思维。殊不知天行有常，独立而不移，周行而不殆。

如果元宇宙的无限性成立的话，那么似乎也可以对那些司空见惯的宇宙学名词提出疑问。比如，"大爆炸"这个词就很不具有无限性，它暗示着宇宙有始有终，最终我们的宇宙会走向热寂。还有一个结论，宇宙可能是封闭的。但是宇宙的起源比我们想象得更复杂。

博洛尼亚大学天体物理学家佛朗哥·瓦扎和维罗纳大学神经外科医生阿尔贝托·费莱蒂对人的大脑和宇宙这两个在规模上相差了27个数量级的网络进行了定量分析。他们的研究表明，人的大脑和宇宙这两个系统确实有着惊人的相似度，尽管它们相差巨大的数量级。在研究中他们使用功率谱分析技术来研究大尺度上的星系分布情况，图像的功率谱测量的是不同空间尺度的物质结构波动强度。

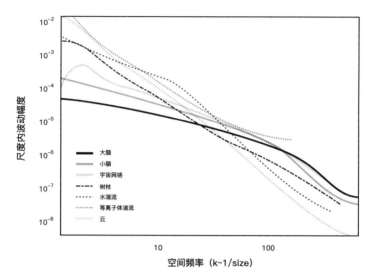

图 7.1　大脑、小脑、云、树枝、等离子体湍流的功率谱密度

从图 7.1 的功率谱分析图像中可以看到，小脑中 0.1~1 mm 范围内的波动分布与数千亿光年内的星系分布是相似的，而最小尺度（大约 10 μm）下的大脑皮质形态则与几十万光年尺度上的星系分布更加相似。相比之下，其他复杂系统（包括云、树枝、等离子体湍流的对应图像）的功率谱分析结果与宇宙网络截然不同，这些系统的功率谱更加严格地依赖尺度，而这可能是它们分形性质的表现。这种现象在树枝分权和云层形状中更加明显，两者都是非常典型的分形结构，在很大的范围内具有自相似性。另外，对于人脑和宇宙这样的复杂网络，可被观察到的行为并没有分形的特征。

如果"宇宙是模拟的"假说只是一个被滥用的隐喻，那么下面这个假说的奇妙性可能有过之而无不及。小西尔维斯特·詹姆斯·盖茨有一个设想：宇宙可能正在进化。他说："自动纠错代码让我们的浏览器可以正常工作，那么这类代码为什么会出现在我所研究的物理方程式之中呢？"

盖茨的研究领域是超对称，即推测每一个基本粒子都拥有一个相对应的粒子，而这个相对应的粒子可以解释我们在宇宙中发现的许多奇怪的现象。在有关超对称的探索工作中，把一些事物以非一即零的形式进行表示非常便于研究。关键在于，如果真的用这种方式表示一些事物，那么盖茨研究的方程式成立的唯一条件就是这些被表示为一或零的物体中所包含的额外的信息：量子纠错码。

这也许标志着我们的宇宙正在进化。有这样一种可能，在宇宙形成之初，出现了一些具备一系列数学特征的宇宙，但并不是所有这些宇宙都能延续至今。然而我们的宇宙延续了下来，是因为某些反馈机制（比如量子纠错码）给我们的宇宙提供了稳定性。

反馈机制也在维系生物系统的运转——今天的科学家仍然在研究这些反馈机制是如何保持 DNA 的协调性的。如果我们的宇宙真的拥有某种机制可以传播自身的稳定性，我们大可不必感到惊讶。甚至，科幻小说中还有不少关于"宇宙本身就是大脑"的构思与想象，在刘慈欣的科幻短篇小说《思想者》中，两个地球人观察到了恒星的有规律闪烁，类似人类大脑神经元信号的传递，从而使他们认为宇宙是一个思想者的大脑，恒星就是神经元。这种想象并非天马行空，因为在各种不同维度上，宇宙都展示着它与人脑的相似性。

人脑是由近 1 000 亿个神经元组成的复杂神经网络，这些神经元通过突触形成了 100 万亿个神经连接，塑造了人类的思想、感觉和情感；而可观测宇宙也是由大约 1 000 亿个星系形成细丝，并在相交处形成星系团，最终形成了类似神经网络的大尺度网络结构。

在人脑中，神经元占了全部质量的大约 25%，剩下的 75% 是水——作用似乎只是承载神经元中的关键物质；宇宙网络中占据约 30% 质量的物质和暗物质同样是关键，它们组成了星系，形成了我们所有可见的物质世界，而剩余的 70% 是暗能量，似乎只是在通过排斥性的引力维持着宇宙的动态平衡。

在计算机通信中，纠错功能即使在有噪声（即一些随机出现的问题，可能导致 0 误传为 1）的情况下也能保证信息流的完整性。那么在宇宙中，相应的噪声是什么呢？答案是，虚假真空衰减。

在优兔上有一个关于虚假真空的科普视频，播放量超过了 1 000 万次，看来这并不是冷门话题，许多人关心着宇宙的命运。20 世纪 60 年代出现的方程式预言了基本粒子的存在，并将其称为希格斯玻色子，该粒子于 2012 年被观测到。在有关希格斯粒子及其性质的理论中，真空期望值是非零的，因为它具有局部最小值不为零的势能。然而，我们不知道希格斯粒子当前占据的最小值是不是势能的唯一最小值，并且如果势能有另一个最小值，那么真空现在的状态就不稳定，只是"亚稳定"，最终会衰减到最小值（如图 7.2 所示）。如果是这种情况，则代表我们今天其实是生活在所谓的"虚假真空"中。

如果发生虚假真空衰减，我们整个宇宙都有可能突然消失。但是这一切并未发生，因为超对称方程中存在的量子纠错代码表明，宇宙也许经历了进化过程，其结果就是宇宙可以保护自身免于衰减。

读者朋友可以自行选择自己相信的假说。但以上这些假说也许都不如下面这个假说来得奇妙，那就是我们这些直立行走的猿居然有一天可以用我们的心智完全理解元宇宙的本质与奥秘。

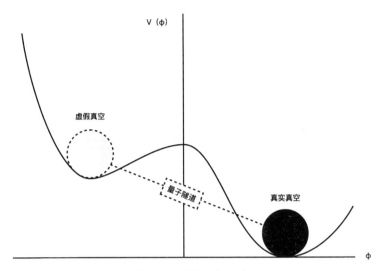

图 7.2 虚假真空衰减

7.5 最后的问题：熵

1.《最后的问题》

我们说到元宇宙时必提到《雪崩》，因为尼尔·斯蒂芬森在该小说中率先创造了这个词。但《雪崩》中的元宇宙，更像是"婴儿元宇宙"，是元宇宙最初的模样，是人类数字化迁徙的初始阶段。要说哪部小说在元宇宙的概念上、哲学上走得更远，那一定是科幻大师艾萨克·阿西莫夫的《最后的问题》。这部科幻短篇小说在世界科幻文坛享有盛誉，据说也是阿西莫夫本人最满意的作品。

正是在这部小说中，阿西莫夫提出了"超空间"概念，"超空间"也许更接近于元宇宙的终极形态。超空间与元宇宙的相似之处在于，第一，它们都是与现实空间的融合。未来人类、计算机（人工智能）都将生活在超空间里，人类意识将被上传到超空间，未来只剩下一个超级意识。它既是人类意识与人工智能的融合，又是数字世界与物理世界的融合。第二，它们都是升维。元宇宙是信息的升维，超空间是空间的升维。前者是模拟实现，后者是物理实现。但如果宇宙本身也是模拟的话，那么两者其实是高度统一的。

《最后的问题》是基于"热寂说"而创作的，小说可分成四个阶段，从 2061 年一直到千亿年后生命消亡，每个阶段的时间跨度都很大，发生变化的是人类的生存状态和环境。

第一阶段是 2061 年的地球，人类制造了一个能收集信息、进行处理分析并自我迭代的超级计算机 Multivac，它能解答人类提出的问题并给出解决方案——这正是现在我们所构想的高级人工智能。慢慢地，Multivac 研究出了如何高效储存和转化太阳能，使其能够在全球范围被直接利用。整个地球熄灭了燃烧的煤炭，关闭了核反应堆，打开了连接到那个小小的太阳能空间站的开关，这不禁让人想到了 1960 年提出的"戴森球"理论。

第二阶段，人类发展到了星际时代，飞船可以在超时空中穿越，实现"翘曲空间"旅行。分子阀计算机取代了晶体管计算机，分子阀可类比为 1958 年发明的芯片，计算能力增强，体积减小。超级计算机则演变为行星计算机——一颗行星只需要有一台统一的计算机，这被称作行星 AC，最大的行星 AC 也缩小到了只有一艘飞船一半的体积。这个阶段的超级人工智能叫 Microvac，比首次驯服了太阳的 Multivac 要先进很多倍。

第三阶段，人口数量呈指数级增长，填满了整个银河系，但能量再生（逆转熵）问题依然没有被解决。现在服务于全人类的超级智能计算机叫银河 AC，银河 AC 的直径足足有 305 米，它占据着一颗单独的小星球，能量束构成的蛛网联结着它的核心。其中，古老的分子阀计算芯片被亚介子流芯片取代——"亚介子流"可以让人联想到现在的量子计算机。

第四阶段，人类意识与超级人工智能 AC 融合到了一起，飘浮在星系间。每个星系都满载着意识，但它们承载的几乎不能算是生命了。人类与超级智能 AC 融合，每一个躯体都失去了心灵的自我，但在某种意义上这不是一种失去，而是一种获得。人类最后一个灵魂在融合之前停顿下来，望向宇宙。那里什么也没有了，只有最后一颗死去星体的遗骸，只有稀薄至极的尘埃，在剩余的一缕无限趋向绝对零度的热量中随机地振荡。这就是人类宇宙命运共同体，一个超空间，一个终极版的元宇宙。

尽管人类在科技上实现了一次次飞跃，但总会有人把目光放得更长远，于是每一代人都向超级计算机 Microvac 提出"最后的问题"，即"熵增的趋势能否发生逆转""宇宙是否可以避免归于死寂"，不断进化的 Microvac 每次的回答都是："数据不足，无有效解。"

2. 什么是熵增

熵增的热力学定义是：孤立的热力学系统的熵总是增加的。孤立系统的意思是，在当前这个系统之外没有其他系统与它进行热量和物质的交换，所以如果一个孤立系统内的熵增加，而系统的总能量不变，则其中可用部分减少。

熵增的物理学过程是一个自发的由有序向无序发展的过程，比如，冰融化成水、水蒸发为水蒸气的过程，其实就是水分子走向熵增的过程，这一相变的过程就是有序性、结构性降低的过程，也就是有序状态向无序状态的发展。一个系统在空间的分布越对称、越均匀，在空间上越不可区分，其结构的有序性就越低。

如果我们的宇宙是一个孤立系统，那么将不可避免地走向热寂。然而在生命系统中，却与此相反，随着时间的推移，秩序性和复杂性在增加。为此，物理学家薛定谔提出一个有趣的想法：生命其实是逆熵而生的。那么生命又将如何降低熵增呢？

3. 生命如何降低熵增

（1）办法一：打破系统的孤立

让这个系统敞开与外界其他系统进行物质和能量的交换，基于对这部分的了解，我们可以想见，如果热力学是对的，宇宙的任何地方只要存在生命，就一定是高度有序的结构，那么一定是逆熵的，而地球也是逆熵的。

比如，地球水位有高有低，这其实就代表了一个系统在空间中分布的不均匀，高的水位有高的重力势能，可以从高到低提供能量；地球上的风则是由高低气压差导致的，可以从强到弱提供能量；地球地层之间有热量差，可以从高到低提供能量，这就是我们所谓的不同系统，那么这些其实还是在地球内的各个系统，它们造成的熵增使得地球这个封闭系统的熵一定会不断增加，那么如何减少地球的熵增呢？很简单，开放地球这个封闭系统，加入太阳这个新系统，因为太阳光提供了外部能量（负熵）。

比如太阳光照射地球的某一部分产生了热量差，在热量从热量高的地方往热量低的地方扩展的过程中产生了风，于是可以说是太阳光增加了气压的有序性，这就打破了原本的系统平衡，太阳光照产生的热量帮助地球实现了负熵，而地球本身会产生熵增，只要外部系统的负熵大于自身系统增加的正熵，那么这个系统就可以维持一个有序的平衡，要知道太阳作为负熵之源，占据着太阳系 99.8% 的质量。地球一旦变成一个孤立的系统，内部将不可避免地走向平衡，地表的水不再四处流动，气压没有高低之分，系统内每一处的温度都相同，且不发生任何变化，变成一个死星球。所以，在一个孤立系统中，如果没有外力做功，其总体混乱度将不断增加。换句话说，太阳活，地球活；太阳死，地球死。

地球中的生命逆熵过程是同理的，我们之所以能够存在，且自身系统是有序的，就是因为能够不断地从环境中得到能量（负熵），使你的熵是减小的，把多余的熵排到环境中，人排给环境的熵是在给地球增加负担，所以地球这个孤立的热力学系统一定要开放，通过不停吸收来自太阳的能量来提升自己的有序性，因为它体内有太多给它增加熵增的"生命"了，这是"万物生长靠太阳"这句话的深层内涵。

恒星也有寿命，它们会逐渐熄灭，并演变为白矮星、中子星或黑洞。而且按照宇宙文明等级的划分，人类目前处于完全依赖于恒星、尚无法制造人造太阳的 C 级文明，所以打破系统孤立这条逆熵之路，人类目前是走不通的。

（2）办法二：降低耗散

比如一个人运动越少，流汗越少，需要补充的电解质和能量就越少，反之需要补充的就越多，因为人们需要从外界获取能量（负熵）来降低自己的熵增，恢复身体的高度有序性。比如一台机器，降低耗散就可以使得机器本身的熵增减小。人类可能是地球上唯一一个不会主动降低耗散的物种，就算是最爱囤积食物的仓鼠和松鼠，也只是囤够自己过冬所需的粮食就可以了，不然来年没吃完的粮食会在窝里腐烂。而且出去获取食物的次数越多，越容易被天敌捕食，动物的生存策略就是量力而行。但是人类不一样，从狩猎采集时代到农耕时代、商业时代再到信息化时代，我们的社会和文明不断地往前发展，对物质与能量的追求永无止境。

麻省理工学院物理学教授杰里米·英格兰在2013年提出"耗散驱动适应性"假说，把生命起源看作热力学必然的结果。他认为，在具有强大能量来源（如太阳）的非平衡系统中，物质必然形成有助于消耗能量的结构。对于生物来说，消耗能量的最有效方式就是繁殖。生命在整体上表现为进化，但最深层次的原因是为了更高效地消耗能量。

我们今天提倡节能减排、降本增效只是延缓而无法阻止地球和人类走向热寂。而且，人类要繁衍，文明要发展，生物要进化，耗散增加这个结果是无法避免的。

（3）办法三，增维与降维

只有增加维度才能看到原本看不到的信息量和序，能利用新发现的信息量和序去做功，来获取能量（负熵），超空间的超级智能AC就是这样的存在。

增维是一种外部视角，人类创造与现实世界平行的数字世界，这就是在增维。增维相当于增加了人类的信息量和知识总量。当你的信息量足够大的时候，你就能认知和识别更多的新系统，进而从无序中发现有序，从中汲取能量（负熵）来帮助你降低熵增。在早期的物理世界中，人们使用现金购物，这带来了找零、携带、存储与安全等多方面的麻烦。后来，人们在数字世界中使用电子支付，这大大降低了交易与购物的成本。但是电子支付的大额交易成本高昂，还存在隐私性、垄断性、外汇管制等诸多问题，人们又在数字世界中发明了区块链，数字货币与链上支付进一步降低了交易环节中的熵。

但是从人类内部视角来说却是降维。这并不矛盾，因为人类最终会因数字化迁徙而实现虚拟化生存，通过舍弃肉身所生存的三维物理空间进入元宇宙。刘慈欣在《三体 3：死神永生》中描述"歌者文明"时给出了类似的解决方案：降维攻击。在书中，长老和歌者在对话时提到了"低熵体"。

"有一个低熵世界，我想近些看看。"歌者回答。

在亿万个低熵世界中有亿万个清理员，低熵体都有清理基因，清理是它们的本能。在黑暗森林的状态下，每一种文明都在拼命求生存，这是一个无限游戏。生命之塔上，生存高于一切，在生存面前，宇宙中的一切低熵体都只能两害相权取其轻，即打击其他的低熵体，并努力降低自己的熵增。

歌者进入虚拟其实就是一种办法，因为进入虚拟世界可以使自身系统的熵变得最低，但终究逃不过死亡，因为宇宙会灭亡，所以歌者也不过是强行续命，为了避免其他的低熵体瞎折腾，加速宇宙的灭亡（熵增），他们不惜使出"二向箔"将宇宙空间二维化，因为歌者的目的只有一个——保存自己并延缓宇宙的熵增。

歌者这种自我降维式打击——哪怕进入二维的生存状态也在所不惜——似乎就是对人类必然走向虚拟化的隐喻。

刘慈欣说："人类的面前有两条路，一条向外，通往星辰大海，一条对内，通往虚拟现实。"

星辰大海无疑是一种外部视角，从外部来说，文明需要升维，才能跳出熵增的宿命。就像电影《星际穿越》中男主角掌握了时间这个维度的奥秘，就可以回到过去给女儿传递信息，最后使人们脱离困境。虚拟化则是一种内部视角，相反，它需要降维，就像归零者。《三体》中有一群大神级别的"归零文明"，类似文明联邦的存在。它们的终极目标是把宇宙的维度降低到"零维"，然后实现对熵的逆转，从而让宇宙重生。在有限游戏主义者的眼里，零维是时光停止，是绝对零度，是绝对死亡。但在无限游戏主义者的眼里，零维是生命的起始，宇宙的诞生，就像是老子的玄牝之门，只要谷神不死，就蕴藏着无穷的生命力。显然，归零者是无限游戏主义者。

人类创造数字世界是文明发展的必然，元宇宙则是人类创造的第一个"婴儿宇宙"。哈佛大学的天文学科学家勒布在《科学美国人》上发表了一篇专栏文章，他认为宇宙可能是由"先进的技术文明"在实验室中组建形成的。他在文章中写道："由于我们的宇宙具有零净能量的平面几何结构，因此先进的文明可以开发出一种技术，通过量子隧道从无到有创造出一个'婴儿宇宙'。"勒布认为宇宙文明可分为四个等级：

A级：重新创造宇宙。

B级：不受恒星条件影响，可调节周围的环境。

C级：尚无法创造出宜居的环境条件，必须依赖于所在的恒星。

D级：会破坏星球环境，使之变得更难以生存。

当前人类文明被划分为C级，因为在太阳能量衰退的过程中，人类会逐渐面对恶劣的生存条件，不能在地球上再创造出适宜居住的条件。甚至可能被划分到D级，因为随着气候变化的加剧，地球的生存环境可能变得更糟糕。

勒布指出，作为低级别的科技文明，人类文明被归于C级，即依赖于其宿主恒星的文明。当人类的技术发展到可以独立于太阳系的程度时，人类在文明分类系统中的等级将上升为B级；如果人类可以在实验室中创建自己的"婴儿宇宙"（就像上述理论创世者一样），等级就能达到 A 级。

当然，人类的"升级"之路并不好走，前方最大的障碍是人类无法在一个小区域内创造出"足够大的暗能量密度"。勒布表示，如果真的走到那一步，人类便可以与创世者一起跻身 A 级阵容了。但事实上，人类并不需要在现实中创造出一个宇宙，既然我们所处的宇宙本身就有可能就是模拟的，那我们为什么不依葫芦画瓢，在数字世界中模拟一个宇宙，或者一个虚实相映、难分彼此的混沌世界：元宇宙？

不管怎样，"宇宙文明等级"理论都是十分吸睛且令人感到谦卑的，当然其中也不乏细思恐极之处：如果勒布的理论成立的话，那么人类很可能并不是唯一一个追求在文明分类系统中获得 A 级地位的生物群体。

在《最后的问题》中，人类最后一次问超空间的超级智能 AC 最终的熵问题，此时 AC 已完全存在于超空间中，但仍然无法回答。当人类最后一个独立的灵魂，即所谓的"人类"意识整体和 AC 融合后，AC 最终进化至可以回答终极问题的阶段，可是已经无法告诉任何人了，因为彼时已经没有人了，而旧宇宙也即将终结，最终，AC 收集完全部信息，进化为"神"，以逆转熵的方式创造了新的宇宙：

"要有光！"
于是就有了光……